Kohlhammer

**Die Autorin**

Daniela Haluza ist assoziierte Professorin für Public Health und Fachärztin für Hygiene und Mikrobiologie. Sie lehrt und forscht am Zentrum für Public Health der Medizinischen Universität Wien als habilitierte Public Health-Expertin mit einem Forschungsschwerpunkt im Bereich Umweltmedizin. Sie hat Humanmedizin und Angewandte Medizinische Wissenschaften in Wien studiert und eine Zusatzausbildung in Open Innovation in Science absolviert. Die von ihr gegründeten Forschungseinheit Green Public Health erforscht schon seit über 15 Jahren, wie Stadtbegrünung und Waldlandschaften zur Förderung von Gesundheit und Wohlbefinden beitragen können. Im deutschsprachigen Raum ist sie in den Medien als Frau Doktor Wald bekannt.

Daniela Haluza

# Waldtherapie

Ein Basislehrbuch für die Anwendung in
Psychotherapie, Psychologie und Medizin

Verlag W. Kohlhammer

Dieses Werk einschließlich aller seiner Teile ist urheberrechtlich geschützt. Jede Verwendung außerhalb der engen Grenzen des Urheberrechts ist ohne Zustimmung des Verlags unzulässig und strafbar. Das gilt insbesondere für Vervielfältigungen, Übersetzungen, Mikroverfilmungen und für die Einspeicherung und Verarbeitung in elektronischen Systemen.

Pharmakologische Daten, d. h. u. a. Angaben von Medikamenten, ihren Dosierungen und Applikationen, verändern sich fortlaufend durch klinische Erfahrung, pharmakologische Forschung und Änderung von Produktionsverfahren. Verlag und Autoren haben große Sorgfalt darauf gelegt, dass alle in diesem Buch gemachten Angaben dem derzeitigen Wissensstand entsprechen. Da jedoch die Medizin als Wissenschaft ständig im Fluss ist, da menschliche Irrtümer und Druckfehler nie völlig auszuschließen sind, können Verlag und Autoren hierfür jedoch keine Gewähr und Haftung übernehmen. Jeder Benutzer ist daher dringend angehalten, die gemachten Angaben, insbesondere in Hinsicht auf Arzneimittelnamen, enthaltene Wirkstoffe, spezifische Anwendungsbereiche und Dosierungen anhand des Medikamentenbeipackzettels und der entsprechenden Fachinformationen zu überprüfen und in eigener Verantwortung im Bereich der Patientenversorgung zu handeln. Aufgrund der Auswahl häufig angewendeter Arzneimittel besteht kein Anspruch auf Vollständigkeit.

Die Wiedergabe von Warenbezeichnungen, Handelsnamen und sonstigen Kennzeichen in diesem Buch berechtigt nicht zu der Annahme, dass diese von jedermann frei benutzt werden dürfen. Vielmehr kann es sich auch dann um eingetragene Warenzeichen oder sonstige geschützte Kennzeichen handeln, wenn sie nicht eigens als solche gekennzeichnet sind.

Es konnten nicht alle Rechtsinhaber von Abbildungen ermittelt werden. Sollte dem Verlag gegenüber der Nachweis der Rechtsinhaberschaft geführt werden, wird das branchenübliche Honorar nachträglich gezahlt.

Dieses Werk enthält Hinweise/Links zu externen Websites Dritter, auf deren Inhalt der Verlag keinen Einfluss hat und die der Haftung der jeweiligen Seitenanbieter oder -betreiber unterliegen. Zum Zeitpunkt der Verlinkung wurden die externen Websites auf mögliche Rechtsverstöße überprüft und dabei keine Rechtsverletzung festgestellt. Ohne konkrete Hinweise auf eine solche Rechtsverletzung ist eine permanente inhaltliche Kontrolle der verlinkten Seiten nicht zumutbar. Sollten jedoch Rechtsverletzungen bekannt werden, werden die betroffenen externen Links soweit möglich unverzüglich entfernt.

1. Auflage 2024

Alle Rechte vorbehalten
© W. Kohlhammer GmbH, Stuttgart
Gesamtherstellung: W. Kohlhammer GmbH, Stuttgart

Print:
ISBN 978-3-17-041862-2

E-Book-Formate:
pdf:   ISBN 978-3-17-041863-9
epub:  ISBN 978-3-17-041864-6

# Inhalt

| | | |
|---|---|---|
| **Zu diesem Buch** | | 7 |
| **1** | **Lebensstil und Gesundheit** | **11** |
| | 1.1 Gesundheitsförderung | 12 |
| | 1.2 Resilienz | 15 |
| | 1.3 Achtsamkeit | 16 |
| | 1.4 Gehen als Wissenschaft | 18 |
| | 1.5 Das Naturdefizitsyndrom | 23 |
| **2** | **Natur und Gesundheit** | **25** |
| | 2.1 Biophilie | 26 |
| | 2.2 Aufmerksamkeitswiederherstellung | 28 |
| | 2.3 Stressreduktion | 30 |
| | 2.4 Ortsbewusstsein | 31 |
| | 2.5 Kaltwasserexposition | 33 |
| | 2.6 Biodiversität | 35 |
| **3** | **Wald und Gesundheit** | **41** |
| | 3.1 Die Walddefinition | 43 |
| | 3.2 Das Waldökosystem | 45 |
| | 3.3 Die Funktionen des Waldes | 47 |
| | 3.4 Das Lebewesen Baum | 50 |
| | 3.5 Die Waldluft | 53 |
| | 3.6 Gesundheitsrisiken im Wald | 57 |
| **4** | **Das multisensorische Walderlebnis** | **62** |
| | 4.1 Der Sehsinn | 65 |
| | 4.2 Der Hörsinn | 73 |
| | 4.3 Der Geruchssinn | 76 |
| | 4.4 Der Tastsinn | 79 |
| | 4.5 Der Geschmackssinn | 81 |
| | 4.6 Weitere Sinne | 83 |
| **5** | **Waldtherapie in der Wissenschaft** | **84** |
| | 5.1 Wirksamkeit der Waldtherapie | 87 |
| | 5.2 Wissenschaftsethik | 89 |

|  |  |  |  |
|---|---|---|---|
| | 5.3 | Forschung im Wald | 92 |
| | 5.4 | Literaturübersichtsarbeiten | 97 |
| **6** | **Waldtherapie in der Theorie** | | **106** |
| | 6.1 | Der Therapiebegriff | 109 |
| | 6.2 | Relevante Phobien | 110 |
| | 6.3 | Der Therapieraum Wald | 112 |
| | 6.4 | Die therapeutische Beziehung im Wald | 118 |
| | 6.5 | Ethische Überlegungen | 120 |
| **7** | **Waldtherapie in der Praxis** | | **128** |
| | 7.1 | Der agile Prozess der Waldtherapie | 131 |
| | 7.2 | Der Ablauf der Waldtherapie | 133 |
| | 7.3 | Anwendungshäufigkeit | 139 |
| | 7.4 | Waldtherapie mit und ohne Anleitung | 139 |
| | 7.5 | Übungen im Wald | 143 |
| | 7.6 | Tipps | 151 |
| | 7.7 | Richtlinien für den Waldbesuch | 151 |

| | |
|---|---|
| **Ausblick und Danksagung** | **153** |
| **Literaturverzeichnis** | **155** |
| **Stichwortverzeichnis** | **161** |

# Zu diesem Buch

Neben der allgemeinen Überzeugung, dass regelmäßiger Kontakt mit der Natur förderlich für die Gesundheit ist, hat in den letzten Jahren ein bestimmter natürlicher Lebensraum besonderes Interesse in der Forschung geweckt: der Wald. Die nützlichen Wirkungen von Wäldern auf das psychophysische Wohlbefinden werden durch eine stets wachsende Anzahl an Studien belegt. Dabei spielen sensorische Komponenten, von visuellen bis zu olfaktorischen Stimuli, eine bedeutende Rolle in der gesamten positiven Gesundheitswirkung. Dies könnte erklären, warum sich folkloristische und rituelle Praktiken weltweit, vom Amazonasgebiet bis nach Sibirien, verbreitet haben.

Das Konzept der Waldtherapie wurde erstmals in den 1980er Jahren von der japanischen Forstbehörde entwickelt, wo sie als »Shinrin-yoku« (vom Japanischen übersetzt ungefähr »Eintauchen in die Atmosphäre des Waldes« oder auch kurz »Waldbaden« genannt) bekannt ist. Als wissenschaftliche Disziplin soll diese Therapie den Stress der Bürger:innen lindern und sie wieder mit der Natur verbinden. Im Laufe der Jahre ist das Interesse an der Waldtherapie immens gewachsen, auch in anderen Teilen der Welt, was sich auch an einer Zunahme an Fachpublikation zeigt. Diese Studien konzentrieren sich in der Regel auf die Auswirkungen der Waldtherapie auf die menschliche Gesundheit aus physiologischer und psychosozialer Sicht. Auch ihr Potenzial bei der Behandlung bestimmter Krankheiten wie Bluthochdruck, Parkinson, Demenz und Depressionen wird dabei erforscht.

Mit den jüngsten wissenschaftlichen Erkenntnissen erhält das Konzept der Waldtherapie eine starke biomedizinische Unterstützung, die den gesundheitlichen Einfluss der Natur auf den menschlichen Organismus bestätigt, der über die psychophysiologische Ebene hinausgeht. Beinahe täglich kommen neue wissenschaftliche Belege dafür hinzu, dass die Waldtherapie eine kostengünstige und effektive Methode zur Stressbewältigung ist und das körperliche und geistige Wohlbefinden auch langfristig verbessern kann. In jüngster Zeit bemühen sich Expert:innen aus verschiedenen Ländern um die Definition neuer Konzepte wie »Waldtherapie«, »Waldbaden« und »Waldmedizin«, die sich auf die wissenschaftliche Evidenz des Besuchs eines Waldes zu therapeutischen oder präventiven Zwecken beziehen. Um Missverständnissen vorzubeugen meint der Begriff »Waldtherapie« in diesem Buch eine anerkannte therapeutische waldbasierte Methode für eine wirksame, evidenzbasierte und kostengünstige Gesundheitsbehandlung für ausgewählte, meist lebensstilbedingte Krankheiten.

Die Auswirkungen der Exposition mit Wäldern auf die menschliche Gesundheit umfassen Wiederherstellungskapazitäten wie Stressabbau sowie die Verbesserung der klinischen Ergebnisse der psychischen Gesundheit. Um diese Kapazitäten zu maximieren, wird häufig eine Waldtherapie als Präventivmedizin empfohlen. Waldtherapie beinhaltet die Teilnahme an einer Kombination von Aktivitäten in einer Waldumgebung, um die eigene Gesundheit zu verbessern. Die Waldtherapie kann Formen von waldbasierter Bewegung umfassen, sollte jedoch mehr als nur körperliche Aktivität beinhalten – in der Regel umfasst sie andere Aktivitäten, die eine positive psychische Gesundheit fördern, wie Meditation, Spiele mit Waldelementen und/oder Gruppenaktivitäten. Auch im deutschsprachigen Raum wird der Wald seit langem im Kontext der Kurortmedizin genutzt (z. B. klimatische Terrainkur).

Der Siegeszug der Anwendung des Waldes in der Therapie wurde durch den gut an den Zweck und die Klientel adaptierbaren Therapieprozess geebnet. Der Wald als Sehnsuchtsort hat dazu sein Übriges getan und spiegelt den herrschenden Zeitgeist wider. Die steigende Beliebtheit von breitenwirksamen Konzepten wie Digital Detox, Resilienz und Achtsamkeit und anspruchsvolleren Hobbies in der freien Natur wie Survival Trainings, Eisbaden oder Klettern fördert die Rückbesinnung auf den Sehnsuchtsort Wald. Durch soziale Medien gehypt, haben in den letzten Jahren bekannte Freizeitaktivitäten wie Yoga, Meditation, Mikroabenteuer, Spazierengehen und Fitnesstraining das Präfix »Wald« bekommen. Damit wurde das Bedürfnis geweckt, Waldumgebungen auch therapeutisch zu nutzen. Um diese immense Nachfrage zu erfüllen, wurde nach und nach auch das Angebot geschaffen.

Die zeitlichen, räumlichen, organisatorischen und kulturellen Herausforderungen für Forschung zu Natur und Gesundheit sind vielgestaltig. Es beginnt schon mit der Differenzierung der Natur, da es unscharfe Definitionen und fließende Übergänge gibt zwischen urbanem Grün, Parkanlagen und Wäldern. Der Wald ist mehr als die Summe seiner Bäume und jeder Naturraum ist ein Unikat. Das trifft auch auf die Menschen zu, die den Naturraum aufsuchen. Die individuellen Unterschiede, Vorlieben und kulturellen Konnotationen sind schier unendlich und erfordern ein gut durchdachtes Studiendesign mit ausreichend großer Fallzahl, um auch nur annähern robuste Aussagen zu gesundheitsrelevanten Fragestellungen zu erhalten.

Je nach Tages- und Jahreszeit und auch aktueller Wetterlage treffen wechselnde und vielfältige sensorische Reize auf die menschlichen Sinnesorgane ein. Beispielsweise ändert sich die Geräuschkulisse in einem Wald ständig und die Farbpalette schwankt zwischen allen möglichen Braun-, Grün- und Blautönen. Besonders für biomedizinische, psychologische und therapeutische Zwecke sollte Forschung gezielt Fragestellungen zur Expositionsdauer, kurz-, mittel- oder langfristigen Gesundheitseffekten und Zweck des Naturkontakts formulieren und beantworten. Sollen eher Sozialkontakte, Motorik und Fitness gefördert oder Gesundheitsvorsorge, Krankheitsprävention und Rehabilitation betrieben werden? Was soll mit welcher Methode wie und warum bei wem und wie lange gemessen werden? Zudem ist zu beachten, dass jede auch mit großer Sorgfalt und nach internationalen und ethischen Richtlinien der Wissenschaft durchgeführte Forschung am Menschen kulturell überlagert Ergebnisse hervorbringt. Das beginnt bei Sprache und Sprachbarrieren, beinhaltet Ausbildungen, Berufsgruppen, die es nicht in jedem Land gibt, regionale Gewohnheiten und geht bis zu religiösen und spirituellen Überzeugungen.

Waldtherapie- und Waldgesundheitsausbildungen als kostspielige Weiterbildungsangebote für Gesundheitsberufe und Laien boomen, aber die schulmedizinischen und psychologischen Ausbildungen bieten im Regelstudium das Fach Waldtherapie noch nicht an. Dies liegt nicht zuletzt an der Skepsis in Hinblick auf Naturtherapien generell, denen die Aura der alternativmedizinischen Anwendungen anhaftet und die auch gesundheitskassenärztlich nicht übernommen werden.

Die Waldtherapie beinhaltet die unterschiedlichsten Bereiche bzw. Disziplinen und wird als ein verbindendes Element für wichtige Schlüsselgebiete der Gesundheitsforschung wie Public Health und Psychologie mit Ökologie und Forstwissenschaft verstanden. Die Kenntnis des aktuellen Forschungsstands und der angewandten Methoden verschafft ein besseres Verständnis für die Anwendbarkeit der Waldtherapie. Dadurch können Therapeut:innen, Entscheidungsträger:innen im Gesundheitssystem, Forschende aller Disziplinen und die breite Öffentlichkeit diese kostengünstige Form der Präventivmedizin voll ausschöpfen.

Der Boom an unterschiedlichen Alternativen zur Schulmedizin liegt sicher auch daran, dass viele psychische Problem langwieriger zu behandeln sind als mit einem oft von der Gesellschaft und Pharmaindustrie bevorzugten Einheitsmedikament nach dem Prinzip der Baseballkappe: eine Einheitsgröße und die einzige Variationsmöglichkeit, entsprechend dem Bändchen mit der Lochleiste an der Rückseite der Kappe, besteht in der Dosierung. Das »One size fits all«-Prinzip ist keine Option mehr in einer komplexen Welt und steht im Konflikt mit Partikularinteressen und individuellen Wünschen und Vorstellungen. Vielversprechender ist hier der Ansatz der personalisierten Therapie, die für jede Person die optimale und optimierte Behandlung findet.

Derzeit (Stand 2023) ist noch keine Ende des Waldhypes in Sicht, da viele Anbieter:innen der Ausbildungen und Therapien ihre Angebote darauf eingestellt haben und Waldtherapie auch in einer breiten Bevölkerung ein Begriff geworden ist; hier ist Angebot und Nachfrage noch teilweise nicht in Balance gesetzt. Deshalb soll das Buch als richtungsweisendes Basisausbildungswerk verstanden werden, das durch lokale, regionale und kulturelle Gegebenheiten ergänzt werden muss, um die bestmöglichen gesundheitsfördernden Effekte zu erzielen.

Die Waldtherapie eroberte innerhalb kurzer Zeit als Newcomer die internationale Bühne der Gesundheitsförderung bzw. Prävention. Standardisierung sowie Professionalisierung sind eine wesentliche Voraussetzung, um die Waldtherapie weiter zu entwickeln. Dieses Buch soll einen Beitrag leisten für die Akademisierung der Ausbildung und Praxis von Waldtherapie als Gegenpol zu esoterischen Auslegungen des Themenfelds Mensch-Natur-Gesundheit.

Dieses Buch erklärt auf wissenschaftlich fundierter Basis die Hintergründe und Fakten zur Wirkung von Waldaufenthalten und sensibilisiert die Leser:innen für das Gesundheitspotential des Waldes im professionellen Bereich. Waldtherapie erfreut sich zunehmender Beliebtheit und hat es in den Mainstream geschafft, in der Gesellschaft, aber auch in der Wissenschaft. Mussten die Waldtherapeut:innen vor wenigen Jahren immer wieder den Beweis der Wirksamkeit antreten, so sind sie heute einen bedeutenden Schritt weiter. Es ist nicht nur die Akzeptanz im breiten Feld vorhanden, ein großer Teil der Menschen strebt diese Methoden proaktiv und intuitiv an. Es gibt durchaus viele Missverständnisse, was Waldtherapie ist und was nicht. Dieses Buch zielt darauf ab, einen Beitrag zu diesem Gebiet zu leisten und das Verständnis dafür zu erweitern, wie der waldtherapeutische Prozess funktionieren kann. Die Zielgruppe für dieses Buch sind Therapeut:innen, und damit sind alle Personen gemeint, die bei Patient:innen eine Behandlung (Therapie) lege artis durchführen dürfen. Eine therapeutische Intervention schließt also sowohl medizinische als auch psycho-, ergo-, therapeutische Ansätze mit ein. Diese Therapie zielt in der Regel darauf ab, eine Heilung oder Besserung einer Erkrankung herbei zu führen oder ist auf die Erhaltung des Gesundheitszustandes und Erhöhung des Wohlbefindens ausgerichtet. Dafür ist eine besondere fachliche Qualifikation wie eine Psychotherapieausbildung oder ein erfolgreich abgeschlossenes Studium wie das der Medizin im akademischen Sinne nach ethischen Richtlinien erforderlich. Die dabei angewandten evidenzbasierten Methoden entsprechen den höchsten wissenschaftlichen Anforderungen. Nicht anerkannte Heilmethoden und esoterische Ausrichtungen sind daher nicht Thema dieses Buchs und auch die Frage, ob es Wesenheiten im Wald gibt (sic!), wird hier nicht beantwortet.

Die in diesem Buch erwähnte Literatur erhebt keinen Anspruch auf Vollständigkeit. Ausgewählte und als in der internationalen Wissenschaftsgemeinde als besonders relevant angesehene Publikationen werden exemplarisch genannt und sollen zu einem vertiefenden Selbststudium anregen. Jede Publikation baut wieder auf bereits geleistete Forschungsarbeit auf, mit teilweise recht großer Redundanz und nur wenig neuem Wissensgewinn. Jedoch ist es nie Sinn und Zweck einer Publikation, alles vorhandene Wissen zu bündeln.

Dieses Buch soll angehende und erfahrene Therapeut:innen dabei unterstützen, ihre therapeutische Arbeit in den Wald zu verlegen. Dabei werden Grundlagen vermittelt, die bei der Arbeit in einer einzigartigen und vor allem anderen Umgebung als einem Innenraum berücksichtigt werden sollen.

Bitte nehmen Sie daraus, was für Sie nützlich ist, und koexistieren Sie respektvoll mit dem, was für Sie möglicherweise nicht so nützlich ist. Ich hoffe, Sie finden das Buch lehrreich.

Wien, im Dezember 2023

# 1 Lebensstil und Gesundheit

Das moderne Erwerbsleben mit einer häufig sitzenden Tätigkeit und Büroarbeit, abgeleistet in Innenräumen, kann langfristig gesehen zu Rückenschmerzen, erhöhtem Blutdruck, Herzkrankheiten, Diabetes, Gewichtszunahme und Durchblutungsstörungen in den Beinen führen. Muskelverspannungen und -schmerzen im Nacken- oder Schulterbereich sowie Kopfschmerzen sind ebenfalls sehr häufige Gesundheitsfolgen einer überwiegend sitzenden Tätigkeit mit einseitiger Bewegung wie dem Bedienen einer Computermouse oder Tastatur. Diese Beschwerden werden oft auch als »Tech Neck«, also Techniknacken, bezeichnet. Der Techniknacken entsteht bei langer konzentrierter Bildschirmarbeit mit geneigtem oder nach vorn gestrecktem Kopf, einer Buckelhaltung und abgerundeten Schultern. Diese unnatürliche Haltung wird oft unbewusst und automatisch eingenommen.

Der Kopf wiegt zwischen vier und fünf Kilo. Bei einer Neigung um etwa 30 Grad, wie dies beim Halten des Mobiltelefons der Fall ist, steigt das Gewicht der Wirbel und Muskeln exponentiell an und erreicht das Achtfache der neutralen Position, was ungefähr 30 kg Last auf an den Halswirbeln entspricht, was die Muskelverspannungen und -schmerzen im Nacken- oder Schulterbereich erklärt.

In diesem Zusammenhang bezieht sich ein weiterer Begriff auf eine Überbeanspruchung der Sehnen und Muskeln der Daumen, die durch wiederholte Bewegungen bei der Verwendung von Mobiltelefonen, insbesondere daumenbedienten Geräten mit Tastatur, verursacht werden: der BlackBerry-Daumen. Dieser Zustand wurde nach dem BlackBerry-Smartphone benannt, das heutzutage kaum noch in Verwendung ist, jedoch in den 1990er Jahren bei Geschäftsleuten zum Versenden von SMS und E-Mails beliebt war. Der BlackBerry war nicht das einzige Gerät, das wiederholte Belastungen verursacht. Tatsächlich gibt es Begriffe für ähnliche Beschwerden, je nach Gerät, wie »Nintendinitis«, »Handy-Daumen«, »Wiiitis« und »PlayStation-Daumen«. Im Gegensatz zu den anderen vier Fingern, vor allem der Zeigefinger, verfügt der Daumen nicht über die Geschicklichkeit, um kontinuierlich Hochgeschwindigkeitsaufgaben auszuführen, was ihn anfällig für dieses Beschwerdebild macht.

Mit dem Siegeszug der mobilen Technologie und der Dauerverwendung touchscreenbasierter Smartphones hat sich neben Tech Neck der Begriff Text Neck (in Deutschland: Handynacken) für die körperlichen Folgen nach längerem Gebrauch von Mobiltelefonen, Tablets oder Laptops etabliert *(Neupane, Ali et al. 2017)*. Der Begriff beschreibt die beginnende Degeneration der Halswirbelsäule, die aus der wiederholten Belastung durch häufiges Vorwärtsbeugen des Kopfes resultiert, während man auf den Bildschirmen mobiler Geräte und Textnachrichten (früher SMS, jetzt eher WhatsApp, Signal, Snapchat oder ähnliche Applikationen) schreibt.

Die häufige Vorwärtsbeugung verursacht Veränderungen der Halswirbelsäule, der Krümmung, der Stützbänder, Sehnen und Muskulatur sowie der knöchernen Segmente, was häufig zu Haltungsänderungen führt.

Zu den Hauptbeschwerden im Zusammenhang mit Text Neck gehören Schmerzen in Nacken, Schulter, Rücken, Arm, Fingern, Händen, Handgelenken und Ellbogen sowie Kopfschmerzen und Taubheit und Kribbeln der oberen Extremitäten. Anfänglich verursacht das Text Neck-Syndrom mildere und vorübergehende Symptome, die hauptsächlich nach mehrminütigem Gebrauch eines Mobiltelefons oder eines anderen Geräts auftreten und Schmerzen im Nacken, Muskelgefühl in den Schultern und eine nach vorne gebeugte Körperhaltung umfassen. Die häufigsten Symptome sind Kopfschmerzen und Kribbeln in Armen und Händen. Wird die Fehlhaltung nicht korrigiert, kann dies zu ernsthaften bleibenden Beschwerden führen, einschließlich Muskel- und Nervenschäden, verringerte Muskelkraft, Degeneration und Fehlstellung der Wirbelsäule oder Bandscheibenvorfall.

Obwohl Tech Neck und Text Neck neue medizinische Begriff sind, betrifft die Erkrankung viele Millionen Smartphonenutzer:innen. Erwachsene und Kinder gleichermaßen verbringen täglich Stunden mit über ihre Geräte gebeugten Köpfen. Diese Symptome sind je nach Nutzungsdauer intensiver und können in den meisten Fällen schon nach nur ein bis zwei Stunden täglicher Anwendung auftreten. In der richtigen Haltung, in der die Ohren mit der Mitte der Schultern ausgerichtet sind, ist das Gewicht des Kopfes gut verteilt und verursacht keinen übermäßigen Druck auf die Wirbel oder die Nackenmuskulatur. Diese Position wird als neutrale Position bezeichnet und sollte konsequent zur Vermeidung eines Text Neck eingenommen werden.

## 1.1 Gesundheitsförderung

Die Weltgesundheitsorganisation (WHO) definierte 1948 Gesundheit als einen Zustand völligen psychischen, physischen und sozialen Wohlbefindens und nicht nur als das Freisein von Krankheit und Gebrechen (Leonardi 2018). Demnach ist ein Grundrecht jedes Menschen, sich des bestmöglichen Gesundheitszustandes zu erfreuen. Gesundheit selbst ist jedoch kein genau abgrenzbarer Zustand, sondern siedelt sich fließend auf dem Kontinuum zwischen einem kaum erreichbaren idealen Vitalzustand und Krankheit an. In der Ethik ist Gesundheit als höheres Gut ein stark mit dem Begriff des Glücks verknüpftes Ideal. Biomedizinisch wird der Begriff der Gesundheit häufig auf die Dimension des Körperlichen reduziert und vereinfacht als Abwesenheit von Krankheit bzw. das Fehlen einer bestimmten Symptomatik verstanden. Für den Übergangsbereich zwischen den beiden binären Zuständen »klinisch krank« und »klinisch gesund« findet sich derzeit noch keine exakte Beschreibung; man könnte sich diesem wohl am ehesten mit dem Behelfsbegriff der Befindlichkeitsstörung annähern.

## 1.1 Gesundheitsförderung

Aus der Sicht des Individuums ist Gesundheit vor allem ein subjektiv empfundener momentaner, sich potentiell sehr rasch ändernder Zustand ohne die diagnostische Nachweisbarkeit einer Krankheit. Krankheit und Gesundheit im klinischen Sinn sind für eine Person selbst schwer festzumachen: Man kann schwer krank sein, sich aber – vor allem bei Beschwerdefreiheit – vollkommen gesund fühlen. Dies kommt bei Herzerkrankungen und manchen Krebsarten häufig vor. Umgekehrt kann eine Person sich krank fühlen, aber klinisch betrachtet vollkommen gesund sein. Beispiele sind diagnostisch nicht abbildbare Beschwerden bei einem Schleudertrauma nach einem Unfall oder die Fibromyalgie, ein funktionelles somatisches Syndrom mit chronischen Schmerzen in mehreren Körperregionen.

Die Gesundheitsvorsorge beinhaltet sowohl die Gesundheitsförderung als auch die Krankheitsvorbeugung (oder Prävention). Von den Möglichkeiten der modernen Medizin geprägt, sind ihre Ziele nicht nur ethischer, sondern auch ökonomischer Natur, wobei in manchen Ländern wie Großbritannien oder den USA ein klarer Fokus auf letzter liegt. Es sollen einerseits individuellem Leid entgegengewirkt und die Lebensqualität der Menschen verbessert werden und die Ausgaben für medizinische Interventionen möglichst niedrig gehalten werden.

Obwohl sehr ähnlich, werden die Begriffe Gesundheitsförderung und Prävention in der Gesundheitsforschung voneinander abgegrenzt. Die beiden Ansätze ergänzen einander, wobei je nach Ausgangspunkt einmal der eine und einmal der andere Ansatz angemessen und zielführend ist. Der Ansatz der Gesundheitsförderung ist auf die Stärkung der Gesundheit und ihrer Rahmenbedingungen in der Gesellschaft gerichtet, während die Prävention auf die Vorbeugung von Krankheitsrisiken und auch die Früherkennung von Krankheit zielt. Je nachdem, ob eine Gesundheitsstörung oder eine Krankheit schon vorhanden sind, werden Primär-, Sekundär-, Tertiär- und Quartärprävention unterschieden.

1. *Primärprävention (Gesundheitsstörung nicht vorhanden, Krankheit nicht vorhanden)*
   Das Ziel der primären Prävention ist es, gesundheitsschädigende Faktoren zu erkennen und zu vermeiden, um die Entstehung von Krankheiten zu verhindern. Ein typisches Beispiel für die Primärprävention ist die Aufklärung der Menschen über gesundheitsschädliche Risikofaktoren und Verhaltensweisen. Außerdem werden Möglichkeiten aufgezeigt, mit denen sich die Gesundheit fördern lässt, bevor es zu einer Erkrankung kommt. Zu den Maßnahmen der Primärprävention zählen vor allem Schulungsmaßnahmen für eine gesunde Ernährung, Stressabbau, Bewegung, Suchtprävention.
2. *Sekundärprävention (Gesundheitsstörung nicht vorhanden, Krankheit vorhanden)*
   Das Ziel der sekundären Prävention ist das Verhindern des Fortschreitens einer Krankheit durch das Erkennen in einem möglichst frühen Stadium. Sie greift also in bestehende Risikosituationen ein und versucht, diese abzuwenden und Krankheitsfolgen zu vermindern. Zur Zielgruppe der Sekundärprävention gehören Personen, bei denen noch keine Krankheitssymptome aufgetreten sind, der Erkrankungsprozess jedoch schon begonnen hat. Durch die Diagnose werden die vermeintlich Gesunden zu Patient:innen. Typische Beispiele der Sekundärprävention sind Früherkennungsmaßnahmen wie Screenings und Vorsorgeuntersuchungen, mit deren Hilfe symptomlose Erkrankungen rechtzeitig erkannt

werden sollen. Neben Massenscreenings für Krebserkrankungen (Mammographie, Melanomscreening, Prostataspezifischer Antigen (PSA) -Test, Koloskopie) zählen auch Anti-Drogenprogramme für Jugendliche, die bereits Kontakt mit Drogen hatten, zur Sekundärprävention.

3. *Tertiärprävention (Gesundheitsstörung vorhanden, Krankheit vorhanden)*
Das Ziel der tertiären Prävention ist bei bestehender Krankheit dem Voranschreiten der Erkrankung entgegenzuwirken und mögliche Komplikationen, Folgeschäden und Rückfälle zu verhindern. Zur Anwendung kommt die tertiäre Prävention in erster Linie bei Patient:innen mit chronischen Beeinträchtigungen. Einige typische Beispiele für die Tertiärprävention sind Anschlussbehandlungen sowie die Rehabilitation und die Prärehabilitation. Letztere zielt auf die Stärkung des physischen und psychischen Zustands von Patient:innen vor einer geplanten Operationen ab und soll den Bewegungsapparat, das Herz-Kreislauf-System, die Lungenfunktion, den Stoffwechsel und/oder Immunsystem präoperativ trainieren, um den Operationserfolg zu verbessern.

4. *Quartärprävention (Gesundheitsstörung vorhanden, Krankheit nicht vorhanden)*
Das Ziel der quartären Prävention ist das Erkennen von einem Übermaß an medizinischen Maßnahmen, die den Patient:innen mehr schaden als nützen. Gleichzeitig sucht sie nach sinnvollen alternativen Behandlungsmaßnahmen. Ein typisches Beispiel der quartären Prävention ist der Verzicht auf eine Arzneimitteltherapie bei Patient:innen, die eine virale Erkrankung haben, aber eine Antibiotikatherapie verlangen. Auch die Vermeidung von Polypharmazie, da die Einnahme mehrerer Medikamente Wechselwirkungen und unerwünschten Wirkungen haben kann, fällt unter diese Präventionsform.

---

**Beispiele für Prävention**

Erstes Beispiel:
Bei einer kardiovaskulären Erkrankung umfasst die primäre Prävention sämtliche Maßnahmen, die vor dem Auftreten einer kardiovaskulären Erkrankung ergriffen werden wie Stressabbau, Bewegung, Gewichtreduktion, Rauchstopp etc. Die Sekundärprävention sind sämtliche Maßnahmen, die nach dem Auftreten einer kardiovaskulären Erkrankung ergriffen werden, um das Voranschreiten der Krankheit zu verhindern wie Blutdrucksenkung, Stressabbau, Bewegung, Gewichtreduktion, Rauchstopp etc. Die tertiäre Prävention umfasst die Rehabilitation und Rezidivprophylaxe nach einem Herzinfarkt, während die quartäre Prävention ein Augenmerk auf die medikamentöse Langzeittherapie legt, um Wechselwirkung durch Polypharmazie zu vermeiden.

Zweites Beispiel:
Beim Hautkrebs umfasst die primäre Prävention Aufklärungskampagnen und Beratung über die Risiken durch UV-Strahlung und über Maßnahmen, wie die Risiken gemindert werden können, z. B. durch Meiden von Sonne oder Eincremen mit einem Sonnenschutzmittel mit hohem Lichtschutzfaktor, die sekundäre das Melanomscreening, die tertiäre das Entfernen des Melanoms und die

quartäre schließlich das Erkennen und Vermeiden unnötiger medizinischer Eingriffe und Medikation.

Drittes Beispiel:
Der Aufenthalt im Wald zur Entspannung und körperlichen Betätigung ist bei einer gesunden Person der Primärprävention zuzuordnen, kann als Waldtherapie das Voranschreiten bestehender Erkrankungen reduzieren (Sekundärprävention) oder als tertiärpräventive Maßnahmen Rückfälle und Folgeschäden von Erkrankungen mildern und hinauszuzögern. Der raschere Genesungsprozess unterstützt eine reduzierte oder kürzere Medikamentengabe im Sinne einer Quartärprävention.

## 1.2 Resilienz

Der Begriff Resilienz (von lateinisch resilire: zurückspringen, abprallen) stammt eigentlich aus der Materialkunde. Typische elastische Stoffe wie etwa Gummi kehren auch nach extremer Spannung wieder in ihren Ursprungszustand. Das Gegenteil von Resilienz ist demzufolge Verletzlichkeit (oder Vulnerabilität). Eine hohe Resilienz kann einen wichtigen Beitrag leisten für den flexiblen Umgang mit Stress und Regeneration. Der Begriff hat in den letzten Jahren einen wahren Hype erfahren und ist mittlerweile in unterschiedlichen Kontexten gebräuchlich, hier nur drei Beispiele.

- In der Forstwirtschaft bezeichnet Resilienz die dynamischen Stabilitätseigenschaften des Ökosystems Wald, auch bei Störungen seine grundlegende Organisationsweise zu erhalten. Beispielsweise sind naturnahe und artenreiche Mischwälder resilienter und anpassungsfähiger gegenüber Klimaveränderungen und Extremwetterlagen im Vergleich zu Monokulturen.
- Auch die Stadtplanung hat sich mittlerweile dem Konzept der Resilienz verschrieben. Die resiliente Stadt denkt den öffentlichen Raum ganzheitlich, nachhaltig und zukunftsorientiert und vereint Eigenschaften wie Robustheit, Flexibilität und Lernfähigkeit.
- Unter Resilienz im psychologischen Sinne wird die Fähigkeit von Menschen verstanden, Krisen im Lebenszyklus unter Rückgriff auf persönliche und sozial vermittelte Ressourcen zu meistern und als Anlass für ihre Weiterentwicklung zu nutzen. Diese Fähigkeit wird durch äußere und innere Umstände wie genetische Faktoren oder Kindheitserfahrungen beeinflusst und ist bis zu einem gewissen Grad auch trainierbar, worauf wohl der Boom an Seminaren und -ratgebern zu Resilienzsteigerung fußt.

In der Literatur zur Stressbewältigung werden oft die sogenannten sieben Resilienzfaktoren zitiert. Diese persönlichen Schutzfaktoren, von den amerikanischen Psycholog:innen Karen Reivich und Andrew Shatté in ihrem 2003 erschienen Buch »The Resilience Factor« beschrieben, können selbst beeinflusst werden (Reivich & Shatte 2003). Schutzfaktoren sind also Merkmale, die die mentale Widerstandsfähigkeit erhöhen und daher die Resilienz stärken. Resilienz wird plakativ als das Immunsystem der Seele beschrieben, wobei dann die Schutzfaktoren so etwas wie die immunstärkenden Vitamine und Mineralstoffe sind.

---

**Die 7 Säulen der Resilienz**

1. Optimismus: Die sichere Erwartungshaltung des bestmöglichen Ausgangs für die eigene Situation.
2. Akzeptanz: Eine kompromisslose Anerkennung der Realität, um von diesem Punkt aus passende Lösungsansätze zu entwickeln.
3. Lösungsorientierung: Der Fokus auf die Möglichkeiten, die aus Krisen und Herausforderungen entstehen.
4. Opferrolle verlassen: Die eigenen Anteile an der Situation erkennen, sich seiner persönlichen Stärken bedienen und Kenntnis über die persönlichen Grenzen erlangen.
5. Selbstwirksamkeit: Ins Handeln kommen, seine Stärken entsprechend einsetzen und das eigene Handeln reflektieren.
6. Netzwerkorientierung: Die Pflege eines stabilen, sozialen Umfelds, welches einen bei dem Umgang mit persönlichen Herausforderungen unterstützt.
7. Zukunftsplanung: Bewusste und aktive Lebensgestaltung, die die eigenen Stärken fördert und ins Leben integriert.

---

## 1.3 Achtsamkeit

Die Konfrontation mit einem Stressor löst eine komplexe Kaskade physiologischer und psychologischer Reaktionen aus. Diese sollen den Körper darauf vorbereiten, auf eine physische Bedrohung zu reagieren. In sozialen Situationen sind die Auswirkungen dieser Reaktionen jedoch weitgehend obsolet geworden und unerwünscht, beispielsweise, wenn während einer wichtigen Präsentation Angstgefühle, Schweißausbrüche und Herzrasen auftreten. Die Anwendung von Achtsamkeit ist eine effektive Strategie, um die Auswirkungen von Stress in solchen Situationen zu bewältigen und zu dämpfen. Achtsamkeit meint die Praxis, die eigene Aufmerksamkeit auf den gegenwärtigen Moment zu richten und gleichzeitig eine nicht wertende und nicht reaktive Haltung gegenüber den darin enthaltenen Erfahrungen beizubehalten.

## 1.3 Achtsamkeit

Diese Entspannungstechniken müssen ebenso trainiert werden wie körperliche Aktivitäten. Entspannung soll durch gezielte Atemkontrolle und Muskelentspannung erreicht werden. Aus der buddhistischen Tradition wurde dieses Konzept der Achtsamkeit von dem Amerikaner Jon Kabat-Zinn, emeritierter Professor für Medizin an der Universität von Massachusetts, Ende der 1970er Jahre wiederentdeckt (Kabat-Zinn 2003). Kabat-Zinn entwickelte die formalen Achtsamkeitspraktiken und hat die achtsamkeitsbasierte Stressreduktion in den Mainstream von Medizin, Therapie und Gesellschaft gebracht. Die freundliche, nicht urteilende, akzeptierende, nach nichts strebende Achtsamkeit im gegenwärtigen Moment wird hier als zentral gesehen. In den letzten Jahrzehnten haben sich unzählige Publikationen mit dem Thema auseinandergesetzt und die empirische Evidenz für ihre Anwendung bei unterschiedlichen Grunderkrankungen und Studienpopulationen geschaffen (Khoury, Lecomte et al. 2013).

Achtsamkeitsmeditation ist die Basis von Achtsamkeitsbasierter Stressreduktion (engl.: Mindfulness Based Stress Reduction, MBSR), einem 8-wöchigen, standardisierten Gruppenprogramm, das von Jon Kabat-Zinn entwickelt wurde. MBSR ist ein für jede:n erlernbares Selbsthilfeprogramm, das dabei unterstützen soll, mit den täglichen Belastungen und Herausforderungen durch Alltag oder auch Krankheit mit mehr Gelassenheit, Souveränität und Akzeptanz zu begegnen. MBSR ist in alten buddhistischen Meditationstraditionen verwurzelt und betont die Praxis, bewusst die eigene Erfahrung des gegenwärtigen Moments wahrzunehmen, ohne zu werten oder zu reagieren. Es erfordert die Aufmerksamkeit auf den gegenwärtigen Moment, Neugier, Offenheit und Akzeptanz.

Das 8-Wochen-Programm mit zweieinhalbstündigen Gruppensitzungen und einem abschließenden Übungstag in Stille beinhaltet in der Regel formelle Übungen (ca. 45 Minuten, Bodyscan-Meditation, Sitzmeditation, Hatha-Yoga und Gehmeditation) und informelle Übungen (Bewusstsein angenehmer oder unangenehmer Tagesereignisse, zwischenmenschliche Kommunikation, sich wiederholende Gedanken und Emotionen und deren Verbindung mit Körperempfindungen). Hierbei wird die Aufmerksamkeit auf den gegenwärtigen Moment gelenkt, und das hier und jetzt ohne Vorurteile und Wertung erlebt. Ein wesentlicher Punkt dieses Konzepts ist, dass Achtsamkeit Konzentration erfordert, nicht Zerstreuung und der Zugang zu geistiger Achtsamkeit über den Körper leichter gelingt. Die Körperwahrnehmung wird geschult und Bewegungen bewusst ausgeführt, da körperliche Aktivität zu wichtigen Gegenreaktionen im gestressten Organismus führt: Die Muskulatur wird besser durchblutet, Gefäße erweitert, Herz und Atmung arbeiten ökonomischer und die Sauerstoffversorgung aller Organe steigt – auch die des Gehirns. Biologische Stressfolgen werden abgebaut und gleichzeitig positive Emotionen aufgebaut.

Ursprünglich auf psychosomatische Störungen angewendet, zeigt die MBSR eine breite Wirksamkeit bei der Verbesserung des körperlichen und geistigen Wohlbefindens. Sie stellte wirksame Behandlung für eine Vielzahl von psychischen Problemen dar und ist besonders wirksam zur Verringerung von Angstzuständen, Depressionen und Stress und bei der Verbesserung der Lebensqualität. Weitere vorteilhafte Wirkungen auf Bluthochdruck, chronische Schmerzzuständen, häufige Infektionskrankheiten, Hauterkrankungen, Schlafstörungen, Kopfschmerzen, Migräneattacken, Magenprobleme und Burn-out sind belegt (Khoury, Lecomte et al. 2013).

## 1.4 Gehen als Wissenschaft

Eines der bestimmenden Merkmale des Menschen ist unsere Fähigkeit, bequem auf zwei Beinen zu gehen. Um dies zu erreichen, hat das menschliche Skelett bestimmte physikalische Eigenschaften entwickelt. Zum Beispiel hat der untere Teil der menschlichen Wirbelsäule eine Vorwärtskrümmung (Lordose), die eine aufrechte Haltung unterstützt; während dem unteren Rücken von Schimpansen und anderen Menschenaffen – die sich auf vier Gliedmaßen bewegen und viel Zeit auf Bäumen verbringen – diese Krümmung fehlt (Williams, Prang et al. 2021).

Der aufrechte Gang ist also ein Grundmerkmal und eine entscheidende Fähigkeit der menschlichen Spezies. Der gesamte Bewegungsapparat ist auf eine gehende Fortbewegung ausgerichtet. Wird er nicht bewegt, hat das zwangsläufig gesundheitliche (Spät-)Folgen, da Muskulatur und Knochenmasse durch Immobilität abgebaut werden. Zwar wird die alltägliche Fortbewegung von A nach B nicht als sportliche Aktivität gesehen, längeres Gehen und auch Wandern in der Ebene oder im bergigen Gelände und auch flottes Gehen mit dem Hund kann jedoch zur körperlichen Fitness beitragen (Westgarth, Christley et al. 2021). Seit 1932 ist das Gehen sogar eine olympische athletische Disziplin.

Es gibt eine lange Tradition von antiken und modernen Gelehrten, die das Gehen als Quelle der Inspiration oder des Wohlbefindens betrachtet haben und auch gerne im Gehen dozierten. Die Promenadologie, die Spaziergangswissenschaft, ist eine recht junge Wissenschaftsdisziplin (Burckhardt 1985). Entstanden in den 1980er Jahren und begründet vom Schweizer Soziologen und Nationalökonom Lucius Burckhardt als Teilgebiet der Raumplanung, erforscht die Promenadologie, wie der Mensch ein Gebiet durch Gehen, also in der ihm angeborenen Fortbewegungsgeschwindigkeit besser wahrnehmen und nutzbar machen kann. Die Promenadologie nutzt den Spaziergang als Instrument zur Erforschung der täglichen Lebensumwelt, aber auch zur unmittelbaren Vermittlung von Inhalten und Wissen von Raumeindrücken und räumlichen Bezügen. Der dreidimensionale Raum wird letztlich nur durch die eigene körperliche Bewegung darin begriffen.

Die grundsätzliche Idee ist eine entschleunigte, nicht-motorisierte Fortbewegung; weg von einer Stadt für Autos und hin zu einer Stadt für Menschen. Damit ist dieser Grundgedanke aktueller denn je. Die moderne Stadtplanung möchte die Ballungszentren durch Autoverbote, Förderung des Radverkehrs und Ausbau der innerstädtischen Begegnungszonen grüner und fußgänger:innenfreundlicher machen (Reinwald, Haluza et al. 2021). Diese Maßnahmen können das Bewegungsverhalten der Städter:innen möglicherweise nachhaltig begünstigen.

Abseits von raumplanerischen Gesichtspunkten hat das Gehen zahlreiche positive Auswirkungen auf Körper, Geist und Seele: Es ist gesund, entspannt, und fördert das

Denken und die Kreativität. Der Kopf wird frei für neue Erkenntnisse. Gehen ist die häufigste Form der Bewegung. Regelmäßiges Gehen, vor allem in der Natur, verbessert eine Vielzahl von physiologischen Abläufen, ist eine effektive Gewichtskontrolle, verringert das Risiko von Herz-Kreislauf-Erkrankungen und verlängert die Lebenserwartung. Neben den positiven körperlichen Vorteilen, die mit dem Gehen verbunden sind, sind auch dessen psychologischen Wirkungen nachgewiesen (Song, Ikei et al. 2018). Sowohl ein einstündigen täglichen Gehprogramm über einen Zeitraum von vier Wochen als auch schon eine 25-minütige Gehübung verbessern die Stimmung.

Gehen ist eine soziale Aktivität, die oft mit anderen gemeinsam durchgeführt wird, und es macht Freude, die Erfahrung zu teilen. Das Gassigehen mit einem Hund ist ein Beispiel, bei dem sich die sozialen Beziehungen während des Gehens zwischen Mensch und Tier, zwischen dem Besitzer und seinem Begleiter kreuzen. Gehen kann sowohl funktionell auch als freizeitmäßig geschehen. Wandern wäre ein Beispiel für eine freizeitmäßige Praxis, bei der der Zweck des Gehens tatsächlich darin besteht, das Gehen zu erfahren – also Gehen zur Erholung oder als bewusste Freizeitaktivität. Im Gegensatz dazu ist das funktionelle Gehen ein Mittel der Fortbewegung, z. B. beim Einkaufen oder auf dem Weg zur Arbeit. Gehen ist hier kein Selbstzweck, sondern eine Art »aktiver Transport«.

Die Unterschiede zwischen funktionellen und freizeitmäßigen Gehpraktiken können Auswirkungen auf Interventionen haben, die darauf abzielen, körperliche Bewegung zu fördern. Um auf die Literatur zur Gesundheitswirkung von Gehen im Wald zurückzukommen, können auch hier die Gehpraktiken verglichen werden (Cervinka, Schwab et al. 2020). Bei Freizeitspaziergängen besteht der Zweck des Spaziergangs darin, den Spaziergang zu genießen. Das Gehen ist das Ziel und das subjektive Empfinden der Bewegung des Körpers durch diese Umgebung und die daraus resultierenden Vorteile für den Geist sind ein integraler Bestandteil der Erfahrung. Soziodemographische Merkmale wie Alter, Bildung und Herkunft, aber auch die Beschaffenheit des Weges beeinflussen darüber hinaus die wahrgenommene Freizeitwirkung.

Die wahrgenommene Beschaffenheit von Waldpfaden ist ein wichtiger Aspekt in der freizeitmäßigen und barrierefreien Nutzung des Waldes. Daher wird nicht nur sehr viel Forschung, sondern auch sehr viel Zeit und Geld in die Schaffung und Pflege von Wegenetzen in Waldgebieten investiert. Ein Grundmerkmal eines Freizeit- und Erholungswaldes im Vergleich zu einem dichten Urwald ist ohne Zweifel ein übersichtliches und gut befestigtes Allwetter-Wegenetz. Schon die ersten U.S.-amerikanischen Nationalparks haben hier Pionierarbeit geleistet, da die Besucher:innenströme gesteuert und die Zufriedenheit der Erholungssuchenden durch gut ausgebaute Pfade entsprechend erhöht werden sollten.

In der Waldtherapie wird das bewusste langsame Gehen nach vorne oder auch rückwärts, mit oder ohne Schuhe, gerne zur Entspannung und »Erdung« eingesetzt. Auch eine funktionelle Komponente kommt hinzu, nämlich wenn eine gewisse Strecke zu Fuß zurückgelegt werden muss, um den Startpunkt der Waldtherapieeinheit zu erreichen. Wünschenswert wäre hier, auch diese notwendigen Strecken so zu begehen, dass sie die bekannten höheren Erholungsvorteile der freizeitmäßigen Spaziergänge erreichen. Die Waldtherapeut:innen können hier gezielt durch Aufklärung oder Anleitung helfen, damit die Klient:innen jede Wegstrecke auch als entspannend und bereichernd empfinden. Ein wichtiger Punkt ist eine gute Planung und ein geringer externer Zeitdruck und die dadurch mögliche reduzierte Geschwindigkeit, die erst bewusstes und entspanntes Gehen ermöglicht.

Das therapeutische Potential des Rückwärtsgehens wird vollkommen unterschätzt und im Alltag auch kaum ausgeübt. Das Rückwärtsgehen kann bei bestimmten orthopädischen Knieproblemen und Rückenschmerzen Erleichterung bringen und ist nicht nur körperlich, sondern auch geistig herausfordernd. Während das Vorwärtsgehen täglich Großteils zweckorientiert und automatisiert passiert, müssen sich der Körper und das Gehirn an die ungewohnten Anforderungen beim Rückwärtsgehen anpassen, was volle Konzentration, Balance und Koordination erfordert. Wenig beanspruchte Muskelgruppen, Sehnen und Bändern werden gestärkt. Nach Kreuzbandrissoperationen beispielsweise wird das Rückwärtsgehen zum gezielten Muskelaufbau trainiert. Das Erstaunliche ist, dass gerade orthopädische Patient:innen beim Rückwärtsgehen zu einer schonenden Bewegung finden, während sich beim Vorwärtsgehen unvorteilhafte und eventuell auch schmerzhafte Bewegungsmuster verinnerlicht haben. Das orthopädische Rückwärtsgehen wird auf einem Laufband geübt. Regelmäßiges, auch kurzes Rückwärtsgehen von 10 bis 15 Minuten drei- bis viermal pro Woche schärft die Sinne und die Denkfähigkeit, verbessert koordinative Fähigkeiten, macht Spaß, bringt Abwechslung in die Trainingsroutine reduziert untere Rückenschmerzen und belastet die Knie weniger. Dabei sollte durch eine Begleitperson gefahrenloses Gehen gewährleistet und Zusammenstöße, Stürze und ständiges Kopf nach vorne drehen vermeiden werden. Wer sich anders bewegt, denkt auch anders: Neue Bewegungen verändern das Denken und neue Sinneseindrücke helfen bei einem neuen Denken. Die Bewegung nach rückwärts schult also die Körperhaltung und die Geisteshaltung gleichermaßen.

Auch bei einigen asiatischen Techniken wie der aus China stammenden Meditations-, Konzentrations- und Bewegungsformen Qigong und Tai Chi hat das Rückwärtsgehen einen hohen Stellenwert. Gemäß dem asiatischen Sprichwort »100 Schritte rückwärts bringen mehr als 1000 Schritte vorwärts« ist das rückwärts gerichtete Gehen auch in Japan ist sehr beliebt. Hier steht neben der Gesundheitssteigerung auch die dadurch veränderte Weltsicht im Fokus. In der modernen, leistungs- und wachstumsorientierten westlichen Gesellschaft ist das Wort Rückwärtsgehen jedoch negativ besetzt. Es wird verbunden mit Rückgang, Abbau, nicht Schritt halten können, zurückfallen, sich im Abstieg befinden, nachlassen.

Gehen kann auch therapeutisch eingesetzt werden. Die Talk & Walk-Methode (kurz: Twalk) ist ein spezieller Therapie-, Coaching- und Beratungsansatz, dessen Wirksamkeit auf der Kombination von Sprechen (Talk) und Gehen (Walk) beruht. Bekannt wurde der Ansatz vor allem durch die Arbeit von der Amerikanerin Dr. Kate Hays und ihr 1999 veröffentlichtes Buch »Working it Out: Using Exercise in Psychotherapy« (Hays 1999). Twalk bietet eine barrierefreie Möglichkeit, Natur und körperliche Aktivität in die routinemäßige Therapiepraxis zu integrieren und verursacht kaum zusätzliche Kosten, wie sie mit anderen Varianten der Outdoor-basierten Therapie wie Wildnis- und Abenteuertherapie verbunden sind.

Trotz einer Reihe von Vorteilen ist Twalk im deutschsprachigen Raum bis dato noch wenig verbreitet, obwohl ihr Ursprung bis auf die großen Gelehrten der Antike zurückgreifen dürfte. Die Klient:innen gewinnen Abstand zum Alltag (vgl. weg sein (being away from)), festgefahrenes Denken kommt in Fluss und es entwickeln sich leichter neue Perspektiven und Lösungsansätze. Körperliche Bewegung fördert Wohlbefinden; Stress und negative Emotionen lösen sich auf. Durch den Ausflugscharakter wird die Therapieeinheit unabhängig von den Ergebnissen als bereichernd empfunden, sowohl durch Therapeut:innen wie Klient:innen. Die gemeinsame Bewegung nivelliert Hierarchien und Statusunterschiede und fördert den Austausch auf Augenhöhe ohne den Bedarf zusätzlicher Interventionen.

Die Nutzung von Außenräumen in Beratung und Psychotherapie hat sich in den letzten Jahren stetig weiterentwickelt. Praktiken wie Naturtherapie, Ökotherapie, Outdoor-Therapie, Wildnistherapie und Abenteuertherapie haben das Bewusstsein dafür geschärft, wie der Aufenthalt in der Natur das physische und das psychische Wohlbefinden fördern kann. Gesprächsbasierte Therapien wie die Psychotherapie werden überwiegend sitzend über lange Zeiträume hinweg in Innenräumen praktiziert. Mit seltenen Ausnahmen wird weder auf Seiten der Klient:innen noch des Therapeut:innen viel körperliche Aktivität gefordert. Wie bei anderen sitzenden Berufen kann dadurch ein berufsbedingter chronischer Bewegungsmangel gefördert werden. Auch herrscht eine Diskrepanz zwischen dem evidenzbasierten Nachweis des Nutzens von körperlicher Bewegung für das psychische Wohlbefinden und die Durchführung von Therapien im Sitzen.

Im Laufe der menschlichen Geschichte wurde Sport zur Vorbeugung von Krankheiten und zur Gesundheitsförderung eingesetzt. Die körperliche Aktivität beeinflusst auch direkt durch vermehrte Durchblutung des Gehirns und Ausschüttung von Botenstoffen die psychische Gesundheit. Angstzustände, Depressionen und negative Stimmung werden reduziert und das Selbstwertgefühl und die kognitiven Funktionen verbessert. Bewegung wird mit einer Verbesserung der Lebensqualität von Menschen mit Schizophrenie in Verbindung gebracht. Jedoch wird Sport kaum als wirksame Intervention bei der Betreuung und Behandlung psychischer Probleme wahrgenommen. Expert:innen gehen daher auch soweit, Bewegung als eine vernachlässigte Intervention in der psychiatrischen Versorgung zu bezeichnen und fordern hier ein Umdenken (Hays 1999, McKinney 2011).

Bei allen Vorteilen gibt es einige Aspekte bei Twalk zu berücksichtigen, die bei herkömmlichen Einheiten nicht explizit beachtet werden müssen: die Jahreszeit, die Temperatur, das Wetter, die Dokumentation der Ergebnisse, der Zugang zu benötigten Informationen, körperliche Einschränkungen der Beteiligten, die Offenheit der Beteiligten, sich auf Twalk einzulassen, die gewählte Route und die Geschwindigkeit beim Gehen. Auch die fehlende Anonymität einer therapeutischen Einheit durch die Exponiertheit in öffentlich zugänglichen Grünräumen sollte im Vorfeld besprochen werden. In Studien wurde das Wetter als ein Haupthindernisfaktor identifiziert, dazu gehörten vor allem Regen, Kälte und Wind (siehe z.B. Revell & McLeod 2016). Das Gehen auf einer unbekannten Route und die potenzielle Begegnung mit anderen Spaziergänger:innen und Hunden wurde ebenfalls als hinderliche Aspekte genannt.

Die Methode ist auch nur für Einzelpersonen oder kleine Gruppen bis maximal fünf Personen sinnvoll und es gilt: Je mehr daran teilnehmen, desto herausfordernder wird die Durchführung. Für Gruppentherapien oder bei Gegenindikationen für körperliche Aktivität kann bei geeigneten Rahmenbedingungen zumindest eine zeitweise Abhaltung der Einheiten unter freiem Himmel angedacht werden. Der Verlagerung der Therapie vom Innen- zum Außenraum kann möglicherweise einen guten Einstieg für eine Twalk-Einheit im herkömmlichen Sinne darstellen. Twalk ist nicht als dauerhafter Ersatz für sämtliche Therapiesitzungen konzipiert, jedoch kann es eine erfrischende Anregung und Abwechslung bieten. Darüber hinaus kann es einen positiven Einfluss auf den therapeutischen Prozess bei intensiven Gesprächstherapien haben. Die Twalk-Methode kann in der psychologische oder psychosozialer Beratung gut geeignet sein, um mit den Klient:innen einen besseren Umgang mit meist konkreten Konflikten oder Lebensthemen zu erarbeiten. Im Unterschied zu einer Psychotherapie werden bei Beratungsangeboten jedoch keine psychischen Störungen mit Krankheitswert behandelt. Psychische Störungen werden nur unterstützend begleitet. Beratung ist also grundsätzlich nicht psychotherapeutisch, was zur Folge hat, dass die Kosten in der Regel nicht durch die gesetzlichen und privaten Krankenkassen übernommen werden. Je nachdem in welchem Lebensbereich die Beratung stattfindet, können die Kosten dafür aber unter Umständen steuerlich geltend gemacht werden.

Ein psychotherapeutischer Ansatz ist eher personenbezogen und behandelt persönliche Veränderungen, Überwindung psychischer Störungen, Ablösung, neue Formen des Umgangs mit Partner:innen, Krisenbewältigung usw. In der Psychotherapie werden Erlebnisse, Gefühle und Zusammenhänge, die sich vorerst dem Bewusstsein weitgehend entziehen, aufgearbeitet. Mit den verschiedensten Methoden wird in der Therapie schrittweise versucht, diese Erlebnisse und Gefühle dem Bewusstsein zugänglich zu machen, damit sie die Gegenwart nicht weiter überschatten. Dabei wird häufig die individuelle Biographie einbezogen und aufgearbeitet. In der Psychotherapie hat jede inhaltliche Ausrichtung oder »Schule« ein eigenes Repertoire an Methoden zur Verfügung, um das Bewusstsein zu erweitern und persönliche Veränderungen zu fördern, wie Traumarbeit, Fantasiereisen, Rollenspiele, Entspannungsverfahren, Atemarbeit, Körperwahrnehmung oder Ausdrucksarbeit.

Nach der Dauer werden Kurz- und Langzeittherapien unterschieden. Kurzzeittherapien beschränken sich auf einen bestimmten Themenbereich und dauern etwa zehn bis dreißig Sitzungen. Langzeittherapien sind thematisch und zeitlich offen. Aus diesen Punkten lässt sich verstehen, weshalb eine Beratung meist zeitlich befristet ist und weniger Therapieeinheiten verlangt (in der Regel zwischen ein und zehn Einheiten). Eine rechtzeitige Beratung kann einer ungünstigen Entwicklung vorbeugen, so dass eine spätere Therapie unter Umständen nicht nötig wird.

Allgemeine Unterstützung für das Konzept des Gehens und Sprechens findet sich in der Literatur zu Gehen und Wohlbefinden. Weitere Unterstützung für Twalk kann in der Forschung zu den inhärenten Vorteilen durch den Aufenthalt in der Natur erzielt werden. Zeit in einer natürlichen Umgebung zu verbringen ist mit positiven Ergebnissen verbunden, wie einer Abnahme der Symptome von Depressionen und Angstzuständen, Linderung von Stress und einem gesteigerten allgemeinen Wohlbefinden. Darüber hinaus wird vermutet, dass körperliche Bewegung in natürlichen Umgebungen positive Auswirkungen auf kognitive Prozesse hat.

Twalk hat in der Forschung relativ wenig Beachtung gefunden. In einer qualitativen Studie untersuchte Doucette (2004) die Vorteile der Geh- und Gesprächstherapie für verhaltensgestörte Jugendliche durch Interviews mit Klient:innen und stellte fest, dass die Wirkung der Therapie durch den Aufenthalt im Freien und die Ausübung von Bewegung verstärkt wurde. Vor allem die Gehkomponente unterstützte die Problemlösungsfähigkeit. Fachwissenschaftliche Studien, in denen Praktiker über ihre Erfahrungen in einem bestimmten Arbeitsbereich berichten, stellen eine wertvolle Forschungsstrategie in neuen Praxisfeldern dar.

McKinney interviewte elf Twalk-Therapeut:innen in den USA (McKinney 2011). Diese Personen berichteten eine breite Palette von Motivationen für die Verwendung der Methoden: persönliche Überzeugungen und Erfahrungen, Bewusstsein für Forschung aus verwandten Bereichen und der Wunsch, die eigene körperliche Aktivität und Verbundenheit mit der Natur zu steigern. Zu den weiteren positiven Ergebnissen gehörten Gleichberechtigung in der Beziehung, die durch das Nebeneinandergehen verbessert wurden. Den Ergebnissen der Studie können vielfältige Implikationen für die Praxis zugesprochen werden. Es scheint eine wachsende Zahl von Praktizierenden zu geben, die Twalk anbieten, obwohl es an »Best-Practice-Richtlinien« mangelt. Auch kombinieren viele Therapeut:innen Gehen und Sprechen mit einer Reihe von Therapiemodellen in der Praxis. Angesichts der Vielzahl von Faktoren, die beim Gehen und Sprechen vorhanden sind und entweder als hilfreich oder hinderlich empfunden werden können, müssen die Therapeut:innen überlegen, wie diese Faktoren gehandhabt werden können, bevor sie sich mit ihren Klient:innen auf den sprichwörtlichen Weg machen (Revell & McLeod 2016).

## 1.5 Das Naturdefizitsyndrom

Das Naturdefizitsyndrom (englisch nature deficit disorder, dt. wörtlich etwa Naturdefizitstörung) ist keine schwere psychische Störung im klassischen Sinn, wie die Zwangsstörung oder die generalisierte Angststörung, und daher auch nicht zu finden in der ICD-11 (englisch: International Statistical Classification of Diseases and Related Health Problems), einer medizinischen Klassifikationsliste der WHO. Auch wenn das Naturdefizitsyndrom nicht als Krankheit zu verstehen ist und keiner ärztlichen Diagnose und Therapie bedarf, so ist es doch relevant im Zusammenhang mit der Erforschung von Naturwirkung auf den Menschen. Wie der Name schon sagt, bezeichnet der Begriff Naturdefizitsyndrom das Phänomen einer zunehmenden Entfremdung von der Natur: das Nicht-mehr-Erleben natürlicher Rhythmen wie Jahreszeiten oder Vegetationsperioden sowie die sich aus dieser Entfremdung ergebenden Folgen, vor allem für die Entwicklung von Kindern und Jugendlichen, aber auch für Erwachsene und Gesellschaft als Ganzes.

Der US-amerikanische Autor Richard Louv brachte in seinem 2008 erschienen Buch »Last Child in the Woods: Saving Our Children from Nature-Deficit Disorder« (Louv 2008) den Mangel an Kontakt zu naturnaher Umgebung im Leben der jüngeren Generation mit dem zunehmenden Anstieg von Adipositas, Diabetes, ADHS und Depressionen schon im jüngeren Kindes- und Jugendalter in Zusammenhang. Die im Alltag ständig stattfindende Bevorzugung des Innenraums zuungunsten des Naturraums kann und soll hier nicht für jede psychische und körperliche Erkrankung verantwortlich gemacht werden. Richard Louv (und auch andere Autor:innen) postulierte aber, den Begriff als eine Möglichkeit zu sehen, die psychischen, physischen, kognitiven und sinnesbedingten Kosten der menschlichen Entfremdung von der Natur zu beschreiben, und zwar vor allem für Kinder in ihren prägenden Entwicklungsjahren. Darüber hinaus spiegeln sich darin auch die psychologischen Hypothesen zur Erklärung der Naturwirkung als angeborene Reaktion wider. Als Teil des evolutionären Erbes haben Menschen jeden Alters ein tiefes Bedürfnis nach Zeit in der Natur und leiden, wenn dieser Kontakt nicht stattfindet. Aus den bisherigen Erkenntnissen der Forschung für den Umgang mit Naturdefiziten auf Bevölkerungsebene leiten sich zahlreiche einschlägige Empfehlung für die Praxis ab: Aktivitäten und Veranstaltungen in Grünräumen fördern; Räume und Programme für Benutzer:innen anpassen; dafür sorgen, dass Grünflächen mehreren Nutzkonzepten dienen; längere Besuche unterstützen und Nutzungsbarrieren entfernen.

Der Begriff Naturdefizitsyndrom ist sehr populär, entspricht aber nicht dem Zeitgeist mit einer zunehmenden Digitalisierung aller Lebensbereiche, also auch in der Vermittlung von Naturerfahrung. Die zunehmende Vermittlung von Mensch-Natur-Interaktionen durch digitale Möglichkeiten, Natur 2.0, könnte eher noch zu einer Abkehr von der Natur beitragen und dadurch die Unterstützung für den Naturschutz schwinden. Die Menschen schützen nur, was sie kennen. Jedoch werden digitale Spiele von Umweltorganisationen zunehmend gerade wegen ihres Potenzials zur interaktiven Wissensvermittlung und Partizipation beim Umweltschutz benutzt (Eckes, Moormann et al. 2021). Die tatsächliche Umsetzung in der realen Natur kann von diesen Spielen aber nicht abgeleitet werden.

# 2 Natur und Gesundheit

Erklärungsansätze zur Wirkung von Natur gibt es zahlreiche; Wissenschaftler:innen befassen sich seit Jahrzehnten mit der Frage, wie die Natur mess-, spür- und erlebbar auf die Psyche und den Körper wirkt. Zu den Pionieren des Fachs gehören Forschende in den USA. Ursprünglich sollten sie im Auftrag der Regierung herausfinden, wie Pfade und Übernachtungsmöglichkeiten in den damals neu errichteten nordamerikanischen Nationalparks angelegt werden müssen, damit die Besucher:innen sich wohlfühlen und gerne und regelmäßig wiederkommen. Das Gebiet des Yellowstone National Parks im US-Bundesstaat Wyoming war bereits 1872 das erste weltweit, das vom US-amerikanischen Kongress als Nationalpark ausgewiesen wurde. Später wurde die Forschung zu Natur und Gesundheit über die Nationalparks und Ländergrenzen hinweg ausgeweitet. Auch wuchs das Bewusstsein dafür, dass nur interdisziplinäre Teams in der Lage sind, die komplexen biopsychosozialen Hypothesen für therapeutische Ansätze an der Schnittstelle zwischen Mensch und Natur umfassend zu erforschen (Engel 1977).

> **Das biopsychosoziale Modell**
>
> Das biopsychosoziale Modell von Gesundheit und Krankheit geht von einem integrativen medizinischen Ansatz aus: Krankheit ist nicht rein mechanistisch, sondern wird als Störung der Interaktion von biologischen, psychologischen und sozialen Faktoren verstanden. Diese Faktoren gehen dynamische Wechselbeziehungen ein, die die Entstehung und den Verlauf von Krankheiten beeinflussen.

Die gesundheitsfördernde Wirkung des Kontakts mit der Natur wird also seit langem behauptet und scheint Allgemeinwissen zu sein. Jedoch wird dieser Zusammenhang erst seit kurzem einer strengen methodischen Prüfung nach modernen Standards und Ethikvorgaben unterzogen. Eine solide wissenschaftliche Evidenz liegt nun vor. Eine Reihe von Studien – Laborexperimenten bis Literaturübersichtsarbeiten – haben die Natur mit der Gesundheit in Verbindung gebracht. Diese sollten wichtige Fragen zur Dosierung und Beschaffenheit der Natur beantworten, die zur Förderung der Gesundheit erforderlich ist. Helfen alle Formen der Natur? Wie viel Natur ist nötig? Ist eine explizite Fokussierung auf die Natur notwendig? Hilft auch Wandern, Gärtnern und dergleichen ohne Anleitung? Die bisherigen Erkenntnisse deuten im Großen und Ganzen darauf hin, dass Natur in jeder Form und Mengen gesundheitsförderlich ist; und: je grüner, desto besser.

Der Aufenthalt in einer grünen oder natürlichen Lebensumgebung macht glücklich. Frühere Studien haben gezeigt, dass der Kontakt mit der Natur psychologisch und physiologisch wirksam ist, um Stress abzubauen, Depressionen und negative Emotionen reduzieren und positive Gefühle zu entwickeln (Haluza, Schönbauer et al. 2014, Hansen, Jones et al. 2017, Eigenschenk, Thomann et al. 2019, Harper, Fernee et al. 2021).

Die Natur hat auch einen kognitiven Erholungseffekt, der zu einer besseren Konzentrationsfähigkeit führt und die Kreativität fördert, um Probleme des täglichen Lebens flexibler zu lösen. Erholung in der Natur ist kumulativ. Je öfter Grünflächen besucht werden, desto geringer ist das Risiko für stressbedingte Erkrankungen sowie mit einem sitzenden Lebensstil verbundene Beschwerden. Da der wohnortnahe Zugang zu Grünflächen den Kontakt dazu erhöht, ergibt sich aus einem hohen Anteil an Grün im Wohnumfeld ein Vorteil für die körperliche Gesundheit und das geistige Wohlbefinden.

An Belegen dafür, dass die Natur in der Praxis eine positive Wirkung auf den Menschen hat, mangelt es zwar nicht. Was es genau ist, das diese messbare und fühlbare Erholung und Entspannung hervorruft, dafür gibt es mehrere theoretische Erklärungen. Neben der Biophiliehypothese, die die Liebe zur Natur als angeboren erklärt, sind die zwei bekanntesten psychologischen Theorien die Aufmerksamkeitswiederherstellungstheorie (engl.: Attention Restoration Theory, ART) und die Stressreduktionstheorie (engl.: Stress Reduction Theory, SRT).

## 2.1 Biophilie

Der Begriff Biophilie bedeutet »Liebe zum Leben« oder »Liebe zu Lebendigem« und wurde vom deutsch-amerikanischen Psychoanalytiker Erich Fromm Anfang der 1960er Jahre in seinem Buch »Die Seele des Menschen« als Grundorientierung der menschlichen Psyche und Gegenkraft zum Hingezogensein zum Leblosen und Destruktiven (Nekrophilie) erstmals beschrieben (Fromm 1964). Fromm sah die Biophilie als Wunsch an, zu wachsen und sich zu entfalten. Interessanterweise wird aber in der Literatur zur Naturwirkung auf Gesundheit und Wohlbefinden fast ausschließlich der amerikanische Soziobiologe Edward O. Wilson als Begründer der Biophilie zitiert (Wilson 1984). Dieser hatte viel später in seinem 1984 erschienenen Buch »Biophilia« die Biophiliehypothese aus evolutionsbiologischer Perspektive formuliert.

Wilson definiert Biophilie als die angeborene Tendenz, sich auf das Leben und lebendige Prozesse zu fokussieren. Im Laufe der menschlichen Evolution hat sich eine Affinität von Menschen zu den vielen Formen des Lebens und zu den Lebensräumen und Ökosystemen entwickelt, die Leben ermöglichen. Die Biophiliehypothese wird auch als Ausgangspunkt umweltethischer Überlegungen betrachtet. Wilson schreibt von einer Naturschutzethik, nach der das Leben und die Artenvielfalt bewahrt und geschützt werden soll. Biophilie ist ein breites Konzept und kann aus einer psychoanalytischen Perspektive und aus der Perspektive der Evolutionsbiologie angegangen werden.

Der Mensch und seine Lebensräume beeinflussten sich während der stammesgeschichtlichen Entwicklung gegenseitig. Die Mechanismen hatten eine biologische sowie kulturelle Dimension, ähnlich wie bei anderen menschlichen Verhaltensweisen. Das Erlernen bestimmter Handlungen als Reaktion auf die Umwelt führte sehr wahrscheinlich zu erfolgreichen Verhaltensanpassungen, während dysfunktionales Lernen oder Widerstand gegen das Lernen einen evolutionären Nachteil für diese Individuen und Gruppen mit sich gebracht haben könnten. Auch die emotionalen Reaktionen auf bestimmte Umweltreize wurden während dieser Entwicklung geprägt. In der wissenschaftlichen Gemeinschaft ist es weithin anerkannt, dass Reaktionen des modernen Menschen auf Reize zum Teil Ergebnisse der evolutionären Vergangenheit sind. Zum Beispiel sind Angststörungen (oder Phobien), wie die Abneigung gegen Schlangen und Angstreaktionen gegen Spinnen und das mit Höhenangst verbundene Zittern, bei Menschen und anderen Primaten sehr verbreitet. Die physiologischen und verhaltensbezogenen Reaktionen auf spezifische Umweltreize sind angeborene und unbewusste Prozesse, die hauptsächlich vom Hirnstamm und dem limbischen System in enger Zusammenarbeit mit dem vegetativen Nervensystem gesteuert werden. Viele Phobiker:innen können ein Lied davon singen!

Die Biophiliehypothese konzentriert sich eindeutig auf die Anziehung, die natürliche Reize wie Tiere, Gerüche, Geräusche, Pflanzen und geologischer Strukturen auf den Menschen ausüben. Vorteilhafte Reaktionen auf die Natur sowie Präferenzen für bestimmte Landschaftstypen lassen sich auf Lernerfahrungen in der Evolution zurückführen. Auch sind die meisten Parks und städtischen Grünanlagen nach dem Vorbild der Savannenlandschaft gestaltet: Einzelne Bäume und Baumgruppen unterschiedlicher Arten wechseln sich mit Wiesen ab.

Evolutionsbiolog:innen haben eine Erklärung dafür: Weil Wasser lebenswichtig ist, fühlen wir uns in Landschaften mit Seen, Flüssen oder Bächen am wohlsten. Wenn eine Landschaft eine gute Übersicht und gleichzeitig Schutz bietet, fühlen wir uns darin sicher. Es behagt uns, sehen zu können, ohne gesehen zu werden. Das erlauben offene, strukturierte Landschaften mit Bäumen.

Die genetische Ausstattung des modernen Menschen führt auch heutzutage noch zu klaren Präferenzen von Landschaften, vor allem bei der Gegenüberstellung von Umgebungen mit Aussicht und solchen mit Zufluchts- und Versteckmöglichkeiten. Umgebungen mit weiten Ausblicken, mehr oder weniger offener Vegetation, Bäumen und Wasser sind weniger stressig als dicht bewaldete Gebiete. Diese offenen Landschaften ähneln den afrikanischen Savannenlandschaften, in denen sich der Mensch entwickelt hat, und fördern die Erholsamkeit (Gatersleben & Andrews 2013).

Um diese theoretischen Überlegungen und ihre Grundlage im neurobiologischen Stresssystem zu verstehen, lohnt sich ein kurzer Blick ins menschliche Gehirn. In zahlreichen Studien konnte die Präferenz der Savanne gegenüber anderen Landschaften gezeigt werden: Beim Vorhandensein von offenen, gut einsehbaren Flächen und potentiellen Verstecken fühlt sich auch der moderne Mensch demzufolge vor Bedrohungen sicher und wird durch die angeborenen physiologischen

Reaktionen »belohnt«: Die parasympathische Aktivität erhöht sich – ausgelöst durch das Stammhirn und das limbische System, die Stress- und Angstreaktionen kontrollieren. Niedrigere Spiegel der Stresshormone Kortisol und Adrenalin, niedriger Blutdruck, höherer Herzratenvariabilität, niedrigere Blutzuckerspiegel und das Gefühl von Ruhe und Gelassenheit und freies Denken sind die positiven evolutionären Folgen beim Anblick oder beim Aufenthalt in der Savanne. Das neurobiologische Stresssystem »weiß« also, welche Ausstattung und welche Elemente in der Natur eine Kampf- oder Fluchtreaktion und welche zu einer Entspannung und Regeneration führen können.

Interessant ist in diesem Zusammenhang das psycho-neuro-endokrino-immunologische Netzwerk, das die lebenswichtigen Organsysteme miteinander verspannt. Das zentrale Nervensystem beeinflusst das endokrine und immune System durch die Ausschüttung von Neurotransmitters über den Hypothalamus-Hypophysen-Kreislauf. Das Nervensystem, bestehend aus einem Netzwerk von Neuronen, und das endokrine System, bestehend aus mehreren Drüsen, sind zwei lebenswichtige Organsysteme. Beide Systeme beinhalten eine Signalübertragung über den gesamten Körper, um unterschiedliche Aktivitäten zu regulieren. Die im Hypothalamus freigesetzten induzierenden Hormone erreichen die Hypophyse direkt über den Kreislauf des Hypothalamus-Hypophysen-Portals. Dort induzieren sie die Produktion spezifischer Hormone in der vorderen Hypophyse, die in den Kreislauf freigesetzt werden. Das endokrine System beeinflusst die anderen Systeme über die Ausschüttung von Hormonen wie Kortisol, Adrenalin und Noradrenalin. Das Immunsystem wiederum meldet Signale zurück zum Nervensystem und endokrinen System über Botenstoffe wie beispielsweise die Zytokine Interleukine 1 und 6.

## 2.2   Aufmerksamkeitswiederherstellung

Mit der Aufmerksamkeitswiederherstellungstheorie (Attention Restoration Theory) beschreibt die Umweltpsychologie das folgende Phänomen: Im ermüdenden Alltag erhöht selbst ein kurzer Aufenthalt in der Natur die Konzentrationsfähigkeit und die Leistungsbereitschaft. Anders als etwa ein Museum, das das durchschnittliche Publikum mit jedem Kunstwerk ein wenig mehr ermüdet: Egal, wie faszinierend die Ausstellung ist, ab einem bestimmten Punkt sinkt, individuell natürlich unterschiedlich, die Aufmerksamkeitsspanne durch die Menge an konsumierter Information. Die Fähigkeit des Gehirns, sich auf einen bestimmten Reiz oder eine bestimmte Aufgabe zu konzentrieren, ist begrenzt und führt zu einer »gerichteten Aufmerksamkeitsmüdigkeit«. Findige Museumskurator:innen haben dies erkannt haben und versuchen mit teilweise aufwendigen Sonder- und Wechselausstellungen und interaktiven digitalen Elementen kurzweilige Museumsbesuche für alle Altersgruppen zu gestalten.

Der Ausgangspunkt der ART ist die Aufmerksamkeit. Kaplan und Kaplan unterscheiden zwischen gerichteter und ungerichteter Aufmerksamkeit (Kaplan &

Kaplan 1989). Die in der Aufmerksamkeitswiederherstellungstheorie postulierten psychologischen Mechanismen der Mensch-Natur-Interaktion wurden auch experimentell überprüft, um zu testen, ob das Betrachten erholsame Umgebungen dazu beitragen kann, die Fähigkeit zur Lenkung der Aufmerksamkeit aufrechtzuerhalten und wiederherzustellen. Die italienische Psychologin Rita Berto untersuchte, ob die Exposition gegenüber erholsamen Umgebungen die Erholung von geistiger Erschöpfung erleichtert (Berto 2005). Dazu wurden die Studienteilnehmer:innen zunächst durch einen Daueraufmerksamkeitstest geistig ermüdet; dann betrachteten sie Fotografien von erholsamen Umgebungen (hier: Natur) oder von nicht-erholsamen Umgebungen (hier: Stadt) oder geometrischen Mustern; und schließlich machten sie erneut den Daueraufmerksamkeitstest. Nur Teilnehmer:innen, die die Bilder mit den erholsamen Umgebungen sahen, verbesserten ihre Leistung beim abschließenden Aufmerksamkeitstest.

Natur eignet sich besonders gut zur Regeneration der Aufmerksamkeitsfähigkeit, weil sie das Interesse des Menschen weckt, ohne gerichtete Aufmerksamkeit zu erfordern. Die Attention Restoration Theory zielt primär auf Wiederherstellung der Aufmerksamkeitsfähigkeit ab und erklärt die Erholsamkeit von Natur anhand von vier Kriterien.

1. Faszination (engl.: fascination): Die Natur provoziert Aufmerksamkeit, die nicht anstrengt, sondern regeneriert. Faszination meint hier die Fähigkeit einer Umgebung, beim Menschen Ehrfurcht zu erwecken. Die Menge an Ehrfurcht kann der gerichteten Aufmerksamkeit eine Pause gönnen, da die unfreiwillige Aufmerksamkeit an ihrer Stelle erscheint.
2. Weg-sein (engl.: being away): Die Natur ermöglicht einen Abstand zum Alltag. Ein Mensch kann weit weg von einem Ort sein oder die Seele baumeln lassen vom Alltag und den Sorgen. Persönliche Merkmale, insbesondere Kindheitserfahrungen, spielen eine wichtige Rolle bei der Wirkung der Natur. Je wichtiger einem als Kind der Wald war, desto besser wird man sich als Erwachsener darin erholen können. Denn das Naturempfinden ist auch individuelles ein Gefühl: Der momentane Gemütszustand, das Geschlecht, das Alter und anders mehr kann einen Einfluss darauf haben, in welcher Umgebung sich eine Person am wohlsten fühlt.
3. Ausdehnung (engl.: extent): Die Natur ermöglicht das Gefühl, sich mit dieser verbunden zu fühlen und Neues zu entdecken.
4. Vereinbarkeit (engl.: compatibility): Die Natur bietet einer Person die Möglichkeit, zu tun, was ihren Bedürfnissen entspricht. Die Erholungswirkung ist dann am größten, wenn die Person eine Umgebung findet, die sie im entsprechenden Moment sucht: Ruhe, eine schöne Aussicht, die Möglichkeit zum Spazieren, Wandern oder Schwimmen.

Die Theorie der Aufmerksamkeitswiederherstellung (ART) behauptet, dass sich Menschen besser konzentrieren können, nachdem sie Zeit in der Natur verbracht oder Naturszenen betrachtet haben. Natürliche Umgebungen sind voll von »sanften Faszinationen« (engl.: soft fascination), die eine Person in »müheloser Aufmerksamkeit« reflektieren kann: Wolken, die über den Himmel ziehen, Blätter, die im

Wind rascheln oder Wasser, das in einem Bach über bemooste Felsen sprudelt. Philosophisch gesehen wurde die Natur seit langem als Quelle des Friedens und der Energie angesehen, doch die wissenschaftliche Gemeinschaft begann erst in den 1990er Jahren rigorose Teststrategien zu ersinnen, die es ermöglichten, wissenschaftlich fundierte Kommentare darüber abzugeben, ob die Natur eine aufmerksamkeitswiederherstellende Eigenschaft hat.

## 2.3 Stressreduktion

Natürliche Umgebungen, die wahrscheinlich das Überleben der menschlichen Vorfahren begünstigten, boten Schutz, Wasser und Nahrung. Gleichmäßige grasbewachsene Bodenbedeckung und einzelnstehende Bäume bieten gleichzeitig gute Aussicht und Zuflucht von Gefahren und möglichen Fressfeinden. Da diese Art von Umgebung zum Überleben und Wohlergehen des frühen Menschen beigetragen hat, soll ihr Anblick auch heute noch beim modernen Menschen positive Gefühle wie Freude und Ruhe wecken, und helfen, negative Emotionen und Quellen des alltäglichen Stresses auszublenden.

Roger Ulrich belegte in seiner 1984 erschienenen und berühmt gewordenen Studie, dass der Blick durch ein Fenster die Genesung von einer Operation beeinflussen kann (Ulrich 1984). Die Patient:innen, erholten sich nach einer Operation schneller und benötigten weniger Schmerzmittel, wenn ihnen ein Zimmer mit Fenster auf eine natürliche Szenerie, statt ein Blick auf eine Backsteinmauer zugewiesen worden war. Erstere hatten einen kürzeren postoperativen Krankenhausaufenthalt, höhere Behandlungszufriedenheit und nahmen darüber hinaus weniger Schmerzmittel ein. Dies sparte natürlich auch Kosten für die Behandlung ein.

Ulrich postulierte, dass natürliche Umwelten am ehesten geeignet sind, um sich von Stress zu erholen und positive Gefühle zu erleben. Diese Vorteile der Natur können in der Entwicklungsgeschichte der Menschen erklärt werden, was Ulrichs Theorie der Stressreduktion zu einer sogenannten »psychoevolutionären« Theorie macht (Ulrich, Simons et al. 1991). Ein zentrales Element dabei ist die Savannentheorie. Als Savanne (spanisch: Grasebene), auch Steppe genannt, wird im Allgemeinen ein tropischer oder subtropischer Vegetationstyp bezeichnet, der durch einen offenen Bewuchs (Grasland) und vereinzelt stehende Bäume oder Baumgruppen im Übergangsgebiet zwischen dem Regenwald und der Wüste charakterisiert ist.

Die Menschheit lebt erst seit wenigen Jahrhunderten in Siedlungen, Städten und Gebäuden, davor in und mit der Natur. Der menschliche Körper konnte sich in so (entwicklungsbiologisch) kurzer Zeit an die neue Lebensrealität nicht anpassen. Laut der Theorie sollen die Affinität zur Natur (also die Biophilie) sowie die Veranlagung, positiv auf den Savanne-Typ zu reagieren, beibehalten worden sein.

## 2.4 Ortsbewusstsein

Der Begriff Sense of Place (deutsch: Raumwahrnehmung, Ortsbewusstsein) beschreibt ein mehrdimensionales, komplexes Konstrukt, mit dem die Beziehung zwischen Menschen und räumlichen Gegebenheiten charakterisiert wird. Dabei hat sich auch in der deutschsprachigen Literatur und im Wissenschaftsdiskurs der englische Begriff eingebürgert, da eine deutsche wörtliche Übersetzung das dahinterliegende theoretische Gerüst nicht adäquat abbildet.

Die Forschung widmet sich eingehend der »Sense of Place Theory«. Diese Theorie befasst sich sowohl mit den emotionalen Bindungen als auch mit den Bedeutungen, die bestimmte Orte für Einzelpersonen oder Gruppen haben. Sie trägt damit zur fundamentalen Frage bei: »Wer bin ich?«. Vertreter:innen aus verschiedenen wissenschaftlichen Disziplinen wie Humangeographie, Sozialpsychologie und Soziologie untersuchen, wie sich das Sense of Place entwickelt, indem sie Orte miteinander vergleichen, Interviews mit Dorfältesten führen und Naturkatastrophen beobachten. Umweltpsycholog:innen erforschen die Bedeutung von Kindheitserfahrungen und die Zusammenhänge zwischen der Exposition gegenüber natürlichen Umgebungen in der Kindheit und Umweltpräferenzen im späteren Leben. Dadurch konnte beobachtet werden, dass das Lernen über die Umwelt in der Kindheit stark durch die direkte Erfahrung beim Spielen sowie durch Familie, Kultur und Gemeinschaft beeinflusst wird. Die besondere Bindung, die sich zwischen Kindern und ihrer Kindheitsumgebung entwickelt, wird in der Humangeographie als »Urlandschaft« bezeichnet. Diese Kindheitslandschaft ist Teil der Identität eines Individuums und stellt einen zentralen Vergleichspunkt für die Betrachtung späterer Orte im Leben dar. Wenn Menschen als Erwachsene umherziehen, neigen sie dazu, neue Orte in Bezug auf diese in der Kindheit erlebte Grundlandschaft zu betrachten. Aber auch in einer neuen Umgebung entwickelt sich Sense of Place im Laufe der Zeit und durch Routinetätigkeiten wie arbeiten, einkaufen und dergleichen mehr.

Das breit angewandte Konzept wurde in den 1970er Jahren maßgeblich von Ted Relph, einem kanadischen Geographen und emeritierten Professor der Universität von Toronto, geprägt (Relph 2009). Sense of Place hat mehrere Bedeutungen. Zum einen beschreibt es eine menschliche Fähigkeit, aber es wird auch verwendet, um auf die Besonderheit eines Ortes hinzuweisen. Mit anderen Worten, es kann sich entweder auf die Person oder die Umgebung beziehen, was für Verwirrung sorgen kann und daher eine besondere Betrachtung des Begriffs bedarf. Auf das Individuum bezogen können mehrere Aspekte unterschieden werden:

- *Neurologischer Aspekt:* Sogenannte Ortszellen im Gehirn, genauer gesagt im Hippocampus, können die Erinnerungen daran speichern, wo eine Person sich aufgehalten hat (Epstein, Patai et al. 2017). Diese kognitiven Karten sind wichtig für die räumliche Orientierung und dienen sozusagen als GPS im Gehirn.
- *Ontologischer Aspekt:* Menschen beziehen sich auf die sie umgebende Welt zuallererst durch bestimmte Orte, die für sie eine Bedeutung und normalerweise

Namen haben. Erst danach entwickeln sich die Vorstellungen von Raum, Umwelt, Orten, Plätzen und Städten.
- *Individueller Aspekt:* Jeder Mensch hat Orte, die für ihn eine besondere Bedeutung haben, Orte, die so klein wie ein Zimmer oder so groß wie eine Stadt sein können.
- *Sozialer Aspekt:* Sense of Place, das gemeinsame Erfahrungen beinhaltet, mit Nachbar:innen, Familie, Freund:innen, Arbeitskolleg:innen.
- *Öffentlicher oder politischer Aspekt:* Sense of Place, das die nationale Identität oder ein Zugehörigkeitsgefühl widerspiegelt, das oft durch Branding verstärkt und beeinflusst werden kann.

Sense of Place ist also kein exakt definiertes akademisches Konzept, sondern ein allgemein verwendeter Ausdruck, der ein gemeinsames Verständnis suggeriert, auch wenn Einzelpersonen und Wissenschaftsdisziplinen unterschiedliche Vorstellungen davon haben, was es bedeutet. Die theoretischen Überlegungen sind besonders für Forschungsvorhaben relevant, die die Interaktion von Mensch und Umwelt untersuchen. Studien zur sogenannten Wohnzufriedenheit zeigen, dass Menschen, die in relativ anonymen Vorstadtwohnungen leben, sehr niedrige Wohnzufriedenheitswerte aufwiesen. Diese Beobachtungen lassen aber keine allgemeingültigen Aussagen zu. Es wird aufgrund der starken Prägung im Kindesalter und anderer Einflussgrößen immer Individuen geben, die eine starke emotionale Bindung zu einer Umgebung entwickeln, die Außenstehenden als völlig unattraktiv erscheint, und die zutiefst erschüttert sind, wenn sie abgerissen wird, um einer scheinbar attraktiveren Gestaltung Platz zu machen. Auch zu Gesundheit und Wohlbefinden gibt es in diesem Zusammenhang einige wissenschaftliche Untersuchungen. Die grundlegende Hypothese ist, dass manche Orte »therapeutisch« wirken – also als erholsamer und gesünder erlebt werden. Das kann ein Waldgebiet als Gesamtes sein oder ausgesuchte Plätze im Wald (Cervinka, Schwab et al. 2020).

Die reichhaltigen Erkenntnisse aus der Sense of Place-Theorie haben auch für die Nachhaltigkeitswissenschaft und die sozial-ökologische Forschung viel zu bieten. In einem 2017 veröffentlichten Artikel stellen Vanessa Masterson von der Universität in Stockholm und ihre Kolleg:innen einen integrativen Ansatz aus sozial-ökologischer Sicht vor (Masterson, Stedman et al. 2017). Demnach hängt die Art und Weise, wie wir eine Landschaft betrachten, davon ab, wie wir mit ihr interagieren.

Sense of Place bildet sich sowohl durch soziale als auch durch individuelle Erfahrungen. Das bedeutet, dass durch Rollen und Erwartungen starke Bindungen zu einem Ort entstehen. Beispielsweise betrachtet ein Jäger die Landschaft anders als eine Baulandentwicklerin. Wie wir eine Landschaft betrachten, wird auch davon beeinflusst, was andere Menschen uns darüber erzählen. Das bedeutet, dass Bildung und externe Perspektiven unsere eigene Meinung über einen Ort beeinflussen. Sense of Place ist jedoch nicht nur ein soziales Konstrukt, sondern entsteht auch durch unsere Interaktionen mit Landschaften. Mit anderen Worten, die Umgebung beeinflusst Sense of Place, indem sie Erfahrungen einschränkt oder ermöglicht. Zum Beispiel ist es einfacher, Bedeutungen von »Wildnis« an einem Ort mit einem Altbaumbestand zu schaffen, als in einer zerstörten Landschaft, in der Bäume abgeholzt wurden.

Sense of Place kann sich auf positive Bindungen des Komforts, der Sicherheit und des Wohlbefindens beziehen, die durch den Wohnort, erzeugt werden, sowie auf negative Gefühle von Angst. Damit stellt Sense of Place ein wichtiges Bindeglied zwischen einer Reihe von Teildisziplinen dar. Für die Wichtigkeit des Konzepts in der theoretischen Beschäftigung mit und der praktischen Ausübung der Waldtherapie spricht die allgemeine Auffassung, dass Sense of Place »natürlich« ist. Die Besetzung von Territorien ist grundlegend für die menschliche Existenz, da selbst auf der primitivsten Ebene sozialer Organisation der Zugang zu den natürlichen Ressourcen einer Gegend erforderlich ist. Ob nomadisch oder in festen und dauerhaften Siedlungen lebend, der dauerhafte Zugang zu Wasser, Schutz und Nahrung ist überlebenssichernd. Hier dockt Sense of Place an andere psychobiologische Theorien wie die Biophiliehypothese oder die Savannentheorie an.

## 2.5 Kaltwasserexposition

Der freiwillige Kontakt mit den natürlichen Elementen ist nichts Neues: Im Laufe der Geschichte haben sich bekanntlich in viele Kulturen unterschiedliche entsprechende Praktiken entwickelt. In Japan wird zum Beispiel das Ritual des Badens in heißen Quellen praktiziert (japan.: Onsen, Folge der vulkanischen Tätigkeit im Erdinnern), oder in Bädern, die speziell zum Zweck der Entspannung und spirituellen Erneuerung gebaut wurden (japan.: Ofuro), und nicht primär zur Reinigung. In Finnland ist die uralte Saunapraxis Teil der nationalen Identität: In beheizten Blockhütten wird geschwitzt, dann geht es ins kalte Wasser oder in den Schnee. Die Idee ist, dass die daraus resultierende Erhöhung der Körperkerntemperatur (Hyperthermie) die Gesundheit verbessern kann, vor allem im Wechsel mit Abkühlung. Auch die sozialen Aspekte und der ritualhafte Charakter spielen natürlich eine zentrale Rolle für die Popularität dieser Kulturtechnik.

Die Nutzung von Kalt- und Warmwasserbädern zu Heilzwecken reicht in Europa mindestens bis in die Römerzeit zurück. Nachdem die Römer den größten Teil des südlichen Britanniens erobert hatten, begannen sie im Jahr 43 n. Chr. mit dem Bau von Kurorten. Das erste von ihnen, Aquae Sulis war eine römische Stadt in der Provinz Britannia (im heutigen Großbritannien) an der Stelle des heutigen Bath in der Grafschaft Somerset. Der Ort gelangte vor allem wegen seiner heißen Quellen und des damit verbundenen Heiligtums der Göttin Sulis zu überregionaler Bedeutung. Die Römer wussten auch schon um die heilenden Eigenschaften des Hévízer Sees in Ungarn, heute Sitz des St. Andreas-Staatskrankenhauses für Rheumatologie und Rehabilitation, in dem jährlich hunderte Patient:innen balneologische Behandlungen erhalten (Kelly & Bird 2022).

Eine immer beliebter werdende Form der bewussten Umweltexposition ist das Kaltwasserschwimmen, also das Baden, wenn Luft- und Wassertemperaturen unter 18 Grad Celsius liegen. Diese Art des Schwimmens, auch in den extremeren Spielarten wie Eisbaden oder Winterbaden, ist in vielen Teilen der Welt bekannt, zum Beispiel in der Form des traditionellen Neujahrsschwimmens.

Erst in den letzten wenigen Jahren hat sich das Eisbaden fast schon zu einem Breitensport entwickelt, von einer einmaligen Aktion zu einer regelmäßig ausgeübten Aktivität in größeren Gruppen. Aus Sicherheitsgründen. Dieser Anstieg der Beliebtheit des Eisbadens ist nämlich überraschend, wenn man bedenkt, dass ein Sprung in eisige Fluten theoretisch auch gesundheitsgefährlich sein kann. In der Vergangenheit wurde Hypothermie als das größte Gesundheitsrisiko durch das Eintauchen in kaltes Wasser angesehen. Aber die Wassertemperatur müsste sehr kalt und die Eintauchzeit relativ lang sein (30 Minuten und mehr), bevor Hypothermie ein Problem wird. Ein Kaltwasserschock, ausgelöst durch eine schnelle Verringerung der Hauttemperatur, Hyperventilation und Tachykardie, stellt nach neueren Erkenntnissen die Hauptgefahr dar und ist auch für die meisten Todesfälle durch das Eintauchen in kaltes Wasser verantwortlich.

Angesichts der Möglichkeit unerwünschter Reaktionen und des tatsächlichen Todesrisikos durch plötzlichen Kontakt mit kaltem Wasser müssen die Vorteile von Eisbaden die damit verbundenen erheblichen Risiken für die Badenden wert sein. Menschen sind endotherm und behalten unabhängig von der Temperatur ihrer Umgebung eine nahezu konstante Kerntemperatur bei. Der moderne Mensch umgibt sich mit einer thermisch konstant komfortablen Umgebung. Ein Leben mit Zentralheizung, Klimaanlage, leicht verfügbarem Warmwasser, isolierter Wohnung und Kleidung ist jedoch weit entfernt von dem evolutionären Schmelztiegel, in dem unsere Gene selektiert wurden. Eine wachsende Zahl anekdotischer Berichte deutet darauf hin, dass Umweltstress, der das thermische Gleichgewicht unseres Körpers herausfordert, erhebliche gesundheitliche Vorteile haben kann. Mit der steigenden Popularität beschäftigt sich auch die Wissenschaft zunehmend mit den psychophysiologischen Auswirkungen des Eisbades. Die bekannten physiologischen Reaktionen auf das kalte Wasser betreffen das Herz-Kreislauf-System, die Lungenfunktion, das Immunsystem und den Stoffwechsel.

Die Forschung hat eine breite Palette an Parametern untersucht und konnte Veränderungen in der Zusammensetzung von Blutbestandteilen wie Zytokinen, Erythrozyten, Leukozyten und Immunglobulinen nach regelmäßigen Kälteübungen nachweisen. Auch führt die Kälteeinwirkung zu Veränderungen im Knochen- und Mineralstoffwechsel. Die potenziellen psychischen Vorteile umfassen eine Verringerung von Depressionen und eine entsprechende Stimmungsaufhellung. Die mentale Überwindung, sich immer wieder in die kalten Fluten zu begeben, steigert das Selbstvertrauen und die Resilienz. Da das Forschungsfeld erst im Aufbau ist, ist in den nächsten Jahren ein weiterer Anstieg an Publikationen zum Thema Kaltwasserexposition zu erwarten. Der Eisbade-Boom könnte auch zu Informationskampagnen, dem Ausbau öffentlich zugänglicher Allwetterbademöglichkeiten und der Bildung von Organisationen, Vereinen und dergleichen führen. Die möglichen Gesundheitsrisiken sollten dabei aber nicht außer Acht gelassen werden.

## 2.6 Biodiversität

Ein noch recht neues, aber schon jetzt sehr einflussreiches Feld der Gesundheitsforschung ist die Biodiversität, also die Vielfalt von Arten, Genen und Ökosystemen (Methorst, Rehdanz et al. 2021). Die biologische Artenvielfalt geht in einem beispiellosen Tempo zurück. Die wirtschaftlichen und gesundheitlichen Risiken durch diesen unwiederbringlichen Verlust werden voraussichtlich enorm sein. Es gibt beispielsweise geschätzt über 80 000 Baumarten weltweit, die meisten davon im südamerikanischen Regenwald. Im Vergleich: Das waldreiche Österreich kommt auf nur 70 Baumarten. Jede Baumart stellt einzigartige Dienstleistungen für Insekten, Tiere und Menschen zur Verfügung, die durch Abholzung und Zerstörung der Regenwälder, aber auch durch Klimawandel, Umweltverschmutzung und eine intensivierte Landwirtschaft verloren gehen. Auch noch unbekannte Arten, darunter eventuell heilsame Pflanzen, Pilzen und Mikroben verschwinden so noch vor ihrer Entdeckung und Beschreibung.

Die Artenvielfalt trägt entscheidend zur menschlichen Gesundheit bei, indem sie vor Krankheiten schützt. Viele wirksame Medikamente von Schmerzmitteln bis zu Antibiotika und Krebsmedikamenten, aber auch ganz banal eine reiche Palette an Nahrungsmitteln und sauberes Trinkwasser stammen direkt aus der Natur. Die menschliche Nahrung stammt aus der biologischen Vielfalt von Tieren und Pflanzen – und der fleißigen Arbeit von Bienen, Schmetterlingen und anderen Insekten, die diese Pflanzen bestäuben. Ein Großteil des Süßwassers der Welt wird von Wäldern gespeichert und gereinigt. Einige Pflanzenarten können gesundheitsschädliche Schwermetalle wie Quecksilber, Cadmium oder Blei besser aus dem Wasser entfernen als andere. Die Biodiversität trägt auch zur menschlichen Gesundheit bei, indem sie die Fähigkeiten zur Bewältigung der Anforderungen des täglichen Lebens wiederherstellt. Der Alltagsstress kann die Fähigkeit, die Aufmerksamkeit zu fokussieren, Probleme zu lösen und zu entspannen beeinträchtigen. Lebensstilbedingte körperliche und psychische Erkrankungen sind die Folge.

Die entspannende Wirkung von artenreicheren Umgebungen kann auch gemessen werden. Zum Beispiel berichten Forscher:innen in einer Schweizer Studie, dass das Grün in einem Züricher Park nicht gleich Grün ist und artenreiche Wiesen mit attraktiven Kräutern Erholung von Stress fördern (Lindemann-Matthies & Matthies 2018). Auch fühlen sich Personen, die in einer Nachbarschaft mit vielen Vögeln leben, weniger gestresst. Das zeigt eine weitere Studie, die sozioökonomische Daten von mehr als 26 000 europäischen Bürger:innen aus 26 Ländern mit makroökologischen Daten zur Artenvielfalt und Naturmerkmalen für Europa verknüpfte. Das menschliche Wohlbefinden und die Artenvielfalt (z. B. Vögel, Säugetiere und Bäume) wurde gemessen. Die Ergebnisse zeigen, dass der Vogelartenreichtum in ganz Europa positiv mit der Lebenszufriedenheit assoziiert ist. Die relativ starke Beziehung weist sogar darauf hin, dass die Wirkung des Vogelartenreichtums auf die Lebenszufriedenheit ähnlich groß sein könnte wie die des Einkommens. Die direkte multisensorische Erfahrung durch Vögel und vorteilhafte Landschaftseigenschaften, die sowohl die Vogelvielfalt als auch das Wohlbefinden der Menschen fördern, wirken hier günstig zusammen. Menschen berichten, dass sie in einer Grünanlage mit einem hohen Artenreichtum an Pflanzen und Vögeln häufiger reflektieren und eine Perspektive auf das Leben gewinnen. Der Anblick und die Geräusche der Vielfalt der Natur – wie Vogelschwärme im Flug zu beobachten oder sich in einem Wald zu befinden – wecken starke Emotionen der Ehrfurcht und des Staunens. Solche transzendenten Erfahrungen können gestressten Menschen eine Perspektive geben und helfen, über die eigenen Lebensziele nachzudenken. Natur- und Artenschutz ist demnach auch Gesundheitsschutz.

Im Wald fungiert Biodiversität durch Verdünnungseffekte als Schutzschild gegen diverse Krankheitserreger. Das Risiko, beim Wandern an durch Zecken übertragene Krankheiten zu erkranken, ist in Monokulturen höher als in Mischwäldern. Dort leben zum Beispiel ungleich mehr Mäuse, die geeignetere Wirtstiere für Krankheitserreger darstellen als der Mensch. Eine hohe Baumvielfalt in Wäldern kann ein bessere Luftfilterwirkung (Pollen, Feinstaub etc.) gewährleisten und damit die Gesundheit fördern (Steinparzer, Haluza et al. 2022).

Aber: Biodiversität ist nicht immer positiv für den Menschen, sondern kann mitunter auch der Gesundheit schaden. Viele Krankheiten entstehen, wenn ein Krankheitserreger (wie ein Virus) durch Wirtsarten wie Stechmücken oder Fledermäuse auf den Menschen übertragen wird. Kontakt mit allergieauslösenden und giftigen Pflanzen und Tierangriffe sind weitere Beispiele dafür, dass der Kontakt mit der Biodiversität auch für die menschliche Gesundheit schädlich sein kann.

## 2.6.1 One Health

Gefährliche Infektionskrankheiten wie Ebola oder Malaria sind gute Beispiele für mögliche Gesundheitsrisiken der Biodiversität und die enge wechselseitige Verbindung von Mensch, Umwelt und Tierwelt gemäß dem One-Health-Prinzip der WHO (Lebov, Grieger et al. 2017). Als interessantes Konzept hat One Health in den letzten wenigen Jahren an großer theoretischer und praktischer Relevanz gewonnen: Menschen, Tieren, Pflanzen und ihre gemeinsame Umwelt müssen zusammengedacht werden, um gesundes Leben auf der Erde zu ermöglichen. Die Gesellschaft muss sich darüber hinaus den Folgen von Zivilisations- und Infektionskrankheiten durch die sich rasant verändernden sozialen, umwelt-, arbeitsplatz- und lebensstilbezogenen Umstände stellen. Der Bedarf an multisektoraler und transdisziplinärer Forschung zur Lösung der heutigen komplexen Gesundheits- und Umweltprobleme ist groß. Der Forschungsansatz One Health befasst sich mit Fragen an den Schnittpunkten der Gesundheit von Mensch, Tier und Umwelt, indem er die Expertise von Forscher:innen, Praktiker:innen und Kliniker:innen aus mehreren Disziplinen und auf lokaler, nationaler und globaler Ebene nutzt. Während die Notwendigkeit für multidisziplinäre Forschung nicht neu ist, hat das One-Health-Konzept große Bedeutung erlangt, da sich Forscher:innen aus Humanmedizin, öffentlicher Gesundheit, Veterinärmedizin, Stadtplanung und Umweltwissenschaften zunehmend auf ganzheitliche, integrierte Ansätze für komplexe Fragen konzentrieren, die sich mit der menschlichen Gesundheit befassen. Und zwar im Zusammenhang mit Tier- und Umweltgesundheit.

Das One-Health-Konzept dient dem besseren Verständnis einer Reihe von gesundheitlichen Auswirkungen und deren direkten und indirekten Lösungen. Die Betrachtung mehrerer Dimensionen eines Problems durch die Linse der Umwelt-, Tier- und Humangesundheit kann bis dato unbekannte Einflussfaktoren aufdecken. Ziel der One-Health-Forschung ist es, Möglichkeiten zur Verbesserung der Gesundheit zu identifizieren und die Risikominderung gleichzeitig in allen drei Bereichen zu optimieren (Lebov, Grieger et al. 2017). Hierfür gilt es, die komplexen Synergien zwischen Menschen, Tier und Umwelt zu berücksichtigen. Der Ansatz betrachtet damit die Gesamtgesundheit des Ökosystems und stellt dabei nicht zwangsläufig den Menschen in den Mittelpunkt, kann aber die menschliche Gesundheit im Idealfall verbessern. So können zum Beispiel Projekte, die auf den Schutz der Wälder abzielen, gleichzeitig den Wald als Lebensraum für Wildtiere erhalten, die Landrechte indigener Bevölkerungen einbeziehen und als Klimawandelanpassung für größere Regionen dienen. Letztendlich ist ein intakter Wald auch eine Grundvoraussetzung und für dessen Nutzung als Naherholungsraum – und für die Waldtherapie.

One Health bedeutet, sektorübergreifend zusammenzuarbeiten und das oft vorherrschende »Silo-Denken« zu überwinden. Damit bietet der Ansatz eine erfolgversprechende Herangehensweise zu komplexen Problemen mit sozialen, ökologischen und ökonomischen Dimensionen. Insbesondere landwirtschaftliche Familienbetriebe dienen hier als Vorbilder, da viele ländliche Bevölkerungsgruppen und indigene Gruppen schon seit langer Zeit nach der Idee von One Health leben. Der Ansatz ist eng mit der Agrarökologie verbunden, wodurch landwirtschaftliche Ökosysteme, unter anderem durch bewusst hohe Diversität der angebauten Pflanzen, widerstandsfähiger gemacht werden. Die Agrarökologie basiert auf lokalem und traditionellem Wissen und stellt eine Alternative zur konventionellen, industrialisierten Landwirtschaft dar. Gleichzeitig sind diese Betriebe Archen für selten gewordene Tier- und Pflanzenarten. Durch die Umsetzung der agrarökologischen Prinzipien wird die Einkommens- und Gesundheitssituation kleinbäuerlicher Familienbetriebe langfristig verbessert. Auch für die Natur wirkt sich diese Art der Landwirtschaft positiv aus, da sie die Bodenqualität und Biodiversität verbessert. Richtig umgesetzt, kann Agrarökologie auch Kohlenstoff zurück in den Boden bringen und dort binden, was in Zeiten des Klimawandels wichtig ist.

## 2.6.2 Das Mikrobiom

Direkter Kontakt mit der Natur, wie bei der Waldtherapie oder beim Gärtnern, hat viele Vorteile auf das zentrale Nervensystem, das Immunsystem und: das Mikrobiom. Als Mikrobiom bezeichnet man die Gesamtheit aller Mikroorganismen (vor allem Bakterien, aber auch Viren und Pilze), die einen Makroorganismus (also in diesem Fall den Menschen) besiedeln. Die Zusammensetzung des humanen Mikrobioms ist bei jedem Menschen einzigartig und abhängig von vielen Faktoren wie Alter, Geschlecht, Ernährung, Lebensstil und Medikamenteneinnahme (Gilbert, Blaser et al. 2018). Als Darmflora oder Mikrobiota bezeichnet man die Gesamtheit der Bakterien, die den Darm bewohnen – hauptsächlich den Dickdarm. Das ist eine beträchtliche Anzahl: rund 100 Billionen Bakterien und etwa 1000 verschiedene Arten. Mikrobiome können u. a. das Immunsystem, den Stoffwechsel und das Hormonsystem ihres Wirts nachhaltig prägen.

Erst in den letzten Jahren hat die Entwicklung innovativer analytischer Methoden zu einer Fülle neuer Erkenntnisse und großem Interesse an der zielgerichteten Erforschung bis dato unbekannter therapeutischer Einflussmöglichkeiten geführt. Dafür wurde auch ein neues Kunstwort kreiert: die Omiks. Dieser Begriff bezeichnet Wissenschaftszweige in der Biologie, deren Namen auf das Suffix -omik enden, wie Genomik, Proteomik, Metabolomik, Metagenomik und Transkriptomik. Omiks (bzw. im Englischen Omics) zielen auf die kollektive Charakterisierung und Quantifizierung biologischer Moleküle ab, die sich in die Struktur, Funktion und Dynamik eines oder mehrerer Organismen übersetzen lassen. Omiks-Ansätze ermöglichen die Untersuchung von Mikrobiomen auf ihren verschiedenen funktionellen Ebenen, wie z. B. Genhäufigkeit, Genexpression, Proteinexpression, und Metabolitenprofile. Diese Techniken werden häufig in Human- und Tierstudien verwendet, die Krankheiten und Stoffwechselstörungsphänotypen basierend auf mikrobieller Aktivität im Darm definieren wollen. Das Verständnis der Verbindung zwischen dem menschlichen Mikrobiom und Erkrankungen, einschließlich Fettleibigkeit, entzündlichen Darmerkrankungen, Rheuma und Autismus, erweitert sich daher schnell. Verbesserungen des Durchsatzes und der Genauigkeit der Gensequenzierung der Genome mikrobieller Gemeinschaften, die mit menschlichen Proben assoziiert sind, ergänzt durch die Analyse von Transkriptomen, Proteomen, Metabolomen und Immunomen sowie mechanistische Experimente in Modellsystemen, haben das Verständnis für deren Struktur und Funktion erheblich verbessert.

Das dichte und vielfältige Darmmikrobiom, das seine Wirte in Superorganismen verwandelt, spielt eine entscheidende Rolle bei metabolischen, physiologischen und immunologischen Prozessen. Bis zu einem gewissen Anteil befinden sich pathogene Keime im menschlichen Körper, die aber, solange sie in der Unterzahl sind, keine negativen Auswirkungen haben. Gerät dieses Gleichgewicht ins Schwanken, dann können sich diese pathogenen Keime rasch vermehren und Auslöser für diverse Krankheiten sein.

Da der genetische Einfluss Studien zufolge einen eher niedrigeren Stellenwert zu haben scheint, wirken sich vor allem gesunde Ernährung und eine Lebensweise mit regelmäßiger körperlicher Bewegung vorteilhaft auf das Mikrobiom aus. Moderate sportliche Betätigung kann sowohl die Qualität als auch die Quantität von physiologischen Darmbakterien günstig beeinflussen. Dies wiederum hat eine positive Auswirkung auf das Immunsystem. Einige belastbare Studien weisen jedoch darauf hin, dass die Exposition gegenüber mikrobieller Biodiversität die Gesundheit verbessern kann, insbesondere durch die Verringerung bestimmter allergischer Erkrankungen. Der Mensch hat sich in einer schon belebten Umwelt entwickelt, und im Laufe der Evolution gelernt, mit Mikroben wie Bakterien und Viren umzugehen. Die kontinuierliche Exposition gegenüber Mikroben aktiviert angeborene und regulatorische Schutzmechanismen und immunregulatorische Schaltkreise im menschlichen Körper. Studien belegen, dass die Exposition des Menschen gegenüber verschiedenen natürlichen Lebensräumen entscheidend für die Entwicklung einer normalen menschlichen Immunantwort auf Allergene und andere krankheitsverursachende Faktoren ist (Hanski, von Hertzen et al. 2012). Allergien können aus einer mangelnden Exposition gegenüber Mikroben resultieren, insbesondere in der frühen Kindheit (Pfefferle, Keber et al. 2021). Eine mögliche Erklärung für die Ursache dieser Beobachtung bietet die so genannte *Hygienehypothese*, auch Bauernhof- oder seltener Urwaldhypothese genannt.

Die ursprüngliche Formulierung der Hygienehypothese stammt aus dem Jahr 1989, als der britische Epidemiologe David P. Strachan vorschlug, dass eine geringere Inzidenz von Infektionen in der frühen Kindheit eine Erklärung für die Zunahme allergischer Erkrankungen wie Asthma und Heuschnupfen im Laufe des 20. Jahrhundert sein könnte (Strachan 1989). Eine »zu saubere« Umgebung ist demnach kontraproduktiv und nicht förderlich in Bezug auf das Training des kindlichen Immunsystems. Die Hygienehypothese wurde aufgrund der wachsenden wissenschaftlichen Erkenntnisse dazu nach und nach auch über Allergien hinaus erweitert und im Zusammenhang mit einem breiteren Spektrum von Erkrankungen untersucht, die vom Immunsystem beeinflusst werden, insbesondere entzündlichen Erkrankungen.

Forscher:innen beschreiben die Ko-Entwicklung zweier globaler und besorgniserregender Trends in den letzten Jahrzehnten, die vielleicht auf den ersten Blick wenig miteinander zu tun haben. Der erste Trend ist der anhaltende Rückgang der Biodiversität durch menschliches Handeln. Es könnte durchaus das sechste Massensterben von Tier- und Pflanzenarten auf der Erde werden, vergleichbar mit dem fünften Massensterben am Ende der Kreidezeit vor 65 Millionen Jahren. Der zweite Trend ist der rasche Anstieg chronischer Erkrankungen mit einer entzündlichen Komponente, insbesondere in Industrieländern, wie Asthma, Allergien, Autoimmunerkrankungen, Krebserkrankungen, kardiovaskulären Erkrankungen, neurodegenerative Erkrankungen, Typ-2-Diabetes und entzündliche Depression. Der Rückgang der Biodiversität könnte das Risiko für chronische Krankheiten erhöhen und dadurch ein großes Problem für die öffentliche Gesundheit darstellen, da auch durch die Überalterung der Bevölkerung mit der Zunahme an altersbedingten, behandlungsbedürftigen Erkrankungen generell zu rechnen ist (Klotz, Hackl et al. 2019).

Der rapide Rückgang der globalen Biodiversität wird als Megatrend auch für die menschliche Gesundheit und das Wohlbefinden relevant sein, darin ist sich die Wissenschaftsgemeinschaft einig. Eine weitere Zunahme der jetzt schon sehr häufigen Erkrankungen wie Allergien, Asthma und anderen chronischen Entzündungskrankheiten, insbesondere in der Stadtbevölkerung, wäre denkbar. Daher ist es wahrscheinlich, dass ein Rückgang der biologischen Vielfalt in der Umwelt für eine gewisse Dysfunktion des menschlichen Immunsystems verantwortlich ist. Dieses Phänomen wird als Biodiversitätshypothese bezeichnet (Haahtela 2019). Grundsätzlich geht die Biodiversitätshypothese davon aus, dass eine gesunde Entwicklung der Mikrobiota der menschlichen Haut und des Darms mit der Aufnahme von Mikroben aus natürlichen Umweltquellen zusammenhängt. Sie baut dabei direkt auf der Hygienehypothese auf, die besagt, dass eine geringe Exposition mit natürlichen Mikroben in der Umwelt und die Nutzung aggressiver Reinigungsmittel im Haushalt zu einer bedeutenden Zunahme an Allergien in der Bevölkerung führen. Die Hygienehypothese wurde dahingehend zur Biodiversitätshypothese erweitert, um darauf hinzuweisen, dass der anhaltende und schnell zunehmende globale Verlust des Lebensraum- und Artenreichtums die Exposition des Menschen gegenüber mikrobieller Vielfalt reduziert. Dies wiederum beeinflusst die menschliche Mikrobiota negativ und kann die Entstehung entzündlicher Prozess in jedem Organsystem des Körpers triggern.

Die menschliche Gesundheit wird durch zwei ineinander verwobene Schichten von Biodiversität geschützt, Mikrobiota der äußeren Schicht (Boden, natürliche Gewässer, Pflanzen, Tiere) und der inneren Schicht (Darm, Haut, Atemwege). Letztere bewohnt unseren Körper und wird von der äußeren Schicht besiedelt. Die Explosion der menschlichen Bevölkerung zusammen mit der kulturellen Evolution verändert die Umwelt und den menschlichen Lebensstil tiefgreifend. Adaptive immunregulatorische Schaltkreise stehen in der neu entstandenen urbanen Umgebung auf dem Spiel. Bei Allergien und chronisch entzündlichen Erkrankungen im Allgemeinen ist die Erforschung der Determinanten der Immuntoleranz der Schlüssel zur Vorbeugung und wirksameren Behandlung. Der Verlust von immunprotektiven Faktoren, die aus der Natur stammen, ist eine neue Art von Gesundheitsrisiko, das bis vor kurzem kaum anerkannt wurde. Neben den globalen Megatrenddaten unterstützen auch Ergebnisse regionalspezifischer und mechanistischer Studien die Biodiversitätshypothese. Die ökologische Biodiversität rund um den Wohnort beeinflusst beispielsweise die bakterielle Zusammensetzung auf der Haut. Im Vergleich zu gesunden Personen haben diejenigen mit Allergien eine geringere Artenvielfalt um ihr Zuhause herum und auch eine geringere bakterielle Vielfalt auf ihrer Haut (Sandifer, Sutton-Grier et al. 2015).

Urbanisierung, Klimawandel und Biodiversitätsverlust verschärfen sich gegenseitig. Die Biodiversitätshypothese hat gesellschaftliche Auswirkungen, zum Beispiel auf die Stadtplanung, die Nahrungsmittel- und Energieerzeugung und den Naturschutz. Sie hat auch eine Botschaft für Gesundheit und Wohlbefinden jeder:jedes Einzelnen: Die Natur hautnah erleben, berühren, essen, atmen, erleben und genießen, wann und wo immer es möglich ist. Die biologische Vielfalt natürlicher Umgebungen hängt von der Gesundheit des Planeten ab, was auch unter Gesundheitsexpert:innen und in Anlehnung an das One Health-Konzept der WHO eine Priorität sein sollte (Lebov, Grieger et al. 2017).

# 3    Wald und Gesundheit

Erst in den letzten Jahren hat das steigende Interesse von Bevölkerung, Medien und Wissenschaft einen wahren Boom für die evidenzbasierte Erforschung der Gesundheitswirkung von Natur generell und von Wald im Speziellen ausgelöst. Der Aufenthalt im Freien und der positive physiologische Effekt von körperlicher Bewegung sind per se stressreduzierend und werden als angenehmer Kontrast zum beruflichen, meist sitzend verbrachten Alltag empfunden. Hier gilt: Der Wald ist mehr als die Summe seiner Bäume. Die Natur wirkt über ein vielschichtiges Zusammenspiel einzelner Komponenten auf den Menschen. Die Einzelaspekte Bewegung, frische Luft, Erholung, Freizeit etc. wirken hier überadditiv und nachhaltig gesundheitsfördernd.

Jeder Wald ist ein Unikat und jeder Mensch bringt individuelle Erwartungen und Vorlieben mit an den freizeitmäßigen Aufenthalt in der Natur. Die Erholsamkeit von Naturräumen kann durch die Messung bestimmter psychologischer und physiologischer Parameter quantifiziert werden. Dazu zählen affektive Parameter wie z. B. Zufriedenheit und Stresserleben, kognitive Parameter wie z. B. Aufmerksamkeitsleistung und Erinnerungsvermögen und physiologische Parameter wie z. B. Herzrate, Blutdruck und Kortisolkonzentration im Speichel (Gatersleben et al. 2013). Die Wirkung eines Waldspaziergangs lässt sich neben der durch subjektive Einschätzung erhobenen Wirkung auf das Wohlbefinden mittels Fragebogen auch durch die Messung physiologischer Parameter objektivieren. Die Messungen können noch weiter unterteilt werden in die vier Körpersysteme Hirnaktivität, endokrines System, Herzkreislaufsystem und Immunsystem (Haluza 2014).

Die gebräuchlichsten Untersuchungsmethoden umfassen die Messung von Hirnströmen, Herzratenvariabilität, Puls, Blutdruck und Lungenfunktion. Auch die nicht-invasive Messung von Stresshormonen wie Kortisol in einer Speichelprobe wird häufig durchgeführt. Blutuntersuchung sind als invasive Methode seltener, erzielen aber wichtige Erkenntnisse über die Auswirkungen auf die immunkompetenten Blutzellen.

Um evidenzbasierte Aussagen über die Wirkung eines Waldspaziergangs auf den Menschen treffen zu können, werden diese Messungen in naturnaher Umgebung in einem urbanen Umfeld wiederholt und miteinander verglichen. Der physiologische und psychologische Effekt der körperlichen Aktivität wird durch Messungen im Sitzen oder in Inaktivität herausgefiltert. Der Studientyp wird durch die Fragestellung vor Beginn der Studie bestimmt und ist danach nicht mehr korrigierbar. Die Wahl des geeigneten Studientyps ist ein zentraler Aspekt des Studiendesigns, das über wissenschaftliche Qualität und Aussagekraft der Ergebnisse entscheidet.

In Therapiestudien, die die Wirksamkeit von Behandlungsmaßnahmen untersuchen, gibt es verschiedene Arten der Gruppenzuordnung, auch als Studienarme bezeichnet. In jedem dieser Studienarme folgen die Teilnehmer:innen dem gleichen Protokoll, denselben Messverfahren und werden von gleich qualifiziertem Personal betreut. Die gängigsten Formen sind:

- Einarmige Studien: Hier gibt es nur eine Gruppe, ohne Vergleichsgruppe.
- Crossover-Studien: Die Teilnehmer:innen wechseln im Verlauf der Studie zwischen verschiedenen Gruppen.
- Parallelgruppen-Studien: Mehrere Gruppen werden gleichzeitig untersucht, oft mit unterschiedlichen Therapieansätzen.
- Faktorielle Studien: Hierbei handelt es sich um Parallelgruppen, in denen die Teilnehmer:innen mehrere verschiedene Interventionen erhalten, um deren Einfluss auf eine bestimmte Zielgröße zu untersuchen.

Hier zu Verdeutlichung einige Beispiele: Bei einer einarmigen Studie halten sich alle Proband:innen bei der zu testenden waldtherapeutischen Intervention in einem Wald auf. Beim Crossover- bzw. Überkreuzstudien halten sich dieselben Proband:innen einmal im Wald und einmal in der Stadt auf. Der erste Studienort wird per Los bestimmt und dann wird nach einer Auswaschphase zum zweiten Studienort gewechselt. Beim parallelgruppenbasierten Design halten sich die Experimentalgruppe im Wald und eine nach Merkmalen wie Alter, Geschlecht, Vorerkrankungen etc. vergleichbare Kontrollgruppe in der Stadt auf. Bei der faktoriellen Version werden unterschiedliche Interventionen wie lange oder kurze Aufenthaltsdauer, Monokultur versus Mischwald etc. und Einflussfaktoren wie der Gefühlszustand in parallelen Gruppen getestet.

International gesehen gibt es vor allem in den USA, in Japan und in Skandinavien aktive Forschungsgruppen, die die Wirkung der Natur auf Gesundheit und Wohlbefinden empirisch erforschen. In den letzten Jahren haben auch deutschsprachige Länder wie Deutschland und Österreich hier deutlich aufgeholt und Strukturen für die Erforschung der Gesundheitswirkung von Waldlandschaften geschaffen (Cervinka, Höltge et al. 2014, Cervinka, Schwab et al. 2020). Diese Arbeiten aus unterschiedlichen Ländern sind allerdings schwer vergleichbar, da heterogene Methoden angewandt und unterschiedliche Studienpopulationen erforscht werden und die Dauer des untersuchten Waldaufenthalts stark variiert. Zusätzlich sind Begriffe wie Natur, Grünraum, Baumgruppe, Wald, Park, etc. aus soziokulturellen und geografischen Gründen unscharf und fließend. Diese Überlegungen treffen auch für die Differenzierung kurz- und längerfristiger Gesundheitseffekte und Aspekte der Gesundheitsvorsorge, Krankheitsprävention und Rehabilitation zu. Die Forschungsergebnisse selbst sind aufgrund der oft recht kleinen und nicht repräsentativen Studienpopulationen schwer generalisierbar. Es ist ungewiss, inwieweit ein Studienergebnis aus Japan mit zwanzig jungen, gesunden, männlichen Probanden auf die Gesamtbevölkerung in Mitteleuropa übertragen werden kann (Haluza et al. 2014). Das liegt nicht nur an den Charakteristika der Individuen selbst, sondern auch an der Exposition mit ökologisch unterschiedlich gestalteten Wäldern. Natürliche Umgebungen wie ein naturbelassener Wald, die vielfältige sensorische Reize mit tages- und jahreszeitlichen Schwankungen bieten, sind nicht ohne Weiteres zwischen den Ländern, Vegetationszonen und Kontinenten standardisierbar.

> **Wirkung von Bewegung im Wald**
> - Stressreduktion
> - Erhöhung der Lungenkapazität
> - Blutdrucksenkung
> - Immunsteigerung
> - Muskelentspannung
> - Bessere Schlafqualität
> - Bessere Stimmung
> - Linderung von Depressionen
> - Mehr Motivation und Kreativität
> - Glücksgefühle
> - Besseres Gedächtnis und Konzentration
> - Koordination und Balancehalten
> - Knochenstärkung
> - Bessere Hautdurchblutung

## 3.1 Die Walddefinition

Die Wissenschaft lebt von klaren Definitionen und einer gemeinsamen Lesart von Begriffen durch die Vertreter:innen einer bestimmten Fachdisziplin. Naturgemäß ist dies in komplexen biologischen Ökosystemen wie dem Wald schwierig und man sieht den sprichwörtlichen Wald vor lauter (Wald-)Definitionen nicht. Daher stellt sich an dieser Stelle die Frage: Was ist eigentlich ein Wald? Die Ernährungs- und Landwirtschaftsorganisation (FAO) ist eine Sonderorganisation der Vereinten Nationen und hat einen Versuch unternommen, Wald zu definieren; kein leichtes Unterfangen Anbetracht der unzähligen national und international geltenden Auslegungen.

Laut der aktuellen globalen Definition handelt es sich dann um einen Wald, wenn eine Landfläche von mindestens 0,5 Hektar (ha), also 5000 m², mit Bäumen bewachsen ist, die eine Höhe von über fünf Meter erreichen können und deren Kronen mehr als 10 % der Grundfläche bedecken.

Das ausschlaggebende Kriterium für Wald bezieht sich also auf die quantitative Ansammlung von vorhandenen Bäumen. Beachtenswert ist, dass in dieser Auslegung schon sehr kleine Baumgruppen (bis 0,5 ha) als Wald gelten. Diese Definition führt dazu, dass viele kleine Waldstücke als Wälder gelten und in dicht besiedelten Agrarlandschaften oft eine beträchtliche Anzahl von Waldgebieten vorhanden ist. Diese Wälder sind in der Regel mit satellitengestützten Fernerkundungstechniken schwer zu identifizieren und zu überwachen, können sich jedoch über beträchtliche Gebiete erstrecken. Auch die Landnutzung fließt in die Definition ein: Einerseits gelten künstlich angelegte Baumplantagen mit dem Hauptzweck der Holz- oder Holzerzeugung als Wälder. Andererseits werden Baumplantagen, die hauptsächlich andere Produkte wie Kokosnüsse oder andere Früchte erzeugen, nicht als Wälder betrachtet. Zusätzlich werden Gärten und städtische Parks nicht in diese Definition von Wäldern eingeschlossen. Während für den Besuch eines Waldes die Erreichbarkeit und die Zugänglichkeit am wichtigsten sind, beschreiben die internationalen Standards der Weltnaturschutzunion (IUCN) Schutzgebiete nach ihren Managementzielen (Leung, Spenceley et al. 2018). Das IUCN-System ist die internationale Referenz für die vielfältigen nationalen Klassifizierungen von Schutzgebieten. Die Kategorien werden von internationalen Gremien wie den Vereinten Nationen und von vielen nationalen Regierungen als globaler Standard für die Definition und Erfassung von Schutzgebieten anerkannt und in die staatliche Gesetzgebung aufgenommen. Aufgrund dieser Gesetze wird wiederum die Nutzung geregelt. Viele Naturschutzgebiete beinhalten auch ausgedehnte, naturbelassene Waldareale, die für die Waldtherapie im Allgemeinen sehr gut geeignet sind.

Seit den 1940er Jahren immer wieder adaptiert, wurde das heute geltende System mit sechs Naturschutzkategorien 1978 eingeführt und 1994 überarbeitet. Das System wird übrigens auch bei der Erstellung der Liste der vom Aussterben bedrohten Arten und beim Weltüberwachungszentrum für Naturschutz eingesetzt. Es ist auch weltweit verbreitet in der Planung und der Erstellung der Schutzziele neuer Natur- und Landschaftsschutzgebiete.

- *Kategorie Ia: Strenge Naturreservate*
  Schutzgebiete der Kategorie Ia sind streng geschützte Gebiete, die zum Schutz der biologischen Vielfalt und geologischen Merkmale ausgewiesen sind, in denen der Besuch, die Nutzung und die Auswirkungen durch den Menschen streng kontrolliert und begrenzt werden. Solche Schutzgebiete können als unverzichtbare Referenzgebiete für die wissenschaftliche Forschung und Überwachung dienen.
- *Kategorie Ib: Wildnisgebiet*
  Schutzgebiete der Kategorie Ib sind große unveränderte oder geringfügig veränderte Gebiete, die ihren natürlichen Charakter und Einfluss ohne dauerhafte oder nennenswerte menschliche Besiedlung behalten und die geschützt und verwaltet werden, um ihren natürlichen Zustand zu bewahren.
- *Kategorie II: Nationalpark*
  Schutzgebiete der Kategorie II sind großflächige naturbelassene oder naturnahe Flächen, die zum Schutz großräumiger ökologischer Prozesse mit der für das Gebiet charakteristischen Arten- und Ökosystemergänzung ausgewiesen sind. Nationalparks sind von nationaler und internationaler Bedeutung. Die Großflächigkeit soll dazu beitragen, dass zumindest ein oder mehrere Ökosysteme vollständig erfasst werden. Der überwiegende Teil der Nationalparkflächen (mindestens 75 %) soll vom Menschen unberührt oder nur wenig beeinflusst werden. Für die Natur wird damit ein Freiraum geschaffen, in der sie sich frei und ungestört entwickeln darf. Damit ist eine forstwirtschaftliche Nutzung weitestgehend ausgeschlossen. Die mit der Zeit entstehende Wildnis soll neben dem

Schutz der Arten- und Biotopvielfalt auch Platz für wissenschaftliche Forschung, Umweltbildung und Naturerlebnis bieten, sofern diese mit den Naturschutzzielen vereinbar sind.

- *Kategorie III: Naturdenkmal*
  Schutzgebiete der Kategorie III werden zum Schutz einer besonderen Naturerscheinung verwaltet. Ein Naturdenkmal ist ein natürlich entstandenes Landschaftselement, das unter Naturschutz gestellt ist. Es kann ein auffälliges einzelstehendes Gebilde wie eine Felsnadel, ein einzelner alter Baum oder eine Höhle sein. Ein Flächennaturdenkmal bezeichnet außergewöhnliche Escheinungsformen auf einer größeren Fläche wie eine Felsenlandschaft. Naturdenkmäler werden mit Plaketten oder Hinweistafeln besonders beschildert und sind meist beliebte Ausflugsziele in einer Region.
- *Kategorie IV: Biotopschutzgebiet*
  Schutzgebiete der Kategorie IV zielen darauf ab, bestimmte Arten oder Lebensräume zu schützen, und das Management spiegelt diese Priorität wider. Viele Schutzgebiete der Kategorie IV erfordern regelmäßige, aktive Eingriffe, um den Anforderungen bestimmter Arten gerecht zu werden oder Lebensräume zu erhalten, aber dies ist keine Anforderung der Kategorie.
- *Kategorie V: Landschaftsschutzgebiet*
  Schutzgebiete der Kategorie V wurden durch die Interaktion von Mensch und Natur im Laufe der Zeit als ein Gebiet von besonderem Charakter mit bedeutendem ökologischem, biologischem, kulturellem und landschaftlichem Wert hervorgebracht. In diesem ist die Bewahrung der Integrität dieser Interaktion für den Schutz und die Erhaltung des Gebiets und des damit verbundenen Naturschutzes und anderer Werte von entscheidender Bedeutung.
- *Kategorie VI: Ressourcenschutzgebiet*
  Schutzgebiete der Kategorie VI bewahren Ökosysteme und Lebensräume zusammen mit den damit verbundenen kulturellen Werten und traditionellen Bewirtschaftungssystemen für natürliche Ressourcen. Sie sind im Allgemeinen groß, wobei der größte Teil der Fläche in einem natürlichen Zustand ist und ein anderer Teil unter nachhaltiger nicht-industrielle Nutzung steht. Beispiele sind Trinkwasserschutzgebiete, Heilquellenschutzgebiete oder Lawinenschutzwälder.

## 3.2 Das Waldökosystem

Ein Ökosystem bezeichnet eine funktionelle Einheit der Natur, in der lebende Organismen sowohl untereinander als auch mit der umgebenden physischen Umwelt interagieren. Die Größe kann stark variieren, jedoch ist ein Ökosystem in der Regel selbsttragend. Die gesamte Biosphäre wird als globales Ökosystem und das Waldökosystem als ein Teil des terrestrischen Ökosystems bezeichnet, im Gegensatz zum aquatischen Ökosystem. Ein Waldökosystem umfasst Boden, Bäume, Insekten, Tiere, Vögel und den Menschen. Ein Wald ist ein großes und komplexes Ökosystem und weist daher eine größere Artenvielfalt auf. Außerdem ist es im Vergleich zu kleinen Ökosystemen wie Feuchtgebieten und Grasland viel stabiler und widerstandsfähiger gegenüber schädlichen Einflüssen. Ein Waldökosystem besteht wie jedes andere Ökosystem auch aus abiotischen, also anorganischen Materialen wie Steinen und Luft, und biotischen, also organischen Komponenten wie Pflanzen und Tieren. Diese Komponenten interagieren in einem Ökosystem miteinander und somit macht diese Interaktion zwischen ihnen das System selbsttragend.

Die zwei wichtigsten strukturellen Merkmale eines Waldökosystems sind die Artenzusammensetzung, also die Pflanzen- und Tierarten, und die Schichtung. Letztere bezieht sich auf die vertikale Verteilung verschiedener Arten, die verschiedene Ebenen im Waldökosystem besetzen. Im Waldökosystem nehmen folglich Bäume die oberste Ebene, Sträucher die zweite Ebene und Gräser die unterste Ebene ein. Jede Art nimmt aufgrund ihrer Nahrungsquelle einen Platz in diesem Ökosystem ein.

Ein Wald ist eine größere zusammenhängende Fläche mit einer hohen Dichte an Bäumen. Gemäß der ökologischen Definition von Wald müssen die Bäume so dicht stehen, dass sich ein typisches Waldklima entwickelt. So sind die Temperaturen im Wald ausgeglichener, die Luftbewegungen und die Lichtintensität geringer und die Luftfeuchtigkeit höher als bspw. bei einer den Wald angrenzenden Wiese.

Wird der Wald als Therapieraum genutzt, so ist ein Mindestmaß an Verständnis von dessen Struktur und Beschaffenheit erforderlich. Für die eigentliche Abhaltung von Therapieeinheiten im Wald sind jedoch der sprichwörtliche gesunde Menschenverstand, ethische Überlegungen und ein professionelle Mindset, z. B. nach den Richtlinien des Agilen Prozesses der Waldtherapie, wesentlich. Eine korrekte Benennung der unterschiedliche Baum-, Blumen- oder Insektenarten im Wald ist zu keinem Zeitpunkt erforderlich für eine erfolgreiche Waldtherapie und sollte auch kein explizites Thema im Therapieprozess sein.

Zur besseren Visualisierung hat sich auch in der Praxis der Waldtherapie, angelehnt an die Grundschulbiologie, für die Beschreibung der Struktur des Waldes das Sinnbild eines mehrgeschossigen Hauses bewährt. Jedes Stockwerk hat unterschiedliche Funktion, Zugänglichkeit und Bewohner:innen: Im Keller befindet sich die Wurzelschicht, im Erdgeschoss die Moosschicht, im ersten Stock die Krautschicht, im zweiten Stock die Strauchschicht und im obersten Stock oder Dachgeschoss die Kronenschicht.

- Die Wurzelschicht bildet sich aus allen unterirdischen Bereichen im Erdreich und umfasst Pflanzenwurzeln und abgewandelte Sprossteile. Je nach Klima, Region und Geologie kann diese über 25 Meter tief sein. Der Erdboden besteht in einem gesunden Wald aus einer fruchtbaren Humusschicht. Häufige Lebewesen in der Wurzelschicht sind Regenwürmer, Tausendfüßler, Feldhamster, Mäuse und Maulwürfe.
- Die Moosschicht befindet sich auf einem bewachsenen Boden und unterliegt keinem Höhenwachstum, wohl aber einem Flächenwachstum. Auf dem Boden finden sich Moose, Flechten, Pilze und ein großer Anteil abgestorbenes organisches Material. Häufige Lebewesen in der Wurzelschicht sind Insekten wie Spinnen, Käfer, Ameisen und Reptilien wie z. B. Waldeidechsen.

- Die Krautschicht besteht aus niedrigen krautigen Pflanzen, Gräsern, Zwergsträuchern und Jungpflanzen. In dieser Schicht können jedoch nur Frühblüher und Halbschatten- und Schattenpflanzen gedeihen. In der Krautschicht leben Säugetiere wie Füchse, Hasen, Rehe und Wildschweine.
- Die Strauchschicht kennzeichnet sich aus verschiedenen hohen Sträuchern, Büschen sowie aus jungen Bäumen. In der Regel werden die Pflanzen der Strauchschicht kaum höher als drei Meter, da der Zugang zu Sonnenlicht die Größe limitiert. In dieser Schicht warten junge Bäume oft Jahrzehntelang kleinwüchsig auf ihre Chance, einen entfernten, beschädigten oder abgestorbenen Baum derselben oder einer anderen Baumart zu ersetzen. Im Schutze des recht dichten Bewuchses dieser Schicht sind vor allem Singvogelarten wie Amseln, Singdrosseln, Rotkehlchen und andere sowie deren Nester anzutreffen. Auch Hirsche und Schmetterlinge können in dieser Schicht angetroffen werden.
- Die Baumschicht kennzeichnet sich aus dem obersten aus verholzenden langlebigen Pflanzen bestehenden Teil. Das Blätterdach schließt die Baumschicht ab und beschattet den Waldboden. Die Bäume können in dieser Schicht je nach Art und Bodenbeschaffenheit unterschiedlich groß werden und hier sind vor allem Spechtvögel, Eichhörnchen, Eulen und Kletterpflanzen wie Efeu oder auch Misteln zu finden.

## 3.3 Die Funktionen des Waldes

Wälder werden oft als die »grünen Lungen« der Erde betrachtet, da sie das Treibhausgas Kohlendioxid ($CO_2$) quasi einatmen und harmlose Chemikalien wie Wasserdampf und Sauerstoff ($O_2$) ausatmen. Bäume geben jedoch auch viele andere Chemikalien ab, sogenannte flüchtige organische Verbindungen (VOCs). Wissenschaftler:innen wissen schon länger, dass Bäume Chemikalien in die Atmosphäre abgeben, beginnen aber erst nach und nach, das enorme Ausmaß dieser Emissionen zu verstehen. Beispielsweise geben viele Bäume chemische Verbindungen ab, um sich gegen Schädlinge zu verteidigen, um sich von Schäden zu erholen oder um mit Wetter- und Klimaänderungen fertig zu werden. Nadelbäume geben diese Gase ständig ab, aber höhere Temperaturen verursachen mehr Emissionen, um Hitzestress zu bekämpfen.

Wälder zeichnen sich durch drei wesentliche Funktionen aus: die ökonomische, ökologische und soziale Funktion.

1. Die ökonomische Funktion beschreibt den wirtschaftlichen Nutzen. Darunter fallen zum Beispiel die Holzproduktion als Rohstoff und Energieträger, die Gewinnung von Heilpflanzen, die Jagd oder der Tourismus. Hier werden auch gesundheitsökonomische Überlegungen, also die Reduktion von Gesundheitsausgaben durch einen besseren Gesundheitsstatus in der Allgemeinbevölkerung, inkludiert, vor allem im Hinblick auf eine alternde Bevölkerung.

2. Die ökologische Funktion beschreibt die Schutzwirkung der Wälder. Dazu zählen
   - der Natur- und Artenschutz, da Wälder Lebensraum für unzählige Tier- und Pflanzenarten sind und auch scheuen Tieren ein Rückzuggebiet bereitstellen;
   - der Biotopschutz, wie z. B. Moore;
   - der Lärm- und Windschutz durch belaubte Bäume;
   - der Klimaschutz, indem Bäume für ihr Wachstum das Treibhausgas Kohlenstoffdioxid aus der Luft aufnehmen und im Holz speichern. Durch die Photosynthese erzeugen die Blätter dann Sauerstoff. Ein weiterer Effekt ist die Filterung und Reinigung der Luft von Luftschadstoffen und Staub sowie einem Temperaturausgleich;
   - der Wasserschutz, indem der Waldboden das Regenwasser filtert und reinigt, wodurch sauberes Grundwasser entsteht;
   - der Bodenschutz, indem Wälder vor Erosion, also dem Abrutschen von Hängen oder Erdmassen schützen, und
   - der Lawinen-, Steinschlag-, und Murenschutz, indem Wälder in Gebirgen herabbrechende Lawinen abbremsen und aufgefangen.
3. Die soziale Funktion beschreibt den Nutzen der Wälder für Erholung und Freizeit (Bundschuh 2009). Untersuchungen über die Wahrnehmung des Waldes durch die Bevölkerung ergaben, dass der Wald primär als Natur- und Erholungsraum wahrgenommen wird, während die Schutz- und Nutzfunktionen eine sekundäre Rolle spielen. Die Erholungs- und Freizeitaktivitäten umfassen Naturbeobachtung (Pflanzen, Vögel und andere Tiere), Hunde ausführen, spazieren gehen, wandern, die Ausübung von Sportarten wie Joggen, Radfahren, Mountainbiken, Klettern in Hochseilgärten oder an Kletterwänden, aber auch zelten, das Nutzen von Grillplätzen und Lagerfeuerstellen. Wälder bieten Begegnungszonen für Kommunikation und soziale Integration. Assoziationen mit der Erholungsfunktion des Waldes umfassen auch Survivaltrainings, Managerseminare und Selbstfindungserfahrungen im Wald und Einrichtungen für waldbasierte Naturbildung und Waldpädagogik wie Waldkindergärten, Waldschulen und Schulwälder für die anwendungsorientierte Wissensvermittlung.

Die Unterscheidung zwischen den verschiedenen Funktionen des Waldes ist zwar etabliert, sollte jedoch zugunsten eines Leitbilds der Multifunktionalität, also der gleichrangigen Berücksichtigung der verschiedenen Waldfunktionen, interpretiert werden. Nur auf diese Weise kann neben dem wirtschaftlichen Aspekt des Waldes auch eine angemessene Erholung und Freizeitgestaltung realisiert werden, die von der breiten Bevölkerung als ausreichend empfunden wird. Die romantische Vorstellung des Sehnsuchtsorts Wald als Inbegriff von unberührter Natur hat in den meisten Waldgebieten kein reales Korrelat. Heutzutage ist der Wald kein unberührter Urwald mehr, sondern in weiten Teilen ein von Menschen geprägter, auf hohe Erträge optimierter gepflanzter Wirtschaftswald, quasi eine Baumplantage. Die Lebensgemeinschaften des Waldes sind gegenüber dem ursprünglichen Zustand zwar verändert, aber nicht zerstört. Die Wälder sind in großen Teilen daher durchaus noch naturnah, vor allem, weil die moderne Forstwirtschaft für die meisten Waldbestände einem Konzept des naturnahen Waldbaus folgt. Das bedeutet, dass der

Aufbau des Waldes, die Artenzusammensetzung und die Struktur sich auch ohne das Eingreifen des Menschen in weiten Teilen ähnlich entwickelt hätte.

Der Wald ist kein Allgemeingut, wo je nach Belieben Bäume oder Waldfrüchte entnommen werden können, sondern im Besitz von Bund, Länder, Körperschaften und Privatpersonen. Zwar kann im Grunde jede Person Wald besitzen, ein Großteil des Waldes ist aber in Besitz von einigen wenigen großen Institutionen und nicht in der Hand vieler einzelnen Privatpersonen oder Organisationen. Das Besondere bei Wäldern, die im Besitz des Staates sind, ist, dass bei ihrer Bewirtschaftung verstärkt auf die Interessen der Bevölkerung geachtet wird. So ist es den Forstbetrieben wichtig, den Wald auch mit seiner Erholungs- und Schutzfunktion für alle Bürger:innen zur Verfügung zu stellen und frei zugänglich zu halten. Ein »Betreten verboten«-Schild wird hier selten zu finden sein.

Der Bundesforst ist der bundeigene Forstbetrieb, der von Bundesforstbetrieben verwaltet wird. Obwohl vor allem der Naturschutz und die Landschaftsgestaltung die vorrangigen Ziele sind, wird durch die Holzwirtschaft auch Kapital erwirtschaftet.

Der Körperschaftswald ist im Besitz von Städten, Kommunen oder Kirchengemeinden, was überraschenderweise oft der Fall ist. Das sind oftmals Stadtwälder, wobei aber längst nicht jeder Stadtwald im Besitz der Stadt ist.

Die Landesforste sind selbstständige Forstbetriebe eines Bundeslandes, die einer bestimmten Region zugeordnet sind und die die Aufgabe haben, den Wald zu bewirtschaften, der dem jeweiligen Land gehört.

Der Privatwald ist im Besitz einer Privatperson oder Firma, oft sind das Bäuer:innen oder alte Adelsgeschlechter, manchmal aber auch einfach Personen, die den Wald aus wirtschaftlichen Interessen oder Naturschutzgründen gekauft haben.

Für die konkreten Richtlinien, aktuellen Zuständigkeiten und Gesetze ist die Kenntnis der regionalen Besitzverhältnisse nötig, da es verschiedene Arten von Waldbesitz gibt. Das nächste Forstamt oder Aushänge beim Wald selbst geben Auskunft über die geltenden Gesetze und Nutzungsbestimmungen. Das Betreten des Waldes zum Zwecke der Erholung ist meist gestattet. Das Radfahren und das Reiten im Wald sind meist nur auf Straßen und Wegen gestattet oder gänzlich verboten. Auch das Befahren mit motorisierten Fahrzeugen ist meist sehr streng reglementiert. Die Benutzung geschieht auf eigene Gefahr, was insbesondere für waldtypische Gefahren gilt. Für die therapeutische Nutzung gilt, dass die Therapeut:innen ihre Rechte (also z. B. das Nutzungsrecht) und ihre Pflichten (z. B. die Haftpflicht) kennen müssen.

Das Forstgesetz gilt für alle Waldbesitzer:innen. Es schreibt etwa vor, wie viel gefällt werden darf, aber auch, dass die Verkehrssicherheit gewährleistet sein muss, sollte eine Straße durch oder an einem Wald vorbeiführen. Auch muss Schadholz aus dem Wald geräumt werden und von Schädlingen befallene Bäume müssen zeitnah vernichtet werden. Die meisten Förster:innen sind davon überzeugt, dass ein stabiler und gesunder Wald grundsätzlich regelmäßige Pflege braucht. Das Fällen schwacher und kranker Bäume versorgt die starken Bäume mit mehr Licht, Platz, Wasser und Nährstoffe für ihr Wachstum.

## 3.4  Das Lebewesen Baum

Obwohl sie weder Gehirn noch Nervenzellen haben und Zeit ihres Lebens an einem Platz fest verwurzelt stehen, sammeln Bäume ständig Informationen über Lichtverhältnisse, Außentemperaturen, chemische Stoffe in Luft und Boden und vieles mehr. Sie tauschen diese Daten in Form von elektrischen und chemischen Signalen ähnlich denen Nervenzellen nicht nur zwischen den eigenen Wurzeln, Blättern und Blüten aus, sondern auch untereinander. Bäume sind komplexe Lebensformen, die nach neuesten wissenschaftlichen Erkenntnissen nicht nur Lichtrezeptoren in den Blättern und taktile Fasern an den Wurzelspitzen haben, sondern auch miteinander kommunizieren können: sie tauschen Informationen aus und warnen sich vor möglichen Gefahren wie z. B. einem Borkenkäferbefall. Ältere und stärkere Exemplare können daher jüngere und schwächere in ihrer Umgebung unterstützen. Warum Bäume dies tun, ist allerdings reine Spekulation. Sie haben wohl einen direkten oder indirekten Überlebensvorteile, wenn sie zueinander »nett« sind, nach dem Motto: Gemeinsam sind wir stark! Es gibt mehrere mögliche Wege, wie sich Bäume miteinander verständigen können: über die Luft durch volatile Botenstoffe, durch Geräusche im Infraschallbereich oder für die menschliche Wahrnehmung unsichtbar mit einem das Wurzelwerk umspannenden Pilzgeflecht tief im Erdreich. Es dient als eine Art Kommunikationsnetz zwischen den Bäumen und für den Austausch von Nährstoffen, Wasser und Botenstoffen. Dieses unterirdische System wird als »Wood Wide Web« bezeichnet, in Anlehnung an den online Informationsaustausch im World Wide Web. 1997 geprägt von der kanadischen Forstwissenschaftlerin Suzanne Simard und ihrem Team von der Universität von British Columbia ist dieser klingende Begriff seither populär geworden (Simard, Perry et al. 1997).

In der Waldtherapie können je nach Region oder therapeutischen Methoden einzelne Bäume, einzelne Baumarten oder Baumgruppen eine zentrale Bedeutung einnehmen. Die Symbolträchtigkeit eines Baumes, über Kraftbaum, Lieblingsbaum etc., kann ein sehr guter Einstieg in die Waldtherapie sein, z. B. als Treffpunkt, Versammlungsort, Rückzugsort oder dergleichen mehr. Auch der Spruch »Ich sehe den Wald vor lauter Bäumen nicht« kann für Klient:innen, die eine Struktur im Leben vermissen oder nach langer, schwerer Krankheit aus der Lebensbahn geworfen oder gedrängt wurden, ein gutes Sinnbild sein.

Das typische Bild des Waldes ist von Bäumen geprägt. Auf den ersten Blick erscheint der Aufbau eines Baumes recht einfach: Wurzel, Stamm und Krone. Bau und Funktion der Bäume sind in Wahrheit jedoch viel komplizierter. Öfter als erwartet trifft man im Wald auf entwurzelte Bäume, sodass es durchaus auch Sinn macht, die unterschiedlichen Wurzeltypen näher zu klassifizieren. Der Baum als Einzelpflanze, losgelöst aus dem anonymen Verband eines Waldes mit unzähligen unbelebten, pflanzlichen und tierischen Elementen, hat einen hohen mythologischen Stellenwert. Auch in der Praxis der Waldtherapie wird oft mit Einzelbäumen gearbeitet, wobei die Übung des Baumumarmens wohl die bekannteste und relevantes ist. Auch das Konzept des Lebensbaums, Kraftbaums und Lieblingsbaums kann hier aufgegriffen und sinnvoll eingeflochten werden.

## 3.4.1 Die Wurzeln

Die Wurzeln verankern den Baum fest im Boden und versorgen ihn gleichzeitig mit dem nötigen Wasser und den darin gelösten Nährstoffen. Sie bilden ein System, das aus dem Wurzelstock, also dem Übergang von Wurzel zu Stamm, und den Grob- und Feinwurzeln besteht. Eine Wurzel kann tief in Richtung Grundwasser vorstoßen (Pfahlwurzelsystem bzw. auch Tiefwurzler genannt), sich unter der Erdoberfläche zur Aufnahme des versickernden Regenwassers eher horizontal ausdehnen (Senkerwurzelsystem bzw. Flachwurzler) oder eine Kombination aus beidem sein (Herzwurzler, benannt nach dem herzförmigen Wurzelquerschnitt).

Das Wurzelbild hängt sehr stark von den jeweiligen Standortbedingungen und der darauf ausgerichteten Baumart und dem Baumalter ab. Das Pfahlwurzelsystem beschreibt eine senkrecht wachsende, verdickte Hauptwurzel und ist z. B. bei Eichen, Kiefern und Tannen zu finden. Das Herzwurzelsystem bildet vom Wurzelstock ausgehend mehrere, unterschiedlich starke Wurzeln aus. Typische Baumarten für dieses Wurzelsystem sind Buchen, Birken, Hainbuchen, Lärchen, Linden und Douglasien. Beim Senkerwurzelsystem wachsen aus starken Horizontalwurzeln die sogenannten Senkerwurzeln senkrecht in den Boden. Flachwurzelnde Baumarten wie beispielsweise Esche oder Fichte werden sehr leicht von Stürmen umgeworfen, da dieser Wurzeltyp einen recht geringen Halt im Boden bietet. Werden solche Bäume entwurzelt, so erkennt man dies an den großen Wurzeltellern, die allerdings erstaunlicherweise im Verhältnis zur Baumgröße nur wenige Zentimeter messen.

Je nach Baumart, Baumalter und Bodenbeschaffenheit kann die Wurzel unterschiedlich ausgeprägt sein, was in der Ausbildung unterschiedlicher Wurzelformen resultiert, d. h. die Wurzel der gleichen Baumart kann sich an zwei verschiedenen Standorten sehr unterschiedlich entwickeln. Auch wenn sich der Boden im Laufe der Zeit ändert oder die Wurzel bei ihrem Wachstum auf einen Steinbrocken oder eine horizontale Felsschicht trifft, ändert sich der Wurzeltyp. Diese Anpassung an den Standort geht daher häufig auf Kosten der Stabilität des Baumes. Die zunehmende Größe des Wurzelsystems und damit einer größeren Stützfläche kann dieser Stabilitätsverlust einigermaßen ausgleichen. Einige Bäume, wie beispielsweise die Tanne, sind aber auch in der Lage selbst bei schwierigen Bodenverhältnissen tief zu wurzeln. Diese Baumarten tragen daher zur Stabilisierung des ganzen Bestandes bei.

## 3.4.2 Der Stamm

Die oberirdischen Baumteile Krone und Stamm formen die charakteristische Gestalt. Bei allen Baumarten ist der Stamm die einzige Hauptachse. Während bei vielen Nadelbäumen diese Hauptachse bestehen bleibt, entwickeln die Laubbäume meist starke Seitenäste mit weiteren Verzweigungen, sodass im Kronenbereich der Stamm kaum mehr als solcher erkennbar ist.

Die typischen Jahrringe der Bäume entstehen durch den jahreszeitlichen Wachstumszyklus mit einem Stopp des Dickenwachstums des Stammes in der Winterruhepause. Das jährliche Höhenwachstum des Baumes ist von der Länge des Gipfeltriebs abhängig, der bei Vegetationsbeginn im Frühjahr aus der Gipfelknospe wächst. Dessen Länge ist in der Jugendzeit des Baumes größer und nimmt mit zunehmendem Alter ab. Das Frühholz ist hell und locker und ermöglicht einen schnellen Wasser- und Nährstofftransport von der Wurzel in die Krone. Das Spätholz ist dichter und auch dunkler und übernimmt hauptsächlich stabilisierende Aufgaben. Beide zusammen bilden dann in diesem Jahr einen Jahresring.

> **Baumalter**
>
> Das Baumalter kann bei geschlagenen Bäumen sehr genau durch das Zählen der Jahrringe bestimmt werden. Bei Nadelbäumen wie Fichte, Kiefer und Douglasie gibt es auch die Möglichkeit, die Astquirle zu zählen, da sie in jedem Jahr einen neuen Astquirl bilden. Als Astquirl bezeichnet man die in etwa gleiche Höhe sternförmig um den Stamm abzweigende Äste eines Nadelbaumes.

Bäumen können beeindrucken alt werden und jede Region und jedes Land hat seine ältesten Bäume, die oft auch treffende Eigennamen tragen. Auch weltweit werden unterschiedliche Baumarten anhand ihres Alters verglichen. Die Onlineplattform Wikipedia stellt unter dem Suchbegriff »markante und alte Baumexemplare« die ältesten und größten Bäume vor. Sehr alte Bäume sind zum Beispiel die 9550 Jahre alte Gemeine Fichte namens Old Tjikko in Schweden und die 4723 Jahre alte Langlebige Kiefer namens Methuselah in Nordamerika.

Viele Baumarten haben eine für sie übliche Höhe, ab der das Höhenwachstum stoppt, sehr wohl aber weiterhin eine Ausdehnung in die Breite und Tiefe stattfindet. Die Stabilität des Baumes nimmt dabei relativ zur Höhe mit dem Stammdurchmesser zu und wird als Schlankheitsgrad bezeichnet. Je geringer der Quotient aus Höhe in Metern (h) und Durchmesser in Zentimeter (d), desto stabiler ist ein Baum. Die Höhe des Baumes wird trigonometrisch mit Winkelmessern ermittelt, wobei man die Entfernung zum Baum und die Winkel zum Stammfuß und zur Baumspitze misst. Der Durchmesser des Baumes wird dabei standardisiert in einer Höhe von 1,30 Meter über dem Boden gemessen (sog. Brusthöhendurchmesser oder BHD). Dieser Schlankheitsgrad ist ein Maß für die Stabilität des Einzelbaumes: $h/d > 100$ sehr instabil, $h/d$ 80–100 instabil und $h/d < 80$ stabil. Der BHD wird auf ganze Zentimeter und die Höhe auf ganze Meter abgerundet. Eine höhere Genauigkeit wird nicht benötigt.

### 3.4.3 Die Krone

In vielen Waldregionen wurden in den letzten Jahren Baumpfade und Aussichtstürme errichtet, damit die sonst für Besucher:innen nicht erreichbaren Kronenregionen erlebt werden können. Die Krone hat die wichtige Aufgabe, mittels Photosynthese Sauerstoff zu produzieren, indem sie mit dem Blattgrün (Chlorophyll) die Sonne als Energiequelle und zur Wasserverdunstung nutzt. In einem Kreislauf wird Kohlendioxid aus der Luft durch die Spaltöffnung der Blatt- oder Nadelorgane aufgenommen und Wasser durch die Wurzel dem Boden entzogen und durch den

Stamm zur Krone transportiert. Mit Hilfe der Sonnenenergie werden dann Zuckermoleküle für den Aufbau von Blättern, Wurzeln und Holz gebildet und Sauerstoff als Abfallprodukt der chemischen Reaktion freigesetzt. Daher werden Wälder oft auch als die »grüne Lunge« der Erde bezeichnet. Das Längenwachstum der Bäume ist ein Versuch, in Konkurrenz mit den Baumnachbarn möglichst viel Sonnenlicht abzubekommen. Ein Baum speichert das Kohlendioxid aus der Luft, bis es nach seinem Absterben durch Verrottung oder Verbrennen wieder freigesetzt wird. Wird das Holz als Baumaterial verwendet, bleibt das Kohlendioxid noch länger fixiert.

## 3.5 Die Waldluft

Pflanzen können nicht weglaufen und müssen in einem permanenten Überlebenskampf Stürme, Hitzewellen, Starkregen, Überschwemmung und Schädlingen trotzen. Die Evolution hat die Pflanzenwelt in die Lage versetzt, potentiell zerstörerische Fressfeinde abzutöten. Es gibt mehr als 5000 flüchtige Substanzen, die Pflanzen, insbesondere Bäume, in einem ständigen Abwehrprozess vor schädlichen Bakterien, Pilzen und Insekten schützen.

In diesem Zusammenhang beschreibt der Sammelbegriff Phytonzide eine Gruppe sekundärer Pflanzenstoffe, die als integraler Teil des pflanzeneigenen Schutzsystems besonders vor Schädlingsbefall schützen sollen und damit antibiotisch wirken. Die häufigste Grundstruktur aus Kohlenwasserstoffmolekülen sind die Terpene.

Phytonzide sind in den letzten Jahren durch Medienberichte so populär geworden, weil es das hartnäckige Missverständnis gibt, dass die Wirkung von Waldtherapie ausschließlich auf die Phytonzid-Aktivität zurückzuführen ist. Die Wirkung des Waldes ist jedoch komplex und umfasst alle Elemente, die mit den Sinnen wahrgenommen werden können, einschließlich, aber eben nicht ausschließlich der Phytonzide. Die atmosphärischen Konzentrationen von Phytonziden in Wäldern sind generell sehr gering und variieren in Abhängigkeit von vielen Faktoren wie Jahreszeit, Klima und Baumzusammensetzung. Die exakte Zusammensetzung und Mischung der Chemikalien in der Luft ist daher von Wald zu Wald unterschiedlich und temperaturabhängig, mit deutlich höheren Luftkonzentrationen in der wärmeren Jahreszeit.

Der Begriff »Phytonzid« ist wenig spezifisch und kann irreführend sein, da er aufgrund seiner breiten Definition entweder nur flüchtige Substanzen pflanzlichen Ursprungs mit antiparasitären Eigenschaften umfasst oder alle antiparasitären Verbindungen wie auch ätherische Öle aus aromatischen Hölzern. Um mögliche Missverständnisse zu vermeiden, wird in der Forschung zu den für die Waldtherapie relevanten biogenen flüchtigen Stoffen der spezifischere Begriff Wald-VOCs bevorzugt (Antonelli, Donelli et al. 2020). Substanzen mit den klingenden Namen Limonen und Pinen sind einige der häufigsten VOCs. Aus pflanzenphysiologischer

Sicht lassen sich Wald-VOCs in bestehende (konstitutive) und induzierbare Verbindungen unterteilen. Alle Pflanzen können potenziell flüchtige Substanzen zur Abwehr von Fressfeinden synthetisieren, aber nur einige Arten können dies konstitutiv tun.

- Konstituierende Wald-VOCs werden synthetisiert und entweder in spezialisierten Strukturen gespeichert oder ohne jegliche Form der Speicherung auf Basisniveau ständig emittiert.
- Induzierbare Wald-VOCs sind Verbindungen, deren Synthese erst nach einem Angriff von Fressfeinden oder nach Stimulation durch abiotische Stressoren erhöht oder initiiert wird.

Neben den pflanzenbezogenen physiologischen Funktionen, wie biogene Stressreaktion und Anpassung an Klimaveränderungen, spielen Wald-VOCs auch eine Schlüsselrolle in Waldökosystemen. Sie steuern die Kommunikation zwischen den Pflanzen, deren antimikrobielle und insektizide Aktivität gegen Parasiten, haben einen Einfluss auf das Fressverhalten der Tiere sowie auf das Mikroklima im Unterholz. Obwohl auch Bodenbakterien, Pilze und andere Mikroben VOCs emittieren, ist es experimentell schwierig, den genauen Beitrag dieser nicht-pflanzlichen Quellen oder ihre Rolle zu bewerten. Dies liegt daran, dass ihre Emissionen nicht einfach von denen der Wurzeln getrennt werden können. Bäume gelten daher insgesamt als die Hauptemittenten von VOCs in Wäldern der gemäßigten Breiten. Der qualitative und quantitative Beitrag von Emittenten, die nicht Bäume sind, ist unklar, betrifft aber eher indirekte Auswirkungen auf die Waldluft.

Die durch die Waldtherapie bezweckten Gesundheitseffekte wirken gleichzeitig und können sich sogar gegenseitig beeinflussen. Ein gutes Beispiel sind hierfür die Phytonzide, die alleingenommen keine schnelle und steuerbare Lösung für die psychische und physische Erholung bieten. Es ist unwahrscheinlich, dass die Verabreichung von Phytonziden in Innenräumen die gleichen gesundheitlichen Vorteile bringt wie die, die durch die Bewegung in der Waldluft erzielt werden, da im Freien durch die mannigfaltigen Sinneseindrücke so viel mehr gleichzeitig passiert. Beim Einatmen der Waldluft werden über die Atemluft negative Ionen, Waldmikroben, reichlich Sauerstoff und eventuell auch Phytonzide in sich ändernder Zusammensetzung aufgenommen.

### Phytonzide

Der Waldaufenthalt kann mit einem frischen, knackigen Apfel verglichen werden – mit all seinen Vitaminen und Ballaststoffen, seiner Haptik und seinem appetitanregenden Äußeren. Die Phytonzide in der Waldluft wären dann einer Vitamin-C-Tablette gleichzusetzen, nicht mit einem Cocktail aus Vitaminen und Mineralstoffen. Was im Körper und im Geist passiert, ist eine komplexe Abfolge von Ereignissen, die in der menschlichen Evolutionsgeschichte verwurzelt sind und daher fast sofort beim Betreten einer Grünfläche mit der Beruhigung des sympathischen Nervensystems und der Aktivierung des parasympathischen Nervensystems beginnen.

Ein besonderer Aspekt für die Interpretation von Forschungsergebnissen zur Gesundheitswirkung von Waldtherapie ist für manche Autor:innen die Exposition mit hohen Konzentrationen von flüchtigen Substanzen wie negativen Luftionen und Phytonziden im Wald. Obwohl dies einer der abstrakteren Prozesse sein mag, können Substanzen in der Waldluft förderlich für das Immunsystem und das Wohlbefinden durch Entspannung, verbesserte kognitive Leistung und Stimmung, verringerte geistige Erschöpfung und Stress sein. Die Forschung beschränkt sich geographisch gesehen derzeit meist auf Japan und Südkorea, wo Phytonzide bestimmter Nadelbaumarten als gesundheitswirksam gelten (Li 2012, Antonelli, Donelli et al. 2020). Die gesundheitlichen Auswirkungen von Wäldern in anderen Teilen der Welt sind aufgrund der fehlenden Daten hierzu vorsichtiger zu bewerten. Da aussagekräftige Studien an Waldtypen mit unterschiedlicher Artenzusammensetzung fehlen, können solche Aussagen nicht unterstützt werden. Diese Unsicherheit ist von geringer Bedeutung, wenn man einen Schritt zurückgeht, um das Gesamtbild zu betrachten. Auch wenn die phytonzide Wirkungen anderer Wälder noch nicht bekannt sind, stellen sie sicherlich nicht den einzigen Weg zur Verbesserung der Gesundheit dar. Sie leisten lediglich einen Beitrag zu der Fülle an gesundheitlichen Wirkungen von Wäldern.

Die Waldtherapieforschung hat sich besonders intensiv mit typisch nach Wald duftenden und auch im Wald häufig auftretenden Substanzen von messbarer Konzentration befasst. Diese Moleküle sind bei Raumtemperatur flüchtige Substanzen, die den charakteristischen Baumgeruch ausmachen. Beispiele hierfür sind die Pinene, hier vor allem α-Pinen und β-Pinen, und Limonen. Terpene werden von allen Bäumen freigesetzt, obwohl Nadelbäume besonders reich an Pinen sind. β-Pinen hat einen frischen, holzigen Duft, während α-Pinen typischerweise nach Terpentin riecht. Beide Formen des Moleküls sind brennbar, weshalb übrigens Weihnachtsbäume so leicht entflammbar sind. Limonen ist ein weiteres häufiges Phytonzid aus Holz. Es kommt auch in der Schale von Zitrusfrüchten vor und hat einen zitronigen, grapefruitartigen Geruch, der als angenehm und beruhigend empfunden wird.

Das Einatmen von Wald-VOCs wie Pinen oder Limonen kann antioxidativ und entzündungshemmend auf die Atemwege wirken. Die pharmakologische Aktivität einiger Terpene, die durch Inhalation aufgenommen werden, kann auch zur Förderung der Gehirnfunktionen beitragen: Die geistige Ermüdung wird verringert, Entspannung herbeiführt und die kognitive Leistung und auch die Stimmung verbessert. Die Baumartenzusammensetzung kann die Konzentration bestimmter VOCs in der Waldluft, die zudem zyklischen Tagesschwankungen unterliegt, deutlich beeinflussen. Darüber hinaus können die positiven psychologischen und physiologischen Auswirkungen eines Waldbesuchs nicht allein auf die VOC-Inhalation zurückgeführt werden. Sie sind auf eine globale und integrierte Stimulation der fünf Sinne zurückzuführen, die durch alle spezifischen Eigenschaften der natürlichen Umgebung induziert wird. Die visuelle Komponente spielt wahrscheinlich eine grundlegende Rolle in der Gesamtwirkung. Weltweit können diese Ergebnisse nützliche Auswirkungen auf das individuelle Wohlbefinden, die öffentliche Gesundheit und die Landschaftsgestaltung haben. Weitere klinische und umweltbezogene Studien werden empfohlen, da die Mehrheit der vorhandenen Beweise aus Laborbefunden stammt (Antonelli, Donelli et al. 2020).

Wald-VOCs wie Limonen und Pinen werden hauptsächlich von Nadelbäumen wie Kiefern, Tannen und Zypressen freigesetzt. Ihre Konzentration in der Luft ist temperaturabhängig und bei ca. 30 °C maximal, was in Wäldern zu einer höheren Konzentration in den Sommermonaten im Vergleich mit den Wintermonaten führt. Die Exposition gegenüber diesen flüchtigen Stoffen (mit vor allem in Studien aus asiatischen Nadelwäldern dokumentierten Auswirkungen auf die Gesundheit) kann durch den Besuch eines Waldes maximiert werden, dessen Zusammensetzung reich an diesen Baumarten ist. Dies motiviert zu Forschung, die das Wissen über relevante Zusammenhänge verbessern möchte.

Biogene flüchtige organische Verbindungen, die von den Pflanzen abgegeben werden und sich in der Waldatmosphäre anreichern, tragen vermutlich auch zur gesundheitsfördernden und entspannenden Wirkung des Waldes bei. Ein italienisches Forscher:innenteam um Francesco Meneguzzo untersuchte die zeitliche und räumliche Variabilität der Konzentration aller flüchtigen organischen Verbindungen auf Waldwegen im nördlichen Teil des Apennins (Meneguzzo, Albanese et al. 2019). Sie fanden zeitliche Schwankungen innerhalb von weniger als einer Stunde und räumlichen Schwankungen von mehreren hundert Metern. Die Autor:innen dieser Studie empfehlen, diese zyklischen Änderungen in Abhängigkeit von der Tageszeit in therapeutische Überlegungen einzubeziehen. Darüber hinaus können die wohltuenden psychologischen und physiologischen Wirkungen eines Waldbesuchs nicht allein auf die VOC-Inhalation zurückgeführt werden. Das multisensorische Walderlebnis kann bis dato nicht künstlich durch ein virtuelles Erlebnis ersetzt werden. Es erfordert eine reale 3D-Interaktion mit der natürlichen Umwelt, die nicht 1:1 in den virtuellen Raum gebracht werden kann. Auch spielt die körperliche Aktivität eine große Rolle bei der Harmonisierung körperlicher Prozesse. Die weitere Untersuchung aller biomedizinischen Eigenschaften spezifischer Wald-VOCs mit ordnungsgemäß konzipierten Studien kann jedoch nützlich sein, um ihre potenziellen Anwendungen in der Therapie abzuleiten und möglicherweise neue daraus abgeleitete Therapeutika zu entdecken.

Die Wissenschaft hat sich auch experimentell im Detail der Frage gewidmet, wie die Waldluft auf die Gesundheit wirkt. Versuchspersonen haben in Laborstudien einzelne Wald-VOCs wie Limonen und Pinen isoliert und in höherer Form als in der Waldatmosphäre natürlich vorhanden eingeatmet. Obwohl die Substanzen im Blut kurzfristig nachweisbar waren, verschwanden sie recht rasch wieder. Tatsächlich konnte experimentell die Freisetzung verschiedener Entzündungsmediatoren und Neurotransmitter gezeigt werden. Die Wirkung beschränkt sich nicht auf eine Wirkung auf das Atmungssystem, sondern kann systemische Wirkungen ausüben, etwa entspannend, angstlösend und antidepressiv auf das Nervensystem.

## 3.6 Gesundheitsrisiken im Wald

Für eine therapeutische Nutzung des Waldes ist die Kenntnis der möglichen Gesundheitsrisiken wichtig. Pflanzen, Tiere, Parasiten, Klima und Naturgewalten können gefährlich werden. Auch über mögliche Unfallquellen in der Natur bei menschlichen Aktivitäten wie Jagen, Fällen von Bäumen, Ausübung von Extremsportarten usw. sollte man sich im Klaren sein. Es müssen Vorkehrungen getroffen werden, um jegliches Verletzungsrisiko zu vermeiden, um vollständig und sicher von der Waldexposition profitieren zu können. Darüber hinaus wird bei Personen, die an bestimmten Krankheiten und körperlichen Einschränkungen leiden, eine ärztliche Beratung empfohlen, bevor ein Waldbesuch geplant wird.

Obwohl ein Wald durch seine Schutzfunktion vor Lawinen und Muren schützen kann, ist er bei Sturm ein gefährlicher Ort: Herabfallende Äste können sofort und direkt körperliche Schäden anrichten. Dies gilt auch für Stürze über Wurzeln und Steine oder beim Klettern. Der Wald schützt auch nicht vor Erdbeben und Steinschlag bei felsigen Arealen, wie sie in manchen Wäldern häufig vorkommen. Größere Wildtiere wie Bären oder Elche und auch giftige Tiere wie Schlangen oder Spinnen sind in manchen Regionen der Welt im Wald regelmäßig anzutreffen und können, wie auch freilaufende Hunde, eine potentielle Gefahr darstellen.

> **Gefahren im Wald**
>
> Bei der Empfehlung eines Waldaufenthalts aufgrund seines gesundheitlichen Nutzens ist es wichtig, zu berücksichtigen, welche Waldgebiete den größten Nutzen im Vergleich zu den Risiken bieten und welche Art von Aktivität für bestimmte Waldumgebungen am besten geeignet sind. So sind Gefahren durch bspw. infizierte Tiere, Parasiten, Allergene und giftige Pflanzen bestmöglich zu vermeiden.

**Tollwut**

Ein sorgsamer und vorsichtiger Umgang mit Wildtieren ist jederzeit ratsam. Den direkten Kontakt mit wildlebenden Füchsen sollte man meiden, vor allem, da Zutraulichkeit nicht zum normalerweise sehr scheuen Verhalten dieser Tiere passt und ein Hinweis für eine Tollwuterkrankung sein kann. Auch andere Tiere wie Hunde oder Fledermäuse sind häufig Überträger dieser Viruserkrankung, die sich durch den Speichel infizierter Tiere ausbreitet und zu einer Entzündung des Gehirns führt. Bei direktem Kontakt oder sogar einer Verletzung durch unbekannte Tiere sollte sofort medizinische Hilfe gesucht werden, da die Tollwuterkrankung ohne Behandlung gefährlich oder lebensbedrohlich sein kann. Diese Erkrankung ist durch Expositionsprophylaxe, also durch nicht-medikamentöse Vorbeugemaßnahmen, und einen Impfstoff gut vermeidbar.

## Der Fuchsbandwurm

Auch mit Fuchsbandwurmeiern kann man sich zufällig infizieren. Sie sind im Kot von Endwirten (häufig Fuchs, Hund oder Katze) enthalten, da sie in deren Darm leben und über Ausscheidungen in die Umwelt eingebracht werden können. Der Fuchsbandwurm, Echinococcus multilocularis, ist ein etwa ein bis drei Millimeter kleiner Bandwurm. Als mögliche Infektionswege, die zu einer Erkrankung des Menschen führen, kommen direkte Kontakte z. B. über das Fell, Schmierinfektionen, der Umgang mit kontaminierter Erde oder die Aufnahme kontaminierter Nahrungsmittel, wie Waldbeeren oder Pilze, in Betracht. Die Krankheitssymptome treten meist erst Jahre nach der Infektion mit den Fuchsbandwurmeiern auf. Da beim Menschen hauptsächlich die Leber betroffen ist, sind die häufigsten Symptome Schmerzen im Oberbauch sowie Gelbsucht, also die Gelbfärbung der Haut und Schleimhäute. Auch Müdigkeit, Gewichtsverlust und veränderte Leberwerte im Blutbild können auf eine Fuchsbandwurmerkrankung hinweisen, die mit Medikamenten oder operativ behandelt werden kann. Vermieden werden kann eine Infektion durch Sorgfalt und Verhaltensregeln wie Abstand von toten und verletzten Waldtieren, Händehygiene, keinen Verzehr von Waldfrüchten oder Waschen und Erhitzen von Gemüse, Beeren, Fallobst, Kräuter oder Ähnlichem.

## Zecken

Zecken sind blutsaugende Parasiten, die zur Klasse der Spinnentiere (Arachnida) gehören. Sie sind eng mit Milben und Skorpionen verwandt. Es gibt viele verschiedene Zeckenarten, darunter der Holzbock (Ixodes ricinus), die Auwaldzecke (Dermacentor reticulatus) und die Braune Hundezecke (Rhipicephalus sanguineus). Zecken sind weltweit verbreitet und parasitieren auf Wirbeltieren, darunter Säugetiere, Vögel und in einigen Fällen auch Reptilien. Zecken haben einen flachen, schalenartigen Körper, der es ihnen ermöglicht, sich an ihre Wirtstiere zu heften und Blut zu saugen. Dabei können sie Krankheitserreger wie Bakterien, Viren und Parasiten auf ihre Wirte übertragen.

Ein Wald ist daher auch ein Ort, an dem Zecken gefährliche Erkrankungen wie Frühsommer-Meningoenzephalitis (FSME) oder Lyme-Borreliose übertragen können. FSME ist eine Entzündung des Gehirns und der Hirnhäute, die durch Viren hervorgerufen wird. Einen guten Schutz vor FSME bietet im Allgemeinen eine Impfung, die bei regelmäßigem Aufenthalt in Waldgebieten empfohlen ist und regelmäßig aufgefrischt werden sollte.

Die Lyme-Borreliose ist ebenfalls eine Krankheit, die durch Zecken übertragen wird und durch Bakterien, z. B. der Art Borrelia burgdorferi, im Allgemeinen als Borrelien genannt, ausgelöst wird. Sie ist die häufigste durch Zecken übertragene Infektionskrankheit in Europa. Die Borrelien wandern während des Saugaktes der Zecke in die Haut. Dort werden sie entweder sofort durch das Immunsystem abgetötet oder es kommt zu einer lokalen Entzündung und bei einem kleinen Teil der Infizierten zur Erkrankung. Eines der ersten Symptome einer Erkrankung kann eine ringförmige, erhabene Rötung auf der Haut rund um den Zeckenstich sein,

Erythma migrans oder auch Wanderröte genannt, die oft von Beschwerden wie Müdigkeit, Kopfschmerzen oder Fieber begleitet wird. Die Borreliose kann vielgestaltig und unterschiedlich schwer verlaufen. Im späteren Krankheitsverlauf können die Haut, das Nervensystem, die Gelenke und das Herz betroffen sein. Gegen die Lyme-Borreliose gibt es noch keine Impfung. Eine frühe Behandlung mit Antibiotika führt in der Regel zu einer raschen und vollständigen Genesung und kann schwere Krankheitsverläufe verhindern.

In Gebieten, in denen Zecken vorkommen, ist es von großer Bedeutung, geeignete Schutzmaßnahmen zu ergreifen, um Zeckenstiche und die damit verbundenen Krankheitsrisiken zu minimieren. Dies kann durch das Tragen geeigneter Kleidung, die Verwendung von Repellentien und regelmäßige Kontrollen des Körpers auf Zeckenbisse erfolgen. Der Aufenthalt in Wäldern kann ein erhöhtes Risiko für Zeckenstiche darstellen, weshalb Schutzmaßnahmen in solchen Umgebungen besonders wichtig sind.

## Eichenprozessionsspinnerraupen

Auch die nesselsuchtauslösenden Haare der Raupen des Eichenprozessionsspinners (Thaumetopea processiona) können in betroffenen Gebieten einen Waldbesuch in Risikozeiten zu einem gefährlichen Unterfangen machen. Der Eichenprozessionsspinner ist als Nachtfalter vollkommen harmlos, jedoch tragen seine Raupen sehr feine Gifthaare, die auf Haut und Schleimhäuten von Menschen allergische Reaktionen hervorrufen können. Der graue Schmetterling ist wärmeliebend und bevorzugt daher zur Eiablage frei in der Sonne stehende Eichen oder anderen Baumarten wie Hainbuchen an Waldrändern und Freizeit- und Grünanlagen, also Gebiete, in denen sich auch oft Menschen aufhalten. Nach der Begattung legen die Weibchen ihre Eier im oberen Kronenbereich der Eichen ab. Anfang Mai schlüpfen die Raupen mit für den Menschen bei Kontakt gesundheitsgefährdenden feinen Brennhärchen. Diese Härchen haben Widerhaken, sind hohl und enthalten als giftige Brennsubstanz das Eiweiß Thaumetopein. Sie brechen leicht ab, verbreiten sich massenhaft und mit dem Wind. Bei Kontakt dringen sie in Haut und Schleimhäute ein und reizen sie mechanisch und durch das freigesetzte Eiweiß biochemisch. Besonders empfindlich sind die dünneren Hautpartien im Gesicht, am Hals und an den Innenseiten der Ellenbogen. Von Mai bis Ende August ist die kritischste Zeit.

Der wirksamste Schutz vor den Brennhaaren ist, die meist durch Schilder und Warnhinweise gekennzeichneten Waldabschnitte zu meiden. Falls dies nicht möglich ist, sollten empfindliche Hautbereiche wie Nacken, Hals, Unterarme und Beine vorsorglich bedeckt werden. Vor allem Liege- und Picknickplätze sollten genau auf verdächtige Nester oder die Raupen des Eichenprozessionsspinners selbst untersucht werden. Diese sollten nicht berührt werden. Bei einem versehentlichen Hautkontakt sollten die betroffenen Körperstellen gründlich mit Wasser abgespült werden. Zuhause sollte die Kleidung sofort gewechselt und Kleidung, Haare und Körper gewaschen werden. Das Krankheitsbild kann von Symptomen wie Schwindelgefühl, Fieber, Müdigkeit und allgemeinem Krankheitsgefühl begleitet sein. In Einzelfällen traten bei überempfindlichen Personen allergische Schockreaktionen auf.

## Allergien

Auch bei Pollenallergien ist während der Blühzeiten der allergieauslösenden Pflanzen wie Gräser, Birke, Hasel oder Ambrosia ein Waldaufenthalt mit Vorsicht zu genießen. Insektenallergien wie Bienen- oder Wespenallergien können bei betroffenen Personen jederzeit eine allergische Reaktion auslösen und sofortige medizinische Hilfe erforderlich machen. Bei einer bereits bekannteren Allergie ist das Mitführen eines Notfallsets mit Antihistaminika, Kortison und evtl. einer Adrenalinfertigspritze ratsam.

## Sonnenstrahlung

Der Aufenthalt im Freien kann bei empfindlichen Personen auch immer das Risiko einer Überexposition mit Sonnenstrahlung mit sich bringen, die zu einem schmerzhaften Sonnenbrand oder einer allergischen Reaktion mit juckenden Bläschen führen kann. Besonders an sehr sonnigen Tagen im Frühjahr sind einfache Sonnenschutzmaßnahmen wie das Tragen einer Kopfbedeckung und längerer, luftiger Kleidung und die Verwendung von Sonnenschutzcreme empfehlenswert. Zur Vermeidung eines Sonnenstichs oder sogar eines Hitzschlags ist ein längerer, ungeschützter Aufenthalt in der prallen Sonne zu jeder Zeit zu vermeiden und bei heißem Wetter auf genügend Flüssigkeitsaufnahme zu achten.

## Giftige Pflanzen und Pilze

Je nach Waldart und geographischer Region kommt es im Wald immer wieder zum Kontakt mit giftigen Pflanzen wie Roter Fingerhut, Blauer Eisenhut, Stechapfel, Tollkirsche, Engelstrompete, Herbstzeitlose und Schirling. Bekannte Giftpilze sind Knollenblätterpilz, Grünling und Fliegenpilz. Oft kommen Vergiftungsfälle durch Verwechslung zustande wie etwa beim Maiglöckchen, das dem Bärlauch ähnelt, oder die Frühjahrslorchel, die den Morcheln ähnelt. Obwohl die orale Aufnahme von Pflanzenteilen oder Früchten gut vermieden werden kann, sind manche Arten schon beim bloßen Kontakt über die Haut gesundheitsgefährdend. Zu letzteren zählt der Götterbaum, dessen Rinde und Blätter starke allergische Hautreizungen hervorrufen können. Auch der Riesenbärenklau kann bei Berührung schmerzhafte und schlecht heilende, verbrennungsartige Hautschäden hervorrufen. Harmloser, aber trotzdem unangenehm ist der Kontakt zu Brennnesseln, der zu den sehr vielen Menschen bekannten juckenden roten Quaddeln führt.

Einige Pflanzen haben eine phytotoxische Wirkung. Dazu zählen Wald- und Wiesenkräuter wie Weinraute, Engelwurz, Wiesen-Kerbel und Diptam, aber auch viele Gartenpflanzen wie Sellerie und Petersilie. Phototoxie bedeutet, dass bestimmte in der Pflanze enthaltenen Substanzen erst durch Sonnenlicht aktiviert und damit giftig werden. Das heißt, in der Regel löst der Kontakt mit den an sich ungefährlichen Pflanzen keine Hautirritation aus. Scheint nach Hautkontakt mit einer phototoxischen Pflanze jedoch die Sonne auf diese Stelle, werden die Pflanzenstoffe durch UV-Strahlung in giftige Stoffe umgewandelt. Auch durch Medikamente, Hautöle und Hautcremes mit Pflanzenwirkstoffen wie Johanneskraut können eine solche Reaktion ausgelöst werden.

# 4   Das multisensorische Walderlebnis

Waldtherapie soll wie eine Brücke sein, die die Sinne öffnet und den Menschen mit der ihm umgebenden Natur verbindet. Die Sinneswahrnehmung ist geprägt durch das Erkennen der Gerüche des Waldes und den unbewussten Abgleich dieser mit früheren Erfahrungen; die Wahrnehmung der natürlichen Geräuschkulisse wie das Rascheln von Blättern im Wind und Vogelgezwitscher; dem Grad der Naturverbundenheit sowie die Eigenschaften der Landschaft. Diese komplexe Mischung aus bewussten und unbewussten Aspekten vermittelt die Veränderungen der Gesundheit und des Wohlbefindens, die man durch einen Waldaufenthalt im Vorher-Nachher-Vergleich erreicht. Damit spielen eine Vielzahl von physischen und psychischen Effekten eine Rolle in der Gesundheitswirkung des Waldes (Haluza, Schönbauer et al. 2014, Cervinka, Schwab et al. 2020). Studien weisen darauf hin, dass sich beide gegenseitig beeinflussen und sogar verstärken können. Das Mikroklima in einem Wald führt zu positiven Emotionen, während die positiven psychologischen Wirkungen den Temperaturbereich erweitern könnten, bei dem sich die Menschen wohl fühlen. Das Verständnis der psycho-physischen Wechselwirkungen kann dazu beitragen, die durch den Wald bereitgestellten gesundheitlichen Vorteile besser zu erklären (Markwell & Gladwin 2020).

Die menschlichen Sinne stellen die gesamte Basis für das alltägliche Handeln bereit, indem sie dem Gehirn Eindrücke vermitteln. Für eine genaue Abbildung der Außenwelt bedarf es eines harmonischen Zusammenspiels der einzelnen Sinne. Auf sich allein gestellt, könnte uns ein Sinn auch täuschen und eine fehlende oder mangelhafte Sinnesleistung kann zu lebensgefährlichen Situationen führen. Durch das Zusammenspiel der Sinne kann das Gehirn Eindrücke verarbeiten und mit bereits gesammelten Erfahrungen abgleichen. Die Waldtherapie bedient sich in höchstem Maße der Sinnesleistungen und der Reizaufnahme und der Wahrnehmung der Umgebung durch die Sinnesorgane. Aus diesem Grund sind die Sinne ein wichtiges, und zugleich grundlegendes Thema, das aber in der einschlägigen wissenschaftlichen Literatur meist nur sehr oberflächlich abgehandelt wird.

Die Forschung zu Wald und Gesundheit wird dadurch erschwert, dass die Sinnesleistungen individuell verschieden, tagesverfassungsabhängig, leicht beeinflussbar durch Drogen, Erkrankungen und Vorwissen und daher schwer zu erfassen und zu vergleichen sind. Das betrifft Studien in einem Einzelsetting, aber auch die Synthese von mehreren unterschiedlichen Ergebnissen weltweit und mit verschieden Studienpopulationen. Die überlebensrelevante enge Verzahnung der Sinne miteinander macht per se die Erforschung bei multisensorischen, oft kulturell tradierten Eindrücken schwierig. Für die Erfassung der Wirkung von Wald auf Einzelsinnesebene wird vor allem aus technischen Gründen meist eine kontrollierte

Laborbedingung geschaffen, die gezielt auf die zu untersuchende Sinnesleistung abzielt und eine gleichzeitige Messung psychologischer und physiologischer Parameter erlaubt.

Mit immer besseren – und vor allem auch kleineren, leichtern und robusteren mobilen – technischen Geräten konnten auch die Ergebnisse der Waldtherapiestudien der ersten Stunde, also aus den 1980er Jahren, verfeinert und verifiziert werden. Vor allem die fehlende Stromversorgung im Freien und andere logistische Herausforderungen wie Transport, Witterungsbedingungen etc. stellten hier lange ein Problem dar. Seit wenigen Jahren werden bei Feldstudien im Wald beispielsweise auch Smartphone-basierte Applikationen, Klebeelektroden für Puls- und Blutdruckmessung, mobile Hirnstrommessungen sowie Virtual Reality (VR) und Augmented Reality (AR) Brillen mit Erfolg eingesetzt. Diese Messmethoden erlauben eine günstige und reproduzierbare Datenerhebung, die für die Proband:innen gleichzeitig als weniger störend empfunden wird im Vergleich zu Messungen mit großen und schweren Geräten.

Der technologische Fortschritt in Hardware und Software, begleitet von einer wachsenden Akzeptanz von Technologie in der Bevölkerung, hat zu einer signifikanten Steigerung sowohl der Qualität als auch der Menge von Daten für die Forschung geführt. Dies schließt die breite Verfügbarkeit moderner Technologien ein, die in Form von Apps auf Smartphones und Smartwatches zur Erhebung physiologischer und psychologischer Parameter in der Feldforschung genutzt werden (Haluza, Schönbauer et al. 2014). Aber auch die klassische Papier-Bleistift-Befragung, bei der die Fragebögen gedruckt und handschriftlich ausgefüllt werden, zur Sammlung psychologischer Messwerte werden nach und nach von digitalen Alternativen wie Tablets abgelöst. Die damit einhergehende Vereinfachung und Ökonomisierung ist in allen Wissenschaftsdisziplinen und auch gesamtgesellschaftlich zu sehen, wobei sich aber die Frage der Vergleichbarkeit mit den mit anderen, traditionellen Forschungsmethoden gewonnenen Erkenntnissen stellt.

Dies zeigt sich auch an innovativen, teil aus pragmatischen Überlegungen entstandenen, Forschungsprojekten, die alternative Erhebungsmethoden vorstellen, wie die 2020 erschienene chinesische Studie zu Sinneseindrücken und durch Gesichtsausdrücke kodierte innere Emotionen (Wei, Ma et al. 2020). Wei und Kolleg:innen verwendete dabei einen neuartigen Ansatz der Gesichtsausdrucksanalyse, um die Wirkung des Walderlebnisses im Vergleich zu einer städtischen Kontrollbedingung auf den emotionalen Zustand der Besucher:innen zu untersuchen. Fröhliche und traurige Gesichtsausdrücke sind zwei signifikante Erscheinungsbilder eines Gesichts, die äußerst glückliche bzw. traurige Emotionen widerspiegeln können. Die Proband:innen machten alle 30 Minuten mit ihrem Smartphone ein Selfie, also ein Selbstporträt, auf denen sie mit ihren natürlichen Gesichtsausdrücken posierten. Während der Aufnahmephase wurde gleichzeitig die Umweltbedingungen wie Licht, Geräuschpegel, Luftfeuchtigkeit und Temperatur erhoben. Die Kombination von einem höheren Grünanteil im Farbspektrum, weniger Lärm und höherer Luftfeuchtigkeit im Wald trug zu einem besseren psychischen Wohlbefinden bei, abzulesen an der computerunterstützen Analyse der Mimik. Die Autor:innen dieser Studie empfehlen die Gesichtsanalyse als Methode zur Abbildung von Emotionen in Echtzeit zum effizienten Sammeln großer Datensätze und deren Auswertung über künstliche Intelligenz.

Zusätzlich zur wohlüberlegten Wahl und Kenntnis der methodischen Möglichkeiten kann die sprachwissenschaftliche Betrachtung wichtige Hinweise für die Planung von Studien und Interpretation erhobener Daten liefern. Die britische Psychologin Asifa Majid und ihre Kolleg:innen haben sich die Frage gestellt, ob es eine universelle Hierarchie der Sinne gibt, also dass einige Sinne wie Sehen dem Bewusstsein und der sprachlichen Beschreibung zugänglicher sind als andere wie Riechen. Die westliche Denkweise geht seit langem davon aus, dass Sehen und Hören objektiver und feingranularer sind als die anderen Sinne und als Grundlage für Wissen und Verstehen dienen, während Berührung, Geschmack und Geruch eher gröberer Eindrücke vermitteln. Dies sagt voraus, dass Menschen besser über das Sehen und Hören kommunizieren als über die anderen Sinne. Jahrzehntelange linguistische Forschung auf der Grundlage von Englisch und verwandten Sprachen legt dies nahe.

Doch wie gut spiegelt dies die Vielfalt der tausenden Sprachen und Dialekte weltweit wider? Um zu testen, ob es eine universelle Hierarchie der Sinne gibt, verwendeten die Forscher:innen Reize der fünf Grundsinn, um den Versuchspersonen Beschreibungen in 20 verschiedenen Sprachen, darunter auch drei unterschiedlichen Gebärdensprachen, zu entlocken. Sie fanden heraus, dass sich Sprachen grundsätzlich darin unterscheiden, welche Sinne sie sprachlich kodieren und wie sie dies tun. Die Tendenz zu einer besseren Kodierung in einem Sinnesbereich lässt sich teilweise durch kulturelle Unterschiede erklären. Zum Beispiel ist Geruch tendenziell schlecht kodiert. Nur Vertreter:innen eines australischen Naturvolks konnte ihre Geruchseindrücke besser als jeden anderen Sinneseindruck sprachlich ausdrücken. Diese Beobachtung ist insofern interessant, da der Geruchssinn als einer der fundamentalsten und ältesten Sinne gilt, der eng mit Emotionen und emotionalen Erinnerungen verknüpft ist. Das Überraschende ist, dass sich trotz der allmählichen phylogenetischen Entwicklung der Sinne und des dazu passenden neuralen Gewebes, die Sprache keine feste Hierarchie der Sinne aufzwingt. Stattdessen hängt es von der Kultur ab, welche Sinneseindrücke mit der Sprache verknüpft sind. Der Sehsinn ist dominant bei Englischsprechenden Kulturen, gefolgt vom Gehör, Geschmack, Tastsinn und Geruch. Wie die Experimente ergaben, ist bei den Farsi sprechenden Iraner:innen der Geschmack der am stärksten mit der Sprache verknüpfte Sinn, während bei zwei westafrikanischen Sprachgruppen in Ghana und Mali der Tastsinn die dominante Rolle spielt. Die vorherrschenden Lebensweisen und Kulturtechniken wie Musik, Malerei oder Töpferkunst beeinflussen, welche Sinne in der jeweiligen Kultur dominieren. Die Beschreibung visuelle Eindrücke waren höher ausgeprägt bei Kulturen, die gemusterte Keramik erzeugten, akustische Sinneseindrücke nahmen sprachlich bei Völkern mit stark musikalisch geprägten Traditionen einen größeren Stellenwert ein, und die Lebensweise der Jäger:innen und Sammler:innen orientierte sich stärker am Geruch.

Waldumgebungen beeinflussen den Menschen, indem sie verschiedene Sinne stimulieren, wie z.B. der Geruch der Bäume und oder das Rascheln der Blätter. Informationseingaben über die fünf Sinne werden in den entsprechenden Bereichen des Gehirns verarbeitet und durch Interaktion zwischen den verschiedenen sensorischen Eingaben weiter übertragen. Diese Signale erreichen anschließend die Bereiche des Gehirns, die Emotionen und körperliche Funktionen steuern, und bewirken dort komplexe physiologische Veränderungen.

Die Laborexperimente hatten unterschiedliche Ziele, abhängig von der jeweiligen Fragestellung. Einerseits sollten sie dazu dienen, die physiologischen Auswirkungen einzelner sensorischer Reize auf reproduzierbare Weise zu testen. Andererseits sollten sie den sensorischen Input gezielt verändern und die daraus resultierenden physiologischen Effekte beobachten. Im Gegensatz zu natürlichen Umgebungen, in denen alle Sinne gleichzeitig stimuliert werden, ermöglichten diese Experimente die gezielte Isolierung und Untersuchung spezifischer Einflüsse. Dadurch können die Ergebnisse von Feldstudien verifiziert und ergänzt werden. Zusätzlich können die Auswirkungen von Naturelementen wie Landschaftsposter oder Aromastoffen zur Darstellung von Gerüchen erfasst werden.

In den folgenden Abschnitten werden exemplarisch die Ergebnisse von laborgestützten Studien beschrieben, die die therapeutische Wirkung von Naturelementen, Holz oder Wald erforscht haben, wobei der Schwerpunkt auf den verschiedenen menschlichen Sinnen liegt.

## 4.1 Der Sehsinn

In Studien zur Erforschung der bewussten und unbewussten Wirkung von natürlichen Umwelten auf den menschlichen Körper steht der Sehsinn mit deutlichem Abstand zu den anderen Sinnen an erster Stelle. Die wissenschaftliche Untersuchung dieses Sinnesorgans ermöglicht tiefere Einblicke in die Wechselwirkungen zwischen der Umgebung und der visuellen Wahrnehmung, und trägt maßgeblich dazu bei, die komplexen Verbindungen zwischen Mensch und Natur zu verstehen. Die Wirkung von Farben, aber auch unterschiedlich gefärbten Naturbildern, Fotos, Spielen, animierten und virtuellen Räumen und Videos können hier bei gleichzeitiger Messung psychologischer und physiologischer Parameter unter kontrollierten Laborbedingungen gezeigt werden. Umweltpsychologische Untersuchungen befassen sich beispielsweise auch mit der Wirkung verschiedener Landschaftstypen. Bei der Landschaftswahrnehmung spielen noch viele andere, zum Teil noch wenig erforschte Faktoren eine Rolle. Neben Geräuschen und Düften beeinflussen auch Farben unser Wohlbefinden, also die unterschiedlichen Wellenlängen des Lichts. Die im Wasser gespiegelten Blautöne des Himmels stehen für Entspannung und Ruhe. Sie senken nachweislich den Blutdruck und den Puls. Genau wie die Farbe Grün, die beruhigend und erholsam wirkt.

Die Farbe des Lichts ist abhängig von der Wellenlänge. Monochromatisches Licht wie Rot oder Grün besteht nur aus einer Wellenlänge, weißes Licht hingegen entsteht durch die Überlagerung vieler Wellen mit unterschiedlichen Wellenlängen. Sichtbares Licht befindet sich in einem Wellenlängen- und Frequenzbereich, der vom Auge in Sehempfindungen umgesetzt werden kann (400–760 Nanometer, kurz: nm). Ultraviolettes Licht ist kurzwelliger (250–400 nm) und energiereich, infrarotes Licht hingegen ist langwellig (über 760 nm) und energieärmer.

Schon eine der ersten und bekanntesten Studien zur Gesundheitswirkung von Grün untersuchte das Naturerlebnis als puren visuellen Reiz: Bereits 1984 zeigte der schwedische Architekt Roger Ulrich (Ulrich 1984) eindrucksvoll, dass die Aussicht aus dem Krankenbett einen Einfluss auf das Wohl der Patient:innen hat. Die eine Hälfte der Patient:innen wurde in Zimmern mit Grünblick untergebracht, die andere Hälfte in Zimmern mit Blick auf eine Betonmauer eines Nachbargebäudes. Betreut wurden beide Gruppen vom gleichen Krankenhauspersonal. Es zeigte sich, dass die Gruppe mit dem Blick ins Grüne deutlich weniger Schmerzmittel benötigte, bessere Stimmung hatte und auch einen Tag früher nach Hause entlassen werden konnte. Diese fast vierzig Jahre alte Erkenntnis der über den Sehsinn vermittelten Gesundheitswirkung wurde in späteren Studien verifiziert und führte zu einem Umdenken in der Gestaltung von Krankenhäusern bzw. Gebäuden des öffentlichen Lebens generell. Gesamtheitlich gesehen fördert ein Klinikambiente mit Licht, Ruhe und Grünanlagen, als Healing Hospital bezeichnet, die Heilung von Patient:innen und – nicht zuletzt – das Wohlbefinden der Angestellten.

Meist kann eine beträchtliche Korrelation zwischen den physiologischen Reaktionen und der subjektiven Bewertungen von visuellen Eindrücken beobachtet werden. Das Betrachten von Waldbildern wurde in unzähligen Studien getestet. Laub- und Mischwälder werden besonders präferiert werden, weil an ihnen die Jahreszeiten erkennbar sind und die höhere Artenvielfalt im Vergleich zu Nadelwäldern zu einer breiteren Palette an Sinneseindrücken führt, eben auch aber nicht nur visueller Natur.

Wälder spielen eine entscheidende Rolle, um die Bevölkerung von den Folgen der Urbanisierung zu entlasten, um eine Annäherung an die Natur zu ermöglichen und Körper und Geist zu regenerieren. Wälder sind daher aufgrund ihrer ökologischen Funktionen zu einem Forschungshotspot im Hinblick auf die Verbesserung ihres Dienstleistungswertes geworden.

Farbe ist eine durch Licht ausgelöste visuelle Eigenschaft, die sich von räumlichen Attributen unterscheidet. Es stimuliert die Sehnerven des Menschen stärker als andere Faktoren wie Form oder Größe. Die Pflanzenfarbe hat einen offensichtlichen Einfluss auf die Übertragung der visuellen Eigenschaften des Waldes und die Stimulation des menschlichen Sinnesapparates. In China werden daher bewusst und gezielt blühende und sich verfärbenden Baumarten gesetzt. Auch für China relevant, aber vor allem bekannt als eines der wichtigsten Symbole der japanischen Kultur, ist der Kult um die jährlich im Frühjahr von Ende März bis Anfang April stattfindende Kirschblüte (jap.: Sakura), eine Pracht in Rosa, die für Schönheit, Aufbruch und Vergänglichkeit steht. Ein aus einem kulturellen Blickwinkel daher besonders interessante Studie wurde von Suda und Kolleg:innen in Japan durchgeführt (Suda, Yamaguchi et al. 2001). Sie untersuchten die Wirkungen von Bildern einer Kirschblüte und eines Waldaufenthalts (jap.: Shinrin-yoku). Beide Bedingungen haben einen per se hohen Stellenwert in der japanischen Gesellschaft und sind kulturell aufgeladen. Das Sakura-Bild zeigte einen Kirschbaum in voller Blüte, und das Shinrin-yoku-Bild Menschen, die im Wald spazieren gingen. Als Kontrollbedingung wurde ein grauer Bildschirm gezeigt. Im Vergleich empfanden die Proband:innen das Shinrin-yoku-Bild als beruhigender und das Sakura-Bild als anregender. Auch die Messwerte von Blutdruck und Hirnaktivität entsprach diesem Ergebnis. Diese Studie belegte also, dass die japanischen Versuchspersonen beim Betrachten von Kirschblüten Hochgefühle verspüren, wobei nur spekuliert werden kann, ob diese psychophysiologische Reaktion typisch für diesen Kulturkreis ist.

Der Zusammenhang zwischen Farben im Wald und landschaftlicher Schönheit ist jedoch in seiner Komplexität schwer abbildbar. Indirekt beschäftigt sich natürlich die Biodiversitätsforschung und hier vor allem Baumdiversitätsforschung mit Farbe: je mehr unterschiedliche Bäume, desto vielfältiger der Farbeindruck, vor allem im Herbst, wenn sich die Blätter verfärben. Solche Forschungen können eine wissenschaftliche Grundlage für die Bewirtschaftung von Waldlandschaften liefern, indem sie den Zusammenhang zwischen Waldfarbindizes und landschaftlichen Schönheitswerten bewerten und analysieren. Diese Erkenntnisse können Förster:innen helfen, Pflegearbeiten nicht nur nach Notwendigkeit der Verjüngung, sondern auch nach ästhetischen Bedürfnissen durchzuführen.

Farbwahrnehmungsstudien konzentrieren sich üblicherweise auf die ästhetische Analyse einer einzelnen Farbe. Die Farbdefinition einer einzelnen Pflanze mit vielen Farbnuancen ist in der Farbästhetik noch unklar. Zum Beispiel wird eine gelbe Narzisse oft als eine Art Grünpflanze angesehen. Vielmehr wird hauptsächlich die Farbzusammensetzung komplexerer Pflanzengruppen erforscht, wobei sich diese meist auf die Gemeinschaftsfarbe auf mittleren oder kleinen Skalen konzentrieren. Darüber hinaus unterscheiden sich verschiedene Kulturen in Bezug auf Ästhetik einzelne Pflanzen. In der Praxis ist die ästhetische Erfahrung von Pflanzenfarben nur auf einzelne Bäume oder Baumarten anwendbar und ihr Anwendungsbereich ist daher begrenzt.

Derzeit geht die Forschung zu Farbmischungen und Ästhetik in zwei Richtungen. Die erste Richtung beinhaltet eine theoretische Bewertung: nämlich die Farbharmonietheorie. Die Farbharmonie ist das theoretische System zur Erforschung der Beziehung zwischen verschiedenen Farben basierend auf einer ästhetischen Sichtweise. Die Beziehung zwischen angrenzender Farbe, Kontrastfarben und ähnlichen Farben kann verwendet werden, um Konfigurationsmodi für Pflanzenfarben für eine bessere Landschaft auszuwählen. Die Farbharmonietheorie wird normalerweise auf die Bewertung mehrerer Farbkombinationen angewendet und erfordert die Erkennung der Hauptfarben, um die visuelle Beziehung zwischen den Farben zu bestimmen.

Kontrastfarben wie Rot und Grün von Pflanzen im Herbst können beispielsweise anregend wirken, während ähnliche Farben wie bei roten und gelben Pflanzen in einer Landschaft weniger auffallen. Daher wird die Farbharmonietheorie meist verwendet, um die Farbkonfigurationen von Pflanzen in kleinem Maßstab oder mit weniger Arten zu bestimmen. In den letzten Jahren stützte sich die einschlägige Forschung auf die Behauptung, dass wenn Mischfarben zu neutralem Grau werden, sie Symbole der Farbharmonie sind. Diese Hypothese ist zentral für die Optimierung der Farbe von Pflanzengemeinschaften. Das heißt, durch Neubepflanzung und Ausdünnung kann eine Waldlandschaft in ihrer Gesamtfarbe harmonisiert werden, wenn Helligkeits- und Sättigungswerte je 50 % betragen. Seitdem haben einige Wissenschaftler:innen in fragebogenbasierten Studien gezeigt, dass die Landschaftsoptimierung unter Anleitung der Farbharmonietheorie eine nachweisbare positive Wirkung auf die öffentliche Wahrnehmung der Besucher:innen hat und vor allem auch für den Tourismus von großem Interesse ist. Zu berücksichtigen ist dabei, dass die Theorie der Farbharmonie jedoch auf Ästhetik basiert, die leicht von sozialen Faktoren wie der Geschichte der Menschheit, Geographie und Kultur beeinflusst wird.

Grün als vorherrschender Farbton in belaubten Wäldern ist das visuelle Merkmal vieler natürlicher Umgebungen. Um herauszufinden, inwieweit gerade diese Farbe zur Erholungswirkung von Waldlandschaften beitragen kann, nutzen Studiendesigns unter experimentellen Laborbedingungen oft Vergleiche mit anderen Farben. Eine dieser Studien wurde von Adam Akers und Kolleg:innen an der britischen Universität von Essex durchgeführt (Akers, Barton et al. 2012). Ziel der Untersuchung war, die bekannten positiven Effekte auf körperliches und psychisches Wohlbefinden von Sport im Grünen im Hinblick auf die kognitiven Mechanismen, die für diese Wirkung verantwortlich sind, näher zu beleuchten. Die Proband:innen fuhren bei mittleren Intensität auf Fahrradergometern durch eine virtuelle Landschaft, die entweder grün (also unveränderte Landschaftsfarbe), grau oder rot eingefärbt war. Die Personen mussten dabei unterschiedliche Aufgaben lösen und wurden anschließend zu ihren Empfindungen befragt. Die Stimmung war in der grünen, also natürlichen Umgebung, besser und die wahrgenommene Anstrengung niedriger im Vergleich zur grauen und roten Landschaft. Die Wutgefühle waren nach der roten Landschaft im Vergleich zu den anderen Bedingungen höher. Diese Ergebnisse sprechen für eine unbewusste entspannende und gleichzeitig leistungsfördernde Wirkung der Farbe Grün bei sportlicher Aktivität und eine Empfehlung, Sport im Grünraum gegenüber Fitnesscentern in Innenräumen, wenn möglich, den Vorzug zu geben.

Marc Wittmann, Psychologe an der Universität Freiburg, erforscht mit seinem Team die Subjektivität von Zeitwahrnehmung und fand heraus, dass die Farbe Rot das Vergehen der Zeit betont, während Grün sie uns vergessen lässt. Das bedeutet, dass es scheinbar auch eine psychologische und neurobiologische Grundlage gibt für das Gefühl und das anekdotische Wissen, dass wir im Wald die Zeit vergessen (Kübel, Fiedler et al. 2021).

In Analogie zu grünen Flächen (engl.: green spaces) hat in den letzten Jahren die systematische Erforschung der Gesundheits- und Erholungswirkung von blauen Flächen, also Wasser (engl.: blue spaces), immens zugenommen; die englischen Begriffe werden hier auch durchaus im deutschsprachigen Raum von Wissenschaft, Gesellschaft und Politik benutzt. Diese Zunahme hat mehrere Gründe. Zum einen ist die evolutionäre Basis, wie in den psychologischen Theorien zu Natur und Gesundheit beschrieben, ident, da Pflanzen und Wasser überleben und Schutz bieten können und grüne, vitale Pflanzen gespeichertes Wasser darstellen. Eine bekannte therapeutische Wasseranwendung ist bspw. die nach dem bayrischen Pfarrer Sebastian Kneipp (1821–1897) benannte Kneipp-Medizin zur Vorbeugung oder Behandlung von Herz-Kreislauf-Erkrankungen, orthopädischen Erkrankungen und vegetativen Störungen genauso wie Kuren am Meer bei dermatologischen, rheumatologischen oder respiratorischen Leiden. Zum anderen haben Strategien zur Klimawandelanpassung im urbanen Bereich sehr viel mit Bewässerung, Wasserspeicherung und Abkühlung zu tun. Die gesundheitlichen Auswirkungen von Blau, oft in Kombination mit Grün, sind ein aufstrebendes Studienthema von großem städtebaulichem und gesundheitlichem Interesse. Der Großteil der Forschungsarbeiten dazu ist erst in den letzten Jahren geleistet worden. Die Ergebnisse legen nahe, dass blaue Freiräume, vor allem in Kombination mit grüner Infrastruktur, also Netzwerken aus Vegetationszonen, potenzielle Vorteile für die Gesundheit und das Wohlbefinden der Bevölkerung haben.

Eine 2017 publizierte Metaanalyse untersuchte die Evidenz zur Gesundheitswirkung eines Aufenthalts bei Seen, Flüssen und Meeren (Gascon, Zijlema et al. 2017). Das BlueHealth-Team, bestehend aus Umweltepidemiolog:innen aus Barcelona, analysierte die Ergebnisse von 35 publizierten wissenschaftlichen Studien. Ihre Synthese ergab, dass Menschen, die in der Nähe von Gewässern leben, sich mehr bewegen und dass die Interaktion mit blauen Räumen sich positiv auf die psychische Gesundheit auswirken kann – insbesondere in Bezug auf Stressabbau und wahrgenommenes Wohlbefinden. Die Evidenz für diese Zusammenhänge und andere positive Gesundheitsfolgen in Bezug auf Körpergewicht und Herz-Kreislauf-Gesundheit ist aber noch schwach. Hier sind noch weitere Studien nötig, um robuste Aussagen treffen zu können.

Bisher wurden relativ wenige Studien insgesamt, und vor allem in wohlhabenderen Ländern und mit einem Fokus auf wohnortnahe blaue Freiflächen durchgeführt und unterschiedliche Forschungsmethoden verwendet. Schließlich kann die Beziehung, die Menschen zu Wasser aufbauen, je nach Kultur und Klima global gesehen unterschiedlich sein und dadurch andere Bedeutungen, Funktionen und Auswirkungen auf Gesundheit und Wohlbefinden haben. Dennoch sind die vorhandenen Beobachtungen vielversprechend und liefern Argumente für eine Erhöhung von Qualität und Quantität von blauen Freiflächen im städtischen Umfeld als interessante Strategie zur Verbesserung der Gesundheit und des Wohlbefindens der Bevölkerung in Zeiten des Klimawandels. Die Erkenntnisse zur Wirkung von grüner Natur sind schon verdichtet und beruhen auf einem weitgehend anerkannten psychophysiologischen Konzept. Es kann davon ausgegangen werden, dass bei Kontakt zu Blue Spaces ähnliche positive Auswirkungen wie bei Grünflächen identifiziert wurden, einschließlich Stressabbau, erhöhte körperliche Aktivität und balancierte Temperaturen.

Wichtige Aspekte der sinnlichen Wahrnehmung von Blue Spaces sind Farbe und Klarheit, die für wasserbasierte Aktivitäten wie Baden von entscheidender Bedeutung sind. Blaues Wasser wird im Allgemeinen gegenüber andersfarbigem, z. B. gelbem Wasser bevorzugt. Blaues Wasser wird mit Kühle, weißes Wasser mit Kraft und Rauschen assoziiert. Wasser stellt eine lebenswichtige natürliche Ressource und ein Konsumgut für den Menschen dar. Ein Grundstück am Wasser mit direktem Zugang zum Baden oder ein Bootanlegeplatz ist durch die limitierte Verfügbarkeit seit jeher ein kostbares Luxusgut, was sich auch im hohen Kaufpreis ausdrückt (Lansford Jr & Jones 1995). Schon in der zweiten Häuserreihe sinkt der Wert des Grundstücks erheblich. Auch ein breiteres Gewässer und das Vorhandensein von Ufervegetation wirken sich positiv auf die Wahrnehmungen aus, vor allem durch die hohe Vielfalt an Tier- und Pflanzenarten.

Neben Grün sind im Wald sehr häufig unterschiedliche Brauntöne anzutreffen. Interessanterweise ist der Forschungsstand zu Braun, einer Mischfarbe, bei weitem nicht so gut wie zu Grün, Blau bzw. den oft benutzten Vergleichsfarben Rot und Grau. Es kann aber aus farbpsychologischen Gründen davon ausgegangen werden, dass das Farbspektrum von Dunkelbraun bis Beige eine erdende, beruhigende Wirkung auf den Menschen haben, die die Wirkung von Grün übertrifft. Dies ist vor allem für die vegetationslose Saison von Bedeutung, da in blattlosen Mischwäldern in den Wintermonaten der Anteil der Farbe Grün zugunsten von Braun stark verschoben ist.

Eine Metaanalyse, die zehn einschlägige Studien zu Bewegung im Freien zusammenfasste, stellte fest, dass grüne Umgebung Selbstwertgefühl und Stimmung, also Indikatoren für psychische Gesundheit, verbessert, das Vorhandensein von Wasser jedoch diese positiven Emotionen sogar noch verstärkt (Barton & Pretty 2010). Es scheint so, dass die bloße Anwesenheit von Wasser, aber auch die Wassergeräusche beruhigend und stressreduzierend wirken.

Studien zu diesen Themen konzentrieren sich in der Regel auf die visuellräumliche Erfahrung von Umgebungen unter Verwendung von Stimuli wie Fotos, Videos und Diashows, aber Umgebungen werden nicht allein durch das Sehen erfahren. Es besteht ein wachsendes Interesse an nicht-visuellen Aspekten erholungsfördernder Umgebungen, einschließlich Klang, Geruch, Geschmack und Berührung.

Diese Arbeiten sind wichtig, um sicherzustellen, dass das Forschungsfeld das multisensorische und holistische waldtherapeutische Spektrum abdeckt, auch für Menschen mit Sehbehinderung relevant bleibt und um die erweiterte Realitätsdarstellung von Umgebungen auch für andere Sinneskanäle zu maximieren, z. B. durch virtuelle oder computergestützte Erweiterung der Realitätswahrnehmung.

### 4.1.1 Das Auge im Fokus

Neben der Wahrnehmung der Umgebung und die dadurch ausgelösten messbaren psychophysiologischen Effekte kann das Sehorgan selbst von Waldtherapie profitieren. Der Aufenthalt im Freien bringt mehrere positive Aspekte für die Augen mit sich. In geschlossenen Räumen, wie z. B. am Arbeitsplatz oder im Wohngebäude, ist die Umgebungsluft oft trocken und kann auch mit ausgedünsteten Schadstoffen wie Lacke, Farben, Dämmmaterialien, Reinigungsmitteln angereichert sein, bspw. durch schlecht gewartete Klimaanlagen und Drucker. Der unspezifische Symptomenkomplex aus Allergien, Kopfschmerzen, Reizungen der Augen und Atemwege, Unwohlsein bis hin zu Depressionen vermindert die Lebensqualität der Betroffenen und wird mit dem Begriff Sick-Building-Syndrom bzw. Gebäudekrankheit beschrieben. Obzwar auslösender Faktor hier die trockene Luft ist, hat das allgemeine Rauchverbot in Arbeitsräumen zu einer wesentlichen Verbesserung des Raumklimas in vielen Büros geführt. Zusätzlich belastet auch lange angestrengte Bildschirmarbeit mit wenigen Pausen die Augen. Beim konzentrierten Blick auf den Bildschirm wird sehr oft das Blinzeln unterdrückt, was bei trockener Raumluft zusätzlich das Risiko für trockene, juckende und gerötete Augen erhöht. Auch ein Druckgefühl und Kopfschmerzen, Ermüdung und Lichtempfindlichkeit und eine vorübergehend verschwommene Sicht sind häufige Folgen.

Auch führt das ständige nahe Fokussieren zu Fehlsichtigkeit, vor allem Kurzsichtigkeit (Myopie). Der amerikanische Wissenschaftsreporter Elie Dolgin spricht hier von einem Myopieboom, der die körperliche Auswirkung des Trends widerspiegelt, dass Kinder und Jugendliche den Großteil ihrer Zeit mit Lesen und Lernen – meist digital – verbringen (Dolgin 2015). Kinder, die vor der dem Schuleintritt viel Zeit im Freien verbringen, setzt die Kurzsichtigkeit erst später ein, weil vermutlich das Tageslicht das Wachstum des Augapfels hemmt. Dadurch sinkt das Risiko für Kurzsichtigkeit.

Die digitale Augenüberlastung, auch Computer-Vision-Syndrom genannt, beschreibt Augenprobleme, die durch längeres Betrachten digitaler Bildschirme entstehen, teilweise 10 Stunden oder sogar mehr pro Tag. Die häufigen hier beschriebenen gesundheitlichen Auswirkungen sind Kopfschmerzen, verschwommenes Sehen, trockene Augen und Nacken- und Schulterschmerzen sowie in Einzelfällen auch das Sehen von Doppelbildern.

Neben der geringeren Blinzelfrequenz, dem ständigen Nahsehen und der trockenen Raumluft ist eine weitere Ursache für die Überbelastung der Augen im blauen Licht, das Bildschirme abgeben, zu suchen. Es gibt Hinweise darauf, dass blaues Licht die Netzhaut schädigt und so zu dauerhaften Sehstörungen führen kann und das Erkrankungsrisiko einer, einer Erkrankung der Netzhaut, erhöhen kann (Lievens 2019). Daher bieten die meisten digitalen Geräte mittlerweile die Möglichkeit, eine Blaulichtfilterung zu aktivieren. Die für Arbeit oder Ausbildung nötige Bildschirmzeit wird in der Freizeit oft noch durch langes Fernsehen oder Smartphonenutzung zusätzlich massiv erhöht. Damit verbunden ist eine verkürzte Schlafphase, die zu einer chronischen Übermüdung und einer Störung der Chronobiologie führen kann. Die durch künstliches Licht und Medienkonsum nach hinten verschobene Einschlafzeit führt zum so genannten sozialen Jetlag, wenn also die soziale Zeit einer Person nicht mit ihrer zirkadianen Zeit übereinstimmt (Taillard, Sagaspe et al. 2021). Störungen des Schlafs und der zirkadianen Uhr verändern im Allgemeinen die kognitive Leistungsfähigkeit (Wachsamkeit, Aufmerksamkeit, Gedächtnis, exekutive Funktionen höherer Ordnung wie Reaktionshemmung und Entscheidungsfindung). Das aufgebaute chronische Schlafdefizit kann nur teilweise an freien Tagen oder am Wochenende abgebaut werden.

Durch die körperliche Aktivität im Freien, den Stressabbau und die induzierte Entspannung führt die Waldtherapie zu einem verbesserten Schlaf-Wach-Rhythmus und einer deutlich verlängerten Schlafzeit. Dies konnte bei gesunden Personen, aber auch bei Patient:innen mit Schlafproblemen und auch Vorerkrankungen nachgewiesen werden (Hansen, Jones et al. 2017). Schlafhygiene, also das Erlernen schlafförderlicher Verhaltensweisen und bestimmter Rituale, zusammen mit einem verminderten Gebrauch digitaler Geräte am Abend und ausreichend Bewegung und Entspannung, kann für einen gesunden, erholsamen Schlaf sorgen.

## 4.1.2 Lichttherapie

Durch den Aufenthalt im Freien ist Waldtherapie gleichzeitig Lichttherapie. Noch wenig beforscht ist der explizite Effekt von Waldtherapie als Lichtdusche und zur Behandlung von saisonalen und depressiven Verstimmungen. Therapeutisch werden die Patient:innen dabei hellem Kunstlicht (Tageslichtlampe) ausgesetzt, man spricht hier auch von einer Lichtdusche. Die Lichttherapie sollte am besten direkt nach dem Erwachen angewendet werden. Eingesetzt wird meist weißes Licht, das dem Spektrum des Sonnenlichts entspricht. Normales Tageslicht (auch bei bedecktem Himmel) ist mindestens so wirksam wie künstliches Licht durch eine Lichttherapielampe. Durch einen Lebensstil mit überwiegendem Aufenthalt in Innenräumen und vor Bildschirmen, halten sich viele Menschen automatisch zu wenig im Freien aufhalten, um sich der optimalen Lichtmenge auszusetzen (Taillard, Sagaspe et al. 2021). Und: Menschen, deren Wohnumgebung wenig Grünflächen bietet, schlafen weniger Stunden pro Nacht.

Der Aufenthalt in der Natur verbindet zwei für die Gesundheit und das Wohlbefinden elementare Aspekte, nämlich die Exposition gegenüber natürlichem Licht und körperliche Bewegung, die beide unabhängig voneinander mit der Schlafqualität in Verbindung stehen. Die Evidenz zu den gesundheitlichen Auswirkungen von Lichtexposition auf den Schlaf über die Harmonisierung des zirkadianen Rhythmus, also der inneren Uhr, ist derzeit umfangreicher als die Evidenz zu Naturexposition und Schlaf (Kim, Kim et al. 2020). Da die Exposition gegenüber Natur und Tageslicht häufig zusammenfällt, überschneiden sich die damit verbundenen gesundheitlichen Vorteile.

Veränderungen der weiblichen Hormone während der Menopause können das autonome Nervensystem, den zirkadianen Rhythmus und die Sekretion von Kortisol und Melatonin beeinflussen, was zu einer Anfälligkeit für Schlaflosigkeit führt. Vor diesem Hintergrund gewinnt die Waldtherapie als Möglichkeit, Stresshormone durch Stabilisierung des vegetativen Nervensystems zu reduzieren, an Aufmerksamkeit. Beispielsweise haben Kim und Kolleg:innen in einer Studie (ebd.) die Auswirkungen der Waldtherapie auf Patientinnen mit postmenopausaler Schlaflosigkeit analysieren. Das Waldtherapieprogramm dauerte sechs Tage, in denen 35 postmenopausale Frauen Aktivitäten wie Meditation, Gymnastik und Wassertherapie durchführten. Bei der Planung der Studie wurden Aktivitäten berücksichtigt, die die Wirksamkeit der Therapie verdoppeln, und die Aktivitäten wurden anhand mehrerer Kriterien ausgewählt. Erstens sollten die Aktivitäten (Meditation, Barfußlaufen etc.) die fünf Sinne anregen, da die verschiedenen Wirkungen der Therapie nicht nur eine Wirkung, sondern die synergistische Wirkung der positiven Energie des Waldes ergeben müssen. Zweitens sollten Waldtherapieaktivitäten gesundes Licht nutzen. In Wäldern könnte sich die Einwirkung von natürlichem Sonnenlicht tagsüber positiv auf den Nachtschlaf auswirken. Die Aktivitäten wurden im direkten Sonnenlicht, aber auch im Schatten durchgeführt. Drittens sollten die Aktivitäten die körperliche Fitness der Teilnehmerinnen berücksichtigen. Zum Beispiel wurden Versuchspersonen, die keine langen Strecken gehen konnten, auf kürzeren Wegen geführt. Schließlich sollten die ausgewählten Aktivitäten entspannend wirken und gleichzeitig Schlaflosigkeit lindern. Die Teilnehmerinnen wurden auch serologischen Tests unterzogen, nahmen an einer umfassenden Untersuchung aller Körperfunktionen während des Schlafs teil und beantworteten Fragebögen zu ihrem Schlafverhalten vor und nach dem Programm. Die Testergebnisse zeigten eine signifikante Kortisolreduktion und eine höhere Gesamtschlafzeit. Die Autor:innen schlagen daher die Waldtherapie als eine mögliche gute Alternative zur nichtpharmakologischen Behandlung zur Linderung von Schlaflosigkeit bei postmenopausalen Frauen vor (Kim, Kim et al. 2020).

## 4.2 Der Hörsinn

Hören ist die auditive Sinneswahrnehmung von Schall. Sie erfolgt über Sinneszellen, die durch Schwingungen (Schallwellen) aus der Umgebung angeregt werden. Der Hörsinn ist von zentraler Bedeutung für das Überleben des Menschen durch die früh- bzw. rechtzeitige Wahrnehmung von Gefahrenquellen, bspw. herannahende Fahrzeuge, sowie auch für die menschliche Kommunikation. Geräusche können Menschen dazu bringen, zufrieden zu seufzen oder vor Schmerz zusammenzucken. Geräusche können lustvolle oder unangenehme Reaktionen hervorrufen. Typischerweise ist Musik ein höchst lohnender Stimulus. Das am häufigsten genannte Beispiel für ein unangenehmes Geräusch ist das Kratzen von Fingernägeln auf einer Tafel. Der Kontext ist ebenso wichtig wie die Erfahrung, denn Menschen mögen Dinge, die sie schon einmal gehört haben. Die Geräusche von Wasser haben trotz ihrer Vielfalt, die von ruhigen, laminaren Strömungen bis hin zu energischen, tosenden Klängen reicht, einen hohen Wiedererkennungseffekt. Diese Geräusche sind eindeutig mit dem Anblick von Wasser, seinen wechselnden Farben und variablen Bewegungen korreliert.

### 4.2.1 Natürliche Klänge

Naturgeräusche und natürliche Klanglandschaften werden zunehmend als wichtige Ökosystemleistungen identifiziert, die die Erholung fördern und das allgemeine Wohlbefinden unterstützen können. Eine Klanglandschaft ist definiert als die akustische Umgebung, wie sie von Menschen im Kontext wahrgenommen, verstanden und/oder erlebt wird. Waldtherapie wird meist als achtsamer, multisensorischer Prozess bezeichnet, die Waldwirkung auf die fünf Sinne wird aber nicht im Einzelnen beschrieben. Eine experimentelle kombinierte Exposition mit grünem Licht und tiefem Rauschen (sog. braunes Rauschen) führt zu Entspannung ähnlich wie bei Achtsamkeitsmeditation (Esch, Sonntag et al. 2013). Trotz der sich häufenden Beweise für die Auswirkungen von Geräuschen auf das menschliche Nervensystem sind die möglichen peripheren und zentralen Mechanismen, die seiner Auslösung zugrunde liegen, noch lange nicht verstanden. Die Theorien, die zu erklären versuchen, warum bestimmte Umgebungen die Erholung erleichtern, konzentrieren sich jedoch hauptsächlich auf visuelle Erfahrungen (siehe Ulrich, 1983; Kaplan & Kaplan 1989).

Die Klanglandschaft besteht aus drei Hauptkomponenten – menschlicher Interaktion, akustischer Umgebung und Wahrnehmung – und ihre Erforschung erfordert interdisziplinäre Zusammenarbeit von Fachdisziplinen wie Umweltpsychologie und Gesundheitswissenschaften, Psychophysiologie und Neurowissenschaften. Trotz der empirischen Evidenz in den Bereichen Stadtplanung, Architektur, Lärmschutz und Gesundheit, die sich auf die Bewertung und Gestaltung von Klanglandschaften bezieht, ist das Klanglandschaftskonzept erst seit kurzem bekannter geworden.

Wohlgefühl und Erregung sind die häufigsten psychologischen Deskriptoren für die subjektive Beurteilung von Klanglandschaften. Akustische Umgebungen rufen uneinheitlich physiologische Reaktionen mit großer Variabilität hervor. Menschen und Klanglandschaften haben eine dynamische bidirektionale Beziehung – sie beeinflussen sich gegenseitig. Lärm oder als unangenehm wahrgenommene Geräusche reduzieren das Wohlbefinden und machen auf Dauer sogar krank. Dagegen gibt es Hinweise darauf, dass positiv wahrgenommene Geräusche (z. B. Naturgeräusche) mit einer hohen Lebensqualität und einer verbesserten psychischen und physischen Gesundheit verbunden sind (Alvarsson, Wiens et al. 2010, Methorst, Rehdanz et al. 2021). Auch argumentiert die Attention Restoration Theory (ART), dass die Auswirkungen der Natur (z. B. natürliche Geräusche wie die durch Wasserfälle erzeugten) die kognitive Leistungsfähigkeit und die Erholung von Stress verbessern (Kaplan & Kaplan 1989). Es hat sich nicht nur gezeigt, dass der Aufenthalt in der Natur positive Auswirkungen auf das Nervensystem des Menschen hat, sondern auch, dass Menschen von Natur aus dazu neigen, Verbindungen zur Natur zu suchen, eine Hypothese, die als Biophilie bekannt ist (Wilson 1984).

Kurze Mikropausen mit dem Lauschen von Naturgeräuschen sind ein vielversprechendes Gebiet für zukünftige Forschung mit wichtigen praktischen Implikationen für die Gestaltung gesundheitsförderlicher Büros, Schulen oder Behandlungs- und Wartezimmer. Versuchspersonen, die in einem Wartezimmer nur sieben Minuten lang Naturgeräusche hörten, zeigten im Vergleich zu klassischer Musik oder Stille eine signifikant reduzierte Pulsfrequenz und Muskelspannung und auch weniger subjektives Stresserleben (Largo-Wight, O'Hara et al. 2016). Ein schwedisches Forscherteam fand heraus, dass sich Studierende objektiv signifikant besser und auch schneller von Stress erholten, wenn sie angenehme Naturgeräusche, also Vogelgezwitscher und Wassergeräusche, hörten im Vergleich zu lautem Verkehrslärm (Alvarsson, Wiens et al. 2010).

Natürliche Klänge verbessern nachweislich die Stimmung und das allgemeine Wohlbefinden. Diese Erkenntnisse sind auch in der Wahrnehmung der breiten Öffentlichkeit angekommen. Entspannungsmusik zur Beruhigung oder als Einschlafhilfe mit Klängen der Natur aktiviert das parasympathische Nervensystem (Gatersleben & Andrews 2013). Die derzeitige Evidenz also spricht dafür, dass eine Kombination der Wahrnehmung zumindest über die beiden Sinne Sehen und Hören einen überadditiven positiven Effekt auf die Erholungswirkung eines Waldaufenthalts hat. Ein stiller Wald mit nur Grün ist also weniger gesundheitsfördernd als ein Wald mit Lichtspielen, einem raschelnden Blätterdach, einem sanft gurgelnden Bach und – natürlich – fröhlichem Vogelgezwitscher.

## 4.2.2 Vogelgezwitscher

Obwohl sie nur ein Teil der belebten Umwelt sind, gelten Vögel als eine der wichtigsten Tierarten mit wahrnehmbaren Geräuschen, die Menschen in der Natur erleben. In wissenschaftlichen Untersuchungen wird Vogelgezwitscher als das am häufigsten genannte charakteristische Geräusch der Natur betrachtet. Der Gesang erzielt nicht nur die höchsten Werte in Bezug auf Naturverbundenheit, sondern wird auch als besonders inspirierend wahrgenommen (Gatersleben & Andrews 2013, Methorst, Rehdanz et al. 2021). Vogelgeräusche werden interessanterweise bei Befragungen auch mit anderen Tieren, nicht nur mit den Vögeln selbst, Aktivitäten in der Natur, Grünflächen und den Jahreszeiten Frühling und Sommer assoziiert. Damit steht eine einzige Spezies, also in diesem Fall die Vögel, für die für Menschen sensorisch wahrnehmbare Artenvielfalt in einem bestimmten Gebiet.

Neben den kommunikativen Aspekt können Vogelgeräusche einen symbolischen Wert haben, der sich darauf auswirken kann, wie sie kognitiv und affektiv bewertet werden und vielleicht als erholsam empfunden werden. Geräusche sind besonders relevant für die Identifizierung von Vögeln, da sie oft gehört werden, bevor sie gesehen werden, wodurch der Vogellaut zu einem Symbol für den Vogel selbst wird. Aus diesem Grund spielen Vogelstimmen als natürlicher Reiz in Studien zur Wirkung von Natur und Entspannung eine große Rolle, da hier die visuelle und auditive Wahrnehmung verbunden werden kann.

Im Laufe der Zeit haben Vögel eine große Bandbreite an Konzepten, Zuschreibungen, Ereignissen und Aspekten der Natur und auch der Menschen symbolisiert, wie sie in Geschichten und Folklore erzählt werden. Beispielsweise bringt eine von Noah ausgelassene Taube in der biblischen Sintflut-Erzählung in der Rolle der frohen Botschafterin einem frischen Olivenzweig im Schnabel zur Arche zurück. In der Nordischen Mythologie schickt der Gott Odin seine beiden treuen Raben Hugin (altnordisch: Gedanke), und Munin (altnordisch: Gedächtnis) jeden Tag aus, um zu erfahren, was in der Welt geschieht. Schon einige Jahrhunderte vor Beginn der Wikingerzeit im späten 8. Jahrhundert zeigen bildliche Darstellungen von Odin ihn oft in Begleitung dieser Vögel. In der modernen Literatur symbolisieren und transportieren Vogelgeräusche Umgebungen und damit einhergehende Ideen wie Tageszeit, Natur, Sommer und Anfänge. Sie helfen den Leser:innen dabei, sich detailliert Umgebungen vorstellten, basierend auf den Geräuschen, die die Figuren um sich herum hören. Vögel werden, neben anderen Tieren, in der Folklore und Mythologie herangezogen, um die Entstehung topografischer Merkmale und Sternkonstellationen zu erklären. Auch der Zusammenhang von einem Aufenthalt in Grünflächen wie einem Garten und Aktivitäten wie das Lauschen der Vogelgeräusche ist beliebt. Dies deutet darauf hin, dass Vogelgeräusche Assoziationen mit natürlichen Umgebungen und Aktivitäten in der Natur auslösen können, deren Erfahrungen an sich erholsam sind. Die Assoziationen selbst können jedoch je nach Art des Vogelgeräuschs variieren.

Zahlreiche alte deutschsprachige Frühlings- und Kinderlieder besingen die wichtige Rolle von Vögeln für die Natur, Jahreszeiten und die Gesellschaft. Die bekanntesten sind sicher »Kuckuck, Kuckuck, ruft's aus dem Wald« und »Alle Vögel sind schon da«, die sich auf den Frühlingsanfang im März beziehen und von Hoffmann von Fallersleben (1798–1874) im Jahr 1835 geschrieben wurden. Auch das Lied »Die Vogelhochzeit« ist im gesamten deutschen Sprachraum bekannt und beschreibt die Vermählung, einer weiblichen Amsel und einer männlichen Drossel. Der Liedtext ist bereits im Wienhäuser Liederbuch, das etwa 1470 entstanden ist, zu finden. Der kulturelle Hintergrund, also auch der Einfluss von traditionellem Liedgut, wie den wenigen hier genannten, von Kindesbeinen an, ist in unterschiedlichen Studienpopulation verschieden und limitiert daher die Generalisierbarkeit von Beobachtungen von Naturwirkung im internationalen Vergleich und ist relevant für die Interpretation von Ergebnissen.

Vogelstimmen können also mit Konzepten und Ereignissen assoziiert werden, die größer sind als sie selbst, und auf der Grundlage dieser symbolischen Assoziationen affektive Einschätzungen erzeugen. Es ist jedoch nicht bekannt, inwieweit dies mit ihrem erholungsfördernden Potenzial zusammenhängen könnte. Ebenfalls noch wenig erforscht sind potenzielle Verbindungen zwischen der Natur, einschließlich Vogelstimmen, und persönlicher Symbolik in Form von Erinnerungen an die eigene Vergangenheit, und wie diese mit gesundheitsfördernden Wahrnehmungen zusammenhängen könnten.

## 4.3 Der Geruchssinn

Geruchsstoffe sind Chemikalien, die an Geruchsrezeptoren binden, wo sie in elektrische Signale umgewandelt werden. Die Geruchsrezeptoren befinden sich in der Nasenhöhle und werden durch flüchtige chemische Moleküle aktiviert. Diese Geruchsmoleküle können entweder orthonasal, beim Riechen durch die Nase, oder retronasal, über den Mund, die Geruchsrezeptoren stimulieren. Sie werden beim Kauen aus dem Lebensmittel freigesetzt und tragen so zum multisensorischen Geschmack beim Essen bei. Neben ihrer Funktion als Riechorgan, erfüllt die Nase auch noch weitere Funktionen. Durch die Nasenhaare werden Schmutzpartikel aus der Luft entfernt und die Luft wird erwärmt und auch angefeuchtet.

In natürlichen Umgebungen sind Gerüche typischerweise Mischungen aus mehreren chemischen Verbindungen. Die Geruchsmoleküle bewegen sich durch turbulente Flüssigkeiten (Luft oder Wasser) und bilden komplexe Geruchsfahnen, was zu schnellen und unvorhersebaren Schwankungen in der Konzentration von Gerüchen führt. Für tierische Nasen gilt: Um einen Geruch zu identifizieren, muss die Reaktion des olfaktorischen Systems daher robust gegenüber Änderungen der Geruchskonzentration sein. Die höhere Korrelation zwischen Antwortmustern über Konzentrationen für Mischungen als für einzelne Geruchsstoffe ist daher der Geruchsidentifikation förderlich. Tiere benutzen Geruchsstoffmischungen als Kommunikationssignale (Pheromone), daher ist es wichtig, dass sie diese chemischen Signale schnell und genau identifizieren und somit die ihnen gesendete Nachricht entschlüsseln können.

Obwohl die meisten natürlichen olfaktorischen Stimuli Mischungen aus mehreren Geruchsstoffen sind, wurde die Geruchsübertragung hauptsächlich für reine Geruchsstoffe untersucht. Neuere Erkenntnisse weisen aber darauf hin, dass Stoffmischungen eine schnellere und zuverlässigere Geruchsübertragung ermöglichen (Chan, Hersperger et al. 2018). Dies deutet darauf hin, dass unser olfaktorisches System möglicherweise nicht für das analytische Riechen reiner Verbindungen gemacht ist. Eine große Ausnahme sind Spitzen-Sommeliers für Wein, Bier, Kaffee, Brot, Käse, Zigarren und ähnliches in der Gastronomie, die oft ein jahrelanges, sensorisches Training hinter sich haben. In der Regel gibt es eine gewisse Schwelle, bis zu der ungeschulte Menschen Geschmäcker und Gerüche wahrnehmen können. Aus evolutionärer Perspektive ergibt es Sinn, dass der Geruchssinn für gemischte Gerüche in der Umgebung empfindlicher ist. Das bedeutet kurz gesagt, dass der Mensch den Wald riecht, nicht die Bäume.

## 4.3.1 Grüne Düfte

Wie die visuell erfassbare natürliche Landschaft und die auditiv wahrnehmbare Klanglandschaft unterscheidet die einschlägige Forschung zur multisensorischen Waldtherapie eine Duftlandschaft. Grüne Düfte, also in der Natur natürlicherweise vorkommende Gerüche, sind auch ein zentraler Bestandteil der multisensorischen Erfahrung und naturbasierten Intervention, vor allem in Nadelwäldern, wie sie in Japan zur Verbesserung der menschlichen Gesundheit und zum Abbau von Stress eingesetzt werden (Mathias, Daigle et al. 2020). Die positiven Wirkungen werden auch in anderen Studien festgestellt, in denen ein Spaziergang oder Aufenthalt im Nadelwald zu einem gesteigerten Wohlbefinden und einer Verringerung des Stresslevels führt. Bei der Trennung der visuellen, auditiven und olfaktorischen Reize scheinen interessanterweise Gerüche eine stärkere Wirkung auf den Stressabbau zu haben als visuelle und auditive Reize.

Natürliche Gerüche, die als angenehm empfunden werden wie z. B. Blumenduft, können Freude hervorrufen, die Stimmung verbessern und beruhigend wirken. Der Geruch von ätherischen Ölen wie Lavendel, Rosmarin und Kamille wirkt sich positiv auf die Stimmung und die objektive kognitive Leistungsfähigkeit aus. Die Ergebnisse verschiedener Studien zu Düften wie Lavendel, Zitrone, Baldrian und anderen geben Hinweise auf eine blutdrucksenkende, entspannende, antidepressive und angstlösende Wirkung. Eine schwedische Studie untersuchte beispielsweise, wie Teilnehmer:innen mit stressbedingten psychischen Störungen ihre olfaktorische Wahrnehmung, Interaktion und Erfahrung während einer 12-wöchigen naturbasierten Rehabilitation in einer Gartenlandschaft beschreiben (Pálsdóttir, Spendrup et al. 2021). Die Ergebnisse zeigten, dass Naturdüfte stressmindernd und als Katalysator für sensorische Wahrnehmung und Erinnerungen wirken. Die Ergebnisse unterstützten das Verständnis, dass das Erleben des Geruchs von Pflanzen, insbesondere von Blumen, den Stressabbau erleichtern und die geistige Erholung in einem realen Kontext unterstützen kann.

Auch Bäume haben artspezifische Düfte. In Studien aus Asien wurde zum Beispiel der Geruch der Japanischen Zeder untersucht, einer repräsentativen Baumart in Japan. Ihr Geruch ist einer der bekanntesten in der japanischen Bevölkerung, da Zedernholz häufig beim Bau von Häusern verwendet wird. Aber auch andere Hölzer wie von Japanischer Bergkirsche und Zypresse wurden ausgiebig untersucht. In europäischen Studien ist die Zirbe ein beliebtes Studienobjekt, was sich in einer ganzen Industriesparte von Zirbenholzmöbel bis Zirbenkissen niederschlägt. Der typische Holzgeruch verbessert demnach das subjektive Wohlbefinden und bewirkt einen objektiven entspannten physiologischen Zustand (Ikei, Song et al. 2017).

Es gibt große individuelle Unterschiede in den Geruchspräferenzen, was als angenehm oder weniger angenehm empfunden wird. Entgegen der individuellen Erwartung finden sich aber dennoch messbare Wirkungen, wie durch objektiv erhobene physiologische Indikatoren, u. a. Gehirnaktivität, autonome Nervenaktivität, endokrine Aktivität und Immunaktivität, belegt werden kann. Expert:innen gehen davon aus, dass sich die menschliche Physiologie an die natürliche Umgebung angepasst hat. Der Geruch eines Naturstoffes stresst auch dann nicht, wenn er subjektiv gesehen als unangenehm empfunden wird.

Trotz einer Vielzahl an Studien zu Bestandteilen der Waldluft ist nicht vollständig geklärt, ob Gerüche die menschliche Physiologie über den Geruchsweg oder über das Blut in Form von chemischen Verbindungen beeinflussen. Beide Möglichkeiten sind denkbar und wurden in Laborstudien getestet und auch nachgewiesen. Bei Laborexperimenten ist die Konzentration eingeatmeter Testsubstanzen relativ hoch. Daher kann unter realen Bedingungen davon ausgegangen werden, dass physiologische Effekte durch Gerüche hauptsächlich über den olfaktorischen Verarbeitungsweg entstehen. Im Fall der multisensorischen Waldtherapie sind die nach Wald riechenden Verbindungen (Phytonzide) in sehr geringen atmosphärischen Konzentrationen vorhanden, und dann vor allem in Nadelwäldern, und wirken olfaktorisch und nicht über die Blutbahn. Empirische Evidenz und wissenschaftliche Grundlagen der chemischen Aspekte und anderer spezifischer Eigenschaften von Pflanzen können weiter zu einem gesteigerten Interesse an grünen Düften und ihrer Wirkung auf den Menschen beitragen.

### 4.3.2 Riechstörungen

Obwohl im Alltag der Geruchssinn gegenüber dem Sehsinn eventuell untergeordnet wichtig eingestuft wird, beinträchtig sein Verlust oder seine Einschränkung viele Aspekte des Lebens massiv. Riechstörungen (Dysosmien) wie der Verlust (Anosmie) oder Teilverlust des Riechvermögens (Hyposmie) können angeboren oder erworben sein. Sie werden durch eine Reihe von organischen Erkrankungen wie Virusinfektionen, Strahlentherapie, Parkinson, Unfälle, Allergien etc. oder auch durch Medikamente oder Rauchen ausgelöst. Die altersbedingte Abnahme der Geruchsempfindlichkeit ist nicht einheitlich, sondern eher geruchsspezifisch. Pilzähnliche

Gerüche und Zimt beispielsweise können über alle Altersgruppen hinweg gleichermaßen erkannt werden.

Viele Anosmie-Betroffene klagen neben dem Geruchsverlust auch über wahrnehmbare Einschränkungen des Geschmackssinns. Sie können zwar Salziges, Saures, Süßes und Bitteres normal schmecken, aber keine bestimmten Aromen unterscheiden. Die Freude am Essen und Trinken und die Lebensqualität sind deutlich eingeschränkt. Mit dem Geruchsverlust gehen neben der bereichernden Funktion des Riechens auch wichtige Warnfunktion verloren: Menschen mit Anosmie können beispielsweise nicht riechen, wenn beim Kochen das Essen auf der heißen Herdplatte anbrennt, Lebensmittel bereits verdorben sind oder die Gasheizung leckt. Sie können den eigenen Hygienezustand oder den ihrer Wohnung nicht beurteilen, was Menschen mit Anosmie psychisch belasten und ihre sozialen Kontakte beintrachtigen kann.

Ob und wie sich ein gestörter Geruchssinn wiederherstellen lässt, hängt von seiner Ursache und der Behandelbarkeit der Grunderkrankung ab. Bei angeborener und altersbedingter kompletter Anosmie ist keine Behandlung möglich. Vor allem bei postinfektiösen Riechstörungen oder nach einem Schädel-Hirn-Trauma kann ein strukturiertes Riechtraining sinnvoll sein. Der genaue Aufbau des Trainings kann je nach Grunderkrankung und Ziel des Trainings variieren und erfordert auch die Mitarbeit der Patient:innen. Zusätzlich zu künstlichen Riechbehelfen wie den sogenannten Riechtrainingsstiften mit einem bestimmten Duftstoff wie Vanille, Zitrone, Gewürznelke, Minze oder Eukalyptus können auch Waldgerüche im Rahmen einer Waldtherapie und angeleiteten Übungen eingesetzt werden.

## 4.4 Der Tastsinn

Die taktile Wahrnehmung umfasst Druck, Berührung und Vibrationen sowie Temperatur. Das zuständige Sinnesorgan ist die Haut, und zwar sowohl die Tast- als auch die Wärme- und Kälterezeptoren. Die von ihnen ausgelösten Reizimpulse werden durch die taktilen Nervenfasern über das Rückenmark an das Gehirn weitergeleitet, um bei drohender Gefahr – beispielsweise für eine Verletzung oder Verbrühung – unverzüglich reagieren zu können. Neben den taktilen Nervenfasern für die rasche Weiterleitung von Druck-, Vibrations- und Temperaturreizen sind seit den 1990er Jahren in der behaarten Haut auch C-Fasern bekannt. Diese Nervenfasern senden bei Reizung die Informationen eher langsam an das Gehirn und sind für das Spüren von sanfter Berührung verantwortlich, aber auch für Schmerzwahrnehmung. Der Berührungsreiz wird in Abhängigkeit von der eigenen Erwartung und dem jeweiligen Umfeld bewertet und dann gegebenenfalls als angenehm oder unangenehm empfunden. So wird eine unerwünschte physische Berührung, ob sanft oder nicht, als unangenehm empfunden und mit dem Wunsch nach Abstand begegnet. Diese natürliche psychologische Reaktion dient dem Selbstschutz.

Die Forschung zeigt, dass es eine enge Beziehung zwischen taktilen Reizen und der Ausschüttung von Botenstoffen wie dem als Kuschelhormon bekannten Oxytocin gibt, die die menschlichen Gefühle steuern. Die Haut trennt Mensch und Umwelt, hat aber eben durch diese Gefühlssteuerung auch das Potenzial, diese zu verbinden. In klassischen Waldtherapieübungen wird neben Blattpflanzen, die den herkömmlichen Zimmerpflanzen ähneln können, auch gerne anderes Pflanzenmaterial wie abgefallene Blätter, Baumstämme und Moos verwendet. Im Wald ist Holz das am stärksten mit taktilen Empfindungen assoziierte Material (Ikei, Song et al. 2017). Allerdings gibt es wenige Studien zu anderen typischen Waldelementen wie Blättern, Laub oder Moos. Das Berühren des Materials Holz in Form von Möbelstücken beispielsweise vermittelt ein entspanntes Gefühl und Wärme, während das Berühren von Metall eine Stressreaktion auslöst.

So sind die taktilen Eigenschaften des avitalen Baumaterials Holz recht gut erforscht, und auch die entspannende Wirkung durch das Berühren und Fühlen natürlicher Substanzen wie Baumrinde und Blättern ist gut belegt. Nur wenige Studien untersuchten bislang, ob das Berühren lebender Pflanzen ein Gefühl von Wohlbefinden und Entspannung vermittelt und wie die empirische Evidenz für einen therapeutischen Ansatz aussehen könnte. Dies ist bemerkenswert, da tiergestützte Therapie, die meist mit direkter Berührung des Tieres einhergeht, bereits seit vielen Jahren gezielt im sozialen und therapeutischen Bereich eingesetzt. Oft wird diese Behandlungsform in Kombination und zur Unterstützung einer physio- oder auch psychotherapeutischen Therapie eingesetzt, vor allem bei Kindern und Erwachsenen mit Verhaltensproblemen und speziellem Förderbedarf oder älteren Menschen in Pflegeeinrichtungen. Tiergestützte Therapie fördert das Wohlbefinden im Allgemeinen, stärkt das Selbstbewusstsein, verringert Gefühle der Einsamkeit, reduziert Stress, stärkt das Gefühl, bedingungslos akzeptiert zu sein, bietet Abwechslung im Alltag, erhöht die Konzentration und unterstützt die Gefühlsregulation.

Pflanzengestützte Interventionen wie die Wald- oder Gartentherapie sind den tiergestützten Therapien insofern sehr ähnlich, als eine profunde biopsychosoziale Wirkung aufgrund der zugrundeliegenden Erkrankungen erst durch eine etwas längere und regelmäßige Aktivität erwartet wird. Dennoch ist die Wirkung von kurzzeitigen taktilen Reizen der tiergestützten Therapie wie das Streicheln von Hunden, Kaninchen oder Katzen anerkannt, die Wirkung von kurzzeitigem Berühren von Pflanzen jedoch nicht. Als weitere Gemeinsamkeit kann auch genannt werden, dass das Berühren von Tieren oder Pflanzen leichter möglich sein kann als Körperkontakt zu anderen Menschen. Auch die Pflanzenpflege kann eine sinnvolle Aufgabe und eine Verantwortung sein, die Struktur im Alltag und Sinn im Leben geben kann.

Da viele Studien zeigen, dass Pflanzen und die Natur sowohl erholende als auch entspannende Wirkungen haben können, ist zu erwarten, dass das Berühren von Pflanzen auch konkrete und replizierbare psychologische und physiologische Wirkungen haben kann. Und tatsächlich: Den physiologischen Mechanismus der psychologischen Theorien zur Gesundheitswirkung von Natur folgend hat in Experimenten die Berührung einer Pflanze einen entspannenden und beruhigenden Effekt (Kaplan & Kaplan 1989, Ulrich, Simons et al. 1991). Die meisten Studien zur Berührung folgen einem psychophysischen Ansatz, und die Bewertung von Eindrücken wie angenehm oder unangenehm erfolgt durch verbale Methoden, während die Versuchsperson bei Bewusstsein ist. Gegenwärtig besteht jedoch allgemein Einigkeit darüber, dass die Wahrnehmung des Stimulus, der Emotionen verursacht, nicht notwendig ist, damit die Emotionen auftreten. Das heißt, dass Emotionen auch im Unbewussten bei Reizen unter der sensorischen Wahrnehmungsgrenze entstehen. Es scheint, dass die taktilen Reize eines Blattes unbewusst physiologische Ruhe erzeugen. Diese physiologische Reaktion kann evolutionär gesehen eine wesentliche Botschaft des primitiven Gehirns sein, dass Pflanzen für das Lebensumfeld des Menschen unverzichtbar sind.

Ähnlich wie der olfaktorische Stimulus von Holz und der Waldumgebung beruhigt, kann dies auch der taktile Stimulus durch Pflanzenblättern. Dieses Verständnis erklärt die in vielen Fällen tiefgreifende Beziehung zwischen Menschen und Pflanzen, die auch das Potential hat, therapeutisch für die Steigerung von Gesundheit und Wohlbefinden genutzt zu werden. Weitere Forschung ist hier nötig, um eine wissenschaftlich fundierte Basis und anwendungs- und zielgruppenorientiere Richtlinien zu schaffen.

## 4.5 Der Geschmackssinn

Obwohl der Geschmackssinn ohne jeden Zweifel eine wichtige Rolle im Fünf-Sinne-Kanon spielt, wird er bei der theoretischen Erforschung und praktischen Ausübung der Waldtherapie vernachlässigt. Der Grund dafür ist, dass hier oft Sorge gehegt wird, dass bei der oralen Aufnahme von Waldmaterial auch schlecht schmeckende oder schädliche Stoffe dabei sein könnten. Hierzu zählen mit dem freien Auge unsichtbare Parasiten wie Fuchsbandwürmer, Verunreinigungen oder auch Giftstoffe. Daher wird in großen Übersichtsarbeiten zu diesem Thema oft nur von der Vier-Sinne-Therapie gesprochen, also Hören, Sehen, Tasten und Riechen, die eben den Geschmack nicht beachten und mit Übungen ansteuert. Dabei gibt es durchaus einfach zu evozierende Sinneseindrücke wie das Schmecken eines Grashalms zwischen den Zähnen, der Geschmack von essbaren Wildkräutern, Beeren oder Pflanzenteilen, die würzig-intensive Waldluft, das kalte Wasser einer klaren Quelle oder eines Bachs mit trinkbarem Wasser und der mitgebrachte Proviant. Obzwar für den therapeutischen Erfolg nicht essentiell, beinhaltet gerade dieser vernachlässigte und wenig trainierten Sinn ein großes gesundheitsförderndes Potential. Einmal entdeckt, wird auch der Alltag durch ein bewussteres Schmecken bereichert. Der Geschmacksinn wird durch viele Grunderkrankungen wie Virusinfektionen, Verletzungen oder durch bestimmte Medikamente, bspw. im Rahmen einer Chemotherapie, beeinträchtigt und auch im Alter zunehmend schlechter. Auch die MBSR beinhaltet die fast schon berühmte Rosinenübung als Ess-Meditation und wichtiger Zugang zu Kontemplation (Kabat-Zinn 2003).

> **Rosinenübung**
>
> Die Rosinenübung ist eine Achtsamkeitsübung. Sie ist gut geeignet für einen (Wieder-)Einstieg in das bewusste achtsame Essen. Diese Übung benötigt einige Minuten Zeit und Ruhe – und eine Rosine oder alternativ eine andere Speise wie ein kleines Stück Brot. Jeder Sinneskanal soll genau erspürt werden.
>
> - Sehen: Wie sieht die Rosine aus? (Farbe, Struktur etc.)
> - Fühlen: Wie fühlt sich die Rosine an? (Oberflächenstruktur, Glätte etc.)
> - Riechen: Wie riecht die Rosine? Riecht ein Nasenloch besser oder etwas anderes?
> - Hören: Wie hört sich die Rosine an, wenn man sie vor das Ohr hält und zwischen den Fingern reibt? Hört ein Ohr besser oder etwas anderes?
> - Schmecken: Wie schmeckt die Rosine, wenn man sie an die Lippen, an die Zunge, die Zähne oder in den Mund legt?
> - Essen: Wie fühlt es sich an, wenn man die Rosine zerbeißt und dann schluckt?
> - Abschluss: Ist noch etwas von dem Geschmack der Rosine im Mund? War die Übung interessant oder langweilig?

Wie die anderen Sinne kann auch der Geschmackssinn durch sensorische Schulung geschult werden. Die Aromenvielfalt in Speisen ist immense. Aufmerksames Schmecken und längeres Kauen verändert den Geschmack nachhaltig hin zu immer komplexeren Aromen. Geschmack ist eine erweiterbare Fähigkeit und man lernt, besser zu schmecken.

Bei Essstörungen oder zur Behandlung von Übergewicht wird dieser Umstand genutzt um beispielsweise den Konsum von Zucker zu reduzieren. Sogar bis dato unbeliebte Speisen mit einem charakteristischen Geschmack wie Brokkoli oder Spinat können durch Adaptation gut vertragen werden. Durch konsequentes Training in kleinen Schritten über etwa drei Wochen hinweg ändern sich Vorlieben von selbst und nachhaltig. Eine gesündere Lebensweise ohne den subjektiven Verzicht auf Geschmack ist dadurch möglich. in der Regel erfreuen wir uns an immer komplexeren Aromen und einem entsprechend. Mit dem wachsenden Repertoire kann die Ernährungsweise gesünder und vielfältiger werden.

Der Geschmack von bestimmten Gerichten und Lebensmitteln ist oft mit intensiven Erinnerungen verbunden. Im Gedächtnis werden charakteristische Geschmacksmuster abgespeichert, die neben dem Geruch auch die Textur, Gefühl, Klang und Aussehen der Speisen umfassen. Das ermöglicht eine große Zahl komplexer Geschmackmuster.

## 4.6 Weitere Sinne

Über die tatsächliche Anzahl der Sinne ist sich die Wissenschaft aus heutiger Sicht uneinig. Neben den fünf klassischen Sinnen, die schon Aristoteles in der Antike beschrieben hat, sollen noch weitere existieren. Das Fünf-Sinne-Modell hat zwar in vielen Kulturen abseits der westeuropäisch-angloamerikanische kulturellen Traditionen und philosophisches Denken wenig Relevanz. Jedoch ist auch das eher esoterisch anmutende 12-Sinne-Modell des Anthroposophen Rudolf Steiner in der Wissenschaft umstritten und nicht anerkannt (Steiner 1981). Einigkeit herrscht aber zumindest über diese weiteren drei Sinne: Der Gleichgewichtssinn, der Temperatursinn und die Tiefensensibilität (Proske & Gandevia 2009).

Der Gleichgewichtssinn, auch »vestibuläre Wahrnehmung« genannt, sorgt für Orientierung im Raum und vermittelt ein Empfinden für oben und unten sowie für Rhythmus oder Drehbewegungen. Erst im 19. Jahrhundert wurde das dazugehörige Gleichgewichtsorgan im Innenohr erstmals beschrieben.

Der Temperatursinn, auch »Thermorezeption« genannt, wird über Thermorezeptoren in der Haut vermittelt und ist ebenfalls erst seit dem 19. Jahrhundert bekannt. Er sorgt dafür, dass die Körpertemperatur konstant bleibt und schützt vor Überhitzung oder Unterkühlung und damit vor Verbrennungen oder Erfrierungen.

Die Tiefensensibilität, auch unter den Begriffen »propriozeptive Wahrnehmung« oder »Körpersinn« bekannt, bezieht sich auf die Fähigkeit, spezifische Reize aus dem Inneren des Körpers wahrzunehmen. Diese Reize werden über die Rezeptoren auf Muskeln, Sehnen, Bändern und Gelenken unbewusst gesammelt und verarbeitet werden. Über Anspannung der Muskeln und Bewegungen im Raum gibt dieser Sinn Auskunft über die Lage des Körpers und der Gliedmaßen im Raum. Die Tiefensensibilität mit im Körperinneren des Körpers liegenden Propriozeptoren wird der Oberflächensensibilität, also der exterozeptiven Wahrnehmung oder Tastsinn, gegenübergestellt. Bei letzterem werden die Reize über in der Haut liegende Mechano-, Thermo- und Schmerzrezeptoren unterteilt, mit deren Hilfe Druck, Berührung und Vibrationen sowie Temperatur und Schmerz empfunden werden können.

Die Tiefensensibilität dient der Wahrnehmung der Stellung der Körperglieder zueinander und damit der Körperhaltung. Anstatt eines einzelnen Organs ist eine Vielzahl von Rezeptoren in Gelenken, Muskeln und Sehnen für die Reizaufnahme zuständig, die meistens unter dem Begriff Muskelsinn zusammengefasst werden.

Obwohl diese Sinne überlebenswichtig sind, werden sie im klassischen 5-Sinne-Kanon der Waldtherapie nicht direkt angesprochen, wohl aber ständig mittrainiert. Besonders durch moderate körperliche Bewegung, Entspannung und klimatische Reize profitieren auch Gleichgewichtssinn, Temperatursinn und Tiefensensibilität.

# 5 Waldtherapie in der Wissenschaft

Die Waldtherapie ist eine evidenzbasierte Public Health-Praxis, bei der im Zuge von geführten Waldwanderungen eine gezielte Mischung aus sich ergänzenden physischen und mentalen Übungen in geeigneter Waldumgebung eingesetzt werden. Die angeleitete Waldtherapie reduziert Herzschlag, Blutdruck und Stress bei gleichzeitiger Stärkung des Immunsystems, der Atmung und der allgemeinen körperlichen und geistigen Fitness und stärkt die Beweglichkeit und die Resilienz. Zu dieser Definition der Waldtherapie kamen 2017 mehr als 120 Expert:innen aus 20 Ländern (Kotte, Li et al. 2019).

Die Waldtherapie hat ihre Wurzeln in Japan und anderen asiatischen Ländern und die Mehrzahl der einschlägigen Publikationen stammt aus Asien. Seit der Entstehung des japanischen Reiches gibt es mehrere Religionen, die sich gegenseitig beeinflussen und auch vermischen. Die gegenwärtig dominierenden Religionen sind der Shintoismus und der Zen-Buddhismus. Viele Japaner:innen zeigen eine ausgeprägte religiöse Offenheit und fühlen sich gleichermaßen beiden Glaubensrichtungen verbunden. Daneben findet man auch Varianten des chinesischen Daoismus und Konfuzianismus, aber so gut wie keinen nennenswerten Einfluss des Christentums, der vorherrschenden europäischen Konfession. Im Zentrum der buddhistischen Praxis stehen Meditation und Achtsamkeitspraxis, wie Atembeobachtung, Mantrarezitationen, Gehmeditation und Visualisierungen. Die Ziele der Meditation sind vor allem die Sammlung und Beruhigung des Geistes, das Trainieren der bewussten, nach innen gerichteten Wahrnehmung und die Schulung der Achtsamkeit. Achtsamkeit erfordert, mit dem Geist ganz im Jetzt zu sein und alles Gegenwärtige bewusst und nicht wertend wahrzunehmen.

Der Shintoismus ist eine für Japan typische animistische spirituelle Strömung. Es vereint Hingabe an die Naturgeister, an die Vorfahren und die Gottheiten des Himmels und der Erde. Die gängige methodische Vorgangsweise basiert auf Meditations- und Achtsamkeitsübungen des japanischen Zen-Buddhismus sowie auf dem Kontakt mit der Natur des Shintoismus. Die individuellen Voraussetzungen für die Waldtherapie sind daher kulturell und je nach Herkunft grundlegend anders und schwer zu verallgemeinern.

Die Waldtherapie ist in Japan (dort als Shinrin-yoku bezeichnet) und Südkorea (Sanlimyok) als wirksame öffentliche Gesundheitspraxis bekannt (Kotte, Li et al. 2019). Beide Regierungen haben sich aktiv für die Förderung der Waldtherapie in allen Altersgruppen eingesetzt, um die Gesundheit zu erhalten und das Krankheitsrisiko zu verringern, bei gleichzeitiger Entlastung des Gesundheitssystems.

Die erwartbaren beträchtlichen Einsparungen in der Gesundheitsversorgung sind nicht verwunderlich, da im Allgemeinen jede breiter angelegte Vorsorgemaßnahme wie Aufklärungskampagnen, Impfungen und Rauchverbote die Gesundheit der Bevölkerung mit einer gewissen zeitlichen Verzögerung verbessert (Owen, Pennington et al. 2017). Jeder hier eingesetzte Euro kann laut Schätzungen bis zu vier Euro sparen. Gesundheitsförderung trägt nicht nur dazu bei, die Beschwerden des einzelnen Erkrankten zu lindern, sondern die körperliche und psychische Gesundheit der Bevölkerung oder bestimmter Bevölkerungsgruppen insgesamt bestmöglich zu stärken. Auch systemische Überlegungen, die die medizinische Versorgung im Krankheitsfall, das Gesundheitsverhalten und den Einfluss der Lebensumstände betreffen, sind hier wichtige Stellschrauben. Oft fällt gerade in einem städtischen Umfeld das Fehlen der Natur auf: wenig Grün, wenig Bewegungsraum, viel Beton, viel Verkehr. Darüber hinaus kann die Natur auf indirektem Wege die Gesundheit fördern. Durch sie wird Luft-, Lärm, und Lichtverschmutzung reduziert und das Maß an körperlicher Bewegung und sozialer Interaktion erhöht. Im städtischen Bereich sind viel Verkehr, Bauarbeiten und Fabriken die wichtigsten Quellen für Luft-, Lärm- und Lichtverschmutzung. Die Exposition gegenüber Lärm kann zu erhöhter Herzfrequenz, erhöhtem Blutdruck, Entzündungen und erhöhtem Stresshormonspiegel führen und verstärkt das Risiko von Herz-Kreislauf-, Atemwegs-, Stoffwechsel-, affektiven und kognitiven Problemen. Nachts kann Lärm Schlafprobleme verursachen, da er den zirkadianen Rhythmus beeinträchtigen.

Wie eine nur auf Japanisch publizierten Forschungsarbeit aus dem Jahr 1996 berichtet, führten Yoshifumi Miyazaki und Yutaka Motohashi eine Studie zu Waldumgebung und physiologischen Reaktionen auf der japanischen Insel Yakushima durch, an der fünf Probanden teilnahmen. Dies stellt wahrscheinlich die erste Untersuchung der physiologischen Wirkung von »Shinrin-yoku« dar. In dieser Studie betraten die Probanden den Wald von Yakusugi, der für seine alten Zedern berühmt ist, und gingen dort morgens und nachmittags jeweils 40 Minuten lang spazieren. Sie bewegten sich auch 40 Minuten lang in einem Labor, in dem Temperatur und Luftfeuchtigkeit auf die gleichen Werte wie im Wald eingestellt wurden. Der Wald wurde als natürlich und erholsam empfunden. Werte für Anspannung, Depression, Wut, Müdigkeit und Verwirrung wurden gesenkt; außerdem wurde die Vitalität erhöht. Die Kortisolkonzentration im Speichel, von der bekannt ist, dass sie als Reaktion auf Stress ansteigt, war im Wald niedriger als im Labor. Damit wurde erstmals die stressreduzierende Wirkung eines Waldaufenthalts offenbart (Tsunetsugu, Park et al. 2009).

In den letzten Jahrzehnten waren vor allem kardiovaskuläre Parameter wie Blutdruck, Herzfrequenz und Herzfrequenzvariabilität Gegenstand kontinuierlicher Forschungsanstrengungen im Vergleich zu anderen physiologischen Parametern. Eine Ausnahme bildet Kortisol, das in vielen neueren Studien gemessen wurde. In der Forschung zu Wald und Gesundheit der letzten zwanzig Jahre ist ein starker Fokus auf Stressindikatoren offensichtlich (Haluza, Schönbauer et al. 2014).

In Japan konzentrierte sich ein Großteil der Vorteile der Waldexposition auf die Auswirkungen des Waldes auf das Wohlbefinden und insbesondere auf das Nervensystem, basierend auf die psychologischen Theorien der Stressreduktion (Kaplan & Kaplan 1989, Antonelli, Donelli et al. 2021). Die Ansprüche an einen Freizeit- und Erholungswald sind weltweit sehr ähnlich (Bundschuh 2009, Frick, Bauer et al. 2018, Cervinka, Schwab et al. 2020, Harper, Fernee et al. 2021). Waldinfrastruktur und Waldmöblierung wird in einschlägigen Studien von der Mehrheit der Befragten befürwortet. Besonders beliebt sind Waldwege, Sitzbänke, Schutzhütten, Feuerstellen, Parkplätze, Spielplätze und Naturlehrpfade. Laubbäume werden Nadelbäumen leicht vorgezogen, während Wildnis nur mäßig gutgeheißen wird. Mischwälder aber stellen für eine große Mehrheit den idealen Waldtyp dar und werden gegenüber Monokulturwäldern deutlich bevorzugt. Erholungssuchende schätzen helle, lichte Wälder mit Gewässern, wohingegen dunkle und dichte Waldteile für viele unattraktiv sind.

Zwischenmenschliche Konflikte entstehen durch die Mehrfachnutzung von Wäldern, vor allem durch sportliche Aktivitäten, wobei diese vor allem zwischen Hundebesitzer:innen und Hundephobiker:innen, Wanderer:innen und Montainbiker:innen und ähnlichen Konstellationen vorprogrammiert sind. Auch die Bedürfnisse der Tierwelt nach Ruhe und Ungestörtheit, besonders während der Brutsaison, haben hohe Priorität. Mit der sich derzeit abzeichnenden steigenden Beliebtheit von Wäldern für Freizeitaktivitäten bei Jung und Alt bleibt es eine gesellschaftliche Herausforderung, den zunehmenden Freizeitdruck auf den Wald und insbesondere die vielfältigen Ansprüche zu bewältigen, die zu Spannungen zwischen verschiedenen Interessensgruppen führen. Der Wald sollte ein Image als Begegnungszone mit gegenseitiger Rücksichtnahme erhalten, wo ein friedvolles Nebeneinander und ein respektvoller Umgang miteinander großgeschrieben werden.

Waldtherapie ist in den letzten Jahren von einem »Gefühl« einer wirksamen Intervention zu einer ernstzunehmenden internationalen Beachtung findenden Wissenschaft geworden. Zusammenfassend lässt sich sagen, dass die gesundheitlichen Vorteile der Waldtherapie auf eine Kombination aus entspannenden Aktivitäten, leichten Übungen und der natürlichen therapeutischen Atmosphäre der Wälder zurückzuführen sind. Eine typische Waldtherapieeinheit dauert ca. zwei Stunden mit einer durchschnittlichen Gehgeschwindigkeit von etwa 2,5 km/h. Die Gehstrecke kann eine leichte Steigung haben. Die Stimulation der fünf Sinne steht im Vordergrund, nämlich visuell (z. B. das Betrachten der Landschaft), auditiv (z. B. das Geräusch von fließenden Bächen oder Vogelgezwitscher), olfaktorisch (z. B. der Geruch von Holz), taktil (z. B. das Ertasten der Oberflächen von Blättern und Bäumen) und gustatorisch (z. B. der Geschmack von Quellwasser oder Walfrüchten). Andere Übungen zur Schulung der Achtsamkeit, der Kreativität, der Körperwahrnehmung und ähnliches werden beliebig kombiniert.

Die Waldtherapie hat das Potenzial, eine kostengünstige Form der Präventivmedizin für alle Fitnessstufen, Altersgruppen und Geschlechter zu sein. Um jedoch den Nutzen zu maximieren, sollte die Waldtherapie regelmäßig durchgeführt werden und mit einem gesundheitsbewussten, achtsamen Lebensstil über den gesamten Lebensweg hinweg kombiniert werden. Das frühe Erkennen einer Erkrankung ist gut, das Vermeiden einer Erkrankung noch viel besser. In den letzten drei Jahrzehnten hat die internationale Forschung, wie schon erwähnt, die vielen gesundheitlichen Vorteile, die Waldtherapie mit sich bringt, gezeigt und bestätigt. Diese Vorteile können in zwei Gruppen eingeteilt werden: direkte und indirekte Effekte. Die wichtigsten direkten physiologischen und psychischen Vorteile von Waldtherapie sind: verminderter Blutdruck (systolisch und diastolisch), gesenkter Puls, reduzierter Stresshormonspiegel, reduzierte Angstgefühle, positive Stimmung, verbesseres Energieniveau und bessere Konzentrationsfähigkeit und Anstieg der Aktivität von Immunzellen.

Die wichtigsten indirekten oder langfristigen gesundheitlichen Wirkungen sind gesteigerte allgemeine Fitness, verbessertes Immunsystem und daher reduzierte Infektanfälligkeit, Gewichtsverlust, Muskelaufbau, reduziertes Risiko für Fettleibigkeit, reduziertes Risiko für Herzkreislauf- und Lungenerkrankungen und Depressionen, bessere Stressresistenz, besserer Schlaf, weniger Stimmungsschwankungen, verbesserte Konzentrationsfähigkeit, mehr Selbstvertrauen und eine stabilere Persönlichkeit. Das Ausmaß des gemessenen gesundheitlichen Gesamtnutzens variiert von Person zu Person. Individuelle Faktoren wie Gesamtkonstitution, Gesundheitszustand, Alter, Geschlecht, hormonelle und genetische Veranlagung, Vorerkrankungen, Lebensweise beeinflussen auch den kurz-, mittel- und langfristigen Effekt der Waldtherapie, wie auch jeder anderen therapeutischen oder medizinischen Intervention (Kotte, Li et al. 2019).

Die gesundheitsfördernde Wirkung des Waldes kann zum einen unspezifisch, also nicht auf ein konkretes Krankheitsbild wirken, und zum anderen spezifisch für funktionelle Störungen genutzt werden. Die unspezifische Gesundheitswirkung wird in Präventions- und Erholungsangeboten, wie einem Waldspaziergang, genutzt und wirkt durch die durch die körperliche Aktivität und den Kontakt mit der natürlichen Umwelt. Hierbei werden häufig die Stressreduktionstherapie von Ulrich und Kolleg:innen und die Aufmerksamkeitswiederherstellungstheorie von Rachel und Stephen Kaplan als wissenschaftliches Erklärungsmodell zitiert (Kaplan & Kaplan 1989, Ulrich, Simons et al. 1991). In der Waldtherapie werden durch die Therapeut:innen zusätzlich zu diesem unspezifischen Gesundheitseffekten noch weitere spezifische Wirkungen erzielt, indem auf die bestimmten, oft multikausalen Krankheitsbilder und die individuellen Klient:innen abgestimmte Maßnahmen durchgeführt werden. So kann der Fokus der Behandlung z. B. auf Funktionsstörungen des Herz-Kreislauf-Systems, des Bewegungsapparat oder auf die Psyche gelegt werden. Dies erfordert domänenspezifisches, aber auch interdisziplinäres Expert:innenwissen, das sich Therapeut:innen und medizinische Fachkräfte in mehrjährigen Ausbildungen und Studiengängen angeeignet haben und in waldtherapeutischen Weiterbildungen auf den Therapieraum Waldes anwenden lernen. Erst die zielgerichtete Auswahl und Anleitung therapeutischer Maßnahmen für die Behandlung konkreter medizinischer Befunde macht aus einem entspannenden Waldspaziergang eine echte waldtherapeutische Intervention.

## 5.1 Wirksamkeit der Waldtherapie

Eine valide Messgröße für die zunehmende Anerkennung der Waldtherapie in der Wissenschaftsgemeinschaft ist die stark steigende Anzahl an Publikationen, ermöglicht durch Drittmittelfinanzierungen und akademische Netzwerke, aus allen Teilen der Welt, wobei der asiatische Raum mit Japan und Korea hier derzeit Spitzenreiter ist. Aber auch waldreiche europäische Länder wie Finnland und Schweden sind traditionell an der Wirkung ihrer Naturräume interessiert. In den letzten Jahren haben sich vor allem auch die deutschsprachigen Länder mit der Gesundheitswirkung ihrer Stadtwälder und Nationalparks wissenschaftlich auseinandergesetzt. Die Tourismusindustrie wiederum ist sehr daran interessiert, in strukturschwächeren, aber bewaldeten Regionen neue Vermarktungskonzepte zu finden. Die potentiellen Anwendungsfelder einer Therapie im und mit dem Wald für eine nachhaltige Gesundheitsverbesserung, Linderung von vorhandenen Beschwerden und einer Resilienzsteigerung von Klient:innen sind vielfältig (Takayama, Morikawa et al. 2019).

Ein Blick auf die Forschungslandschaft zu den gesundheitlichen Vorteilen von Waldtherapie zeigt, dass es im Vergleich zum asiatischen Raum kaum eine traditionelle Verortung und auch weniger wissenschaftliche Evidenz über die Anwendung in der westlichen Bevölkerung gibt (Haluza, Schönbauer et al. 2014). Traditionell liegt in den ostasiatischen Ländern der Fokus auf Gesundheitsförderung, während in der westlichen Hemisphäre Krankheitsbehandlung einen viel größeren Stellenwert in der Gesellschaft, der Politik und auch der Medizin hat. Das zunehmende Interesse und die aktuell veröffentlichten bedeutenden Forschungsergebnisse rund um die Vorteile der Waldtherapie bereichern den Gesundheitsbereich um eine Intervention, die die Präventivmedizin und die evidenzbasierte Therapie unterstützt.

Als Waldtherapie werden gezielte Anwendungen in der Gesundheitsförderung, der Krankheitsprävention, der Therapie und der Rehabilitation bezeichnet, alleine (falls es keine Kontraindikationen gibt) oder als sinnvolle Ergänzung zu schulmedizinischen und medikamentösen Therapieformen. Durchgeführt wird die Waldtherapie von entsprechend ausgebildeten therapeutischen Fachkräften. Sie leiten die Klient:innen zu körperlicher Aktivitäten und multisensorischen Erlebnissen an, um die positiven Wirkungen des Waldes bestmöglich zu nutzen.

Die positiven Effekte des Waldes auf die Gesundheit werden sowohl passiv, beispielsweise durch die unbewusste Aufnahme der Sinneseindrücke bei der Bewegung in der Natur, als auch aktiv, also durch das bewusste Beschäftigen mit den unzähligen Sinneseindrücken durch gezielte waldtherapeutische Übungen, erzeugt. Die Waldtherapie kann eine breite Palette an psychologische Wirkungen erzielen: Depressionen, Angstzustände, Wut, Stress und damit möglicherweise auch Sucht werden gelindert, Entspannung, Dankbarkeit und Selbstlosigkeit gefördert. Tatsächlich gibt es auch Hinweise darauf, dass die Waldtherapie einen nachhaltigen Einfluss auf das Wohlbefinden haben kann, beispielsweise indem es die Naturverbundenheit einer Person beeinflusst. Das in der Erforschung der Wirkung von Natur auf den Menschen wichtige Konzept der Naturverbundenheit bezieht sich auf die emotionale Verbundenheit zur Natur, das Naturerleben und der persönlich empfundenen Verantwortung zum Naturschutz. Die Ausprägung der Naturverbundenheit erfordert persönliche Erfahrungen in der Natur, am besten von Kindesbeinen auf. Eine hohe Naturverbundenheit wird mit erhöhter Lebenszufriedenheit, Wohlbefinden und Vitalität in Verbindung gebracht (Cervinka, Schwab et al. 2020).

## 5.2 Wissenschaftsethik

Klinische und therapeutische Studien sind eine wesentliche Grundlage für den biomedizinischen Fortschritt und die Voraussetzung für evidenzbasierte Therapieformen wie die Waldtherapie. Alle Studien mit menschlichen Proband:innen müssen hohen fachlichen und ethischen Ansprüchen gerecht werden. Um den geltenden Gesetzen, Richtlinien und Normen für Datenqualität und Proband:innensicherheit zu genügen, bedarf es für die Planungsphase eines interdisziplinär erfahrenen Kompetenzteams aus Fachexpert:innen und Statistiker:innen. Um in jeder Phase einer Studie alle Aspekte richtig berücksichtigt zu wissen, bedarf es darüber hinaus professioneller Forschungsstrukturen mit hoch qualifizierten Mitarbeiter:innen der thematisch relevanten Fachdisziplinen.

Nur so lässt sich gewährleisten, dass für die spätere praktische Durchführung der Studie alle relevanten Aspekte und möglichen Fallstricke bereits im Vorfeld diskutiert und berücksichtigt werden. Idealerweise wird eine Studie prospektiv, kontrolliert, randomisiert und doppelblind durchgeführt, da randomisierte kontrollierte Studien nach den Metaanalysen den höchsten Evidenzgrad erreichen. Dieses Studiendesign ist daher anderen Studiendesigns vorzuziehen, deren Verwendung schon während der Planungsphase gut und nachvollziehbar begründet werden sollte. Der Verzicht auf eine hohe methodische Qualitätsanforderung reduziert die Aussagekraft und Interpretierbarkeit der Daten. Es ist also abzusehen, dass die Anforderungen an Studien weiter steigen werden.

Studien zu Waldtherapie werden je nach Fragestellung in der Regel mit gesunden Proband:innen oder an Patient:innen mit klar definierten Grunderkrankungen auf freiwilliger Basis durchgeführt. Deren Persönlichkeitsrechte und Sicherheit müssen zu jeder Zeit durch hohe ethische, rechtliche, methodische und wissenschaftliche Anforderungen bei der Planung, Durchführung und Auswertung gewahrt werden, wie sie beispielsweise durch Richtlinie wie die Deklaration von Helsinki festgelegt sind.

Die Planung und die Durchführung von Studien im Freien, oft als Feldstudien bezeichnet, erfordern die Beachtung einiger Besonderheiten. Am Beginn der Erforschung der Waldtherapiewirkung waren Methoden zur Durchführung physiologischer Messungen im Feld nicht etabliert, was einer der Gründe für die Dominanz von Laborstudien war. Der schnelle Fortschritt der Technologie hat es den Forschenden jedoch ermöglicht, bestimmte physiologische Messungen auch im Freien vorzunehmen. Ein weiteres Problem im Zusammenhang mit Feldstudien ist die Reproduzierbarkeit. Experimentelle Bedingungen wie Wetter, Temperatur u. a. sind unter Feldbedingungen nicht kontrollierbar. Folglich sind im Vorfeld große Probenumfänge erforderlich, um das »Hintergrundrauschen« zu erfassen und das tatsächliche Signal messen zu können.

Wissenschaftliche Artikel sind das wichtigste Kommunikationsmittel zwischen Kolleg:innen, aber auch mit der Öffentlichkeit und Entscheidungsträger:innen aus der Politik. Autor:innen, Herausgeber:innen von Zeitschriften und Gutachter:innen müssen sich um die Qualität der zur Veröffentlichung eingereichten Arbeit sorgen und sicherstellen, dass nur Studien veröffentlicht werden, die auf transparente

Weise, ehrlich und ohne jede Abweichung von der Wahrheit entworfen, durchgeführt und berichtet wurden. Wissenschaftliche Veröffentlichungen sind bei aller Sorgfalt nicht frei von Verzerrungseffekten. Eine Verzerrung (englisch: Bias) bezeichnet einen systematischen Fehler, der u. a. aus der Auswahl einer Stichprobe, aus der Fragestellung oder aus den Daten selbst resultieren kann, so dass die Ergebnisse nicht repräsentativ, verzerrt, einseitig oder sogar irreführend sind. Dies sollte nach den ethischen Standards in der Forschung soweit technisch und methodisch möglich vermieden werden.

Die Kenntnis und Vermeidung der unterschiedlichen Arten von Bias ist wichtig für allen Forschungsthemen, die von anekdotischem Halbwissen zu empirischer Evidenz kommen wollen. Waldtherapeutische Interventionen sind ein gutes Bespiel dafür. Darum werden von vielen Autor:innen und auch Anwender:innen aussagekräftige, randomisierte kontrollierte Studien (englisch: randomized controlled trials, RCT) eingefordert. RCTs sind nicht nur aufwendig und kostspielig, sondern setzen auch ein großes Vorwissen voraus für die sinnvolle Planung und Abschätzung von Effektstärken einer Intervention.

Dies trifft auch auf die medizinisch-empirische Waldtherapieforschung zu, die sich erst in den letzten Jahrzehnten etabliert hat. Da diese Studien im Wald stattfinden und meist gesunde, junge Proband:innen untersucht werden, sind die im klinischen Bereich eingeforderten strikten Protokolle sehr oft nicht umsetzbar. Die im klinischen Kontext übliche Wortwahl klingt im Waldkontext befremdlich und ist teilweise auch sinnbefreit, z.B. wenn es um Krankenhausaufnahmen, Erkrankung, Medikation, Ausschlusskriterien und Risiken der Teilnahme an der Studie geht. Aufgrund der relativ kurzen Versuchszeit ist der Anteil der aus der Studie aussteigenden Teilnehmer:innen gering.

Bei Waldtherapiestudien ist die Verwendung einer Blindmethode kompliziert, da die sensorische Wahrnehmung der Umgebung ein wesentlicher Teil der Intervention ist. Die grundsätzlichen Überlegungen sind jedoch denen für andere therapeutische Studien sehr ähnlich. Im Folgenden sollen einige der wichtigsten davon kursorisch skizziert werden.

Eine typische Studie könnte die Erforschung von Wohlbefinden im Wald (Studienort 1) im Vergleich zu einer städtischen Umgebung (Studienort 2) sein. Die freiwillig teilnehmenden Personen werden zufällig einem dieser Studienorte zugeteilt, wo sie einen Fragebogen zu ihrem derzeitigen Stresserleben und Gesundheitszustand ausfüllen und ihre Vitalparameter (Blutdruck, Puls) gemessen werden. Nach einer Auswaschphase von einem Tag wechseln die Proband:innen den Studienort, also wenn sie zuerst am Studienort 1 waren, sind sie jetzt beim Studienort 2 und umgekehrt. Die psychologischen und physiologischen Messungen werden auch hier wiederholt. Dies ist ein sogenanntes Crossover-Studiendesign (Überkreuzstudie).

**Crossover-Studiendesign**

Wenn die Studienbedingungen eingeschränkt sind und ein RCT nicht möglich ist, haben sich Crossover-Studien bewährt. Dieses Studiendesign lässt einen direkten

Vergleich von zwei Therapiemethoden zu und ist ein wichtiges Werkzeug der evidenzbasierten Therapie. Jede teilnehmende Person durchläuft sowohl die Kontrollsituation als auch die Testbedingung zeitlich versetzt in zwei Studienphasen. Die erste Bedingung wird ausgelost, also randomisiert, um das Verzerrungsrisiko möglichst zu verringern. Der Kontakt mit Natur, auch nur für kurze Zeit, kann auch länger positiv nachwirken. Daher sollte zwischen den beiden Phasen genügend Zeit verstreichen können. Diese sogenannte Auswaschphase ist nötig, um einen Wirkungsübertragung zu vermeiden.

Die Wirksamkeit der Intervention kann statistisch sowohl innerhalb einer Gruppe (Intragruppenvergleich) als auch zwischen den beiden Gruppen (Intergruppenvergleich) miteinander verglichen werden. Der Vorteil ist, dass eine geringere Anzahl von Studienteilnehmer:innen nötig ist, da diese alle beiden Situationen erleben. Mit dieser Methode können auch schon kleinere Therapieeffekte statistisch nachgewiesen werden.

Alle Studienteilnehmenden haben dadurch die Möglichkeit, auch bei der Intervention im Wald, falls in der Studie vorgesehen, teilnehmen zu können. Das ist insofern wichtig, da sich viele gesunde Personen zu Waldtherapiestudien nur freiwillig melden, da sie diese einmal selbst erfahren möchten. Die Teilnahme sieht oft keine Vergütung vor; würden sie nur in der städtischen Kontrollgruppe eingeteilt werden, wäre ihre Studienerfahrung eventuell enttäuschend und ihre Motivation könnte sinken, was wiederum die Studienergebnisse verfälschen könnte.

### Randomisierung

Die nach dem Zufall (randomisiert) vorgenommene Zuteilung der Versuchspersonen zu Studienort 1 oder 2 verteilt die bekannten und auch unbekannten personengebundenen Störgrößen fair und gleichmäßig auf die experimentellen Untersuchungsbedingungen. Es gibt viele Möglichkeiten für die objektive Zufallssequenzgenerierung wie Zufallszahlentabellen, Computersoftware für die Generierung von Zufallszahlen, das Werfen einer Münze, das Würfeln, das Mischen von Karten oder das Ziehen von Umschlägen mit Nummern. Die vorhersehbare Zuteilung durch ungerade und gerade Proband:innennummern, Geburtsdatum, subjektive Zuordnung usw. sollte vermieden werden.

### Verblindung

Die Sinneseindrücke im Wald sind nicht »verblindbar«, wie es etwa bei einer pharmakologischen Studie üblich ist. Damit ist gemeint, dass die Waldumgebung immer vorhanden ist und daher psychologische und physiologische Einzeleffekte nur durch studiendesignbasierte Tricks wie Kontrollgruppenexposition in einer städtischen Umgebung, in einem Park oder in einem Innenraum, aber auch virtuell in 3D oder als Foto oder Video in 2D erforscht werden können. Eine Verblindung findet in klinischen Studien zu Medikamentenwirkung dann statt, wenn die Studienteilnehmer:innen nicht wissen, ob sie die wirksame Studienmedikation oder ein Placebo, also ein Scheinmedikament bekommen. Der Zweck dieser Verschleierung ist eine Vorbeugung von Verzerrungseffekten zu Gunsten oder Ungunsten der Wirkung. Sind neben den Studienteilnehmer:innen auch das Studienpersonal in Unkenntnis gesetzt, spricht man von einer Doppelverblindung oder Doppelblindstudie. Obwohl die Verblindung bei Feldstudien, die die Umgebung miteinbeziehen, problematisch ist, sollten einige Aspekte bedacht werden. Generell neigen die Teilnehmenden subjektiv eher zur Teilnahme an der Waldtherapiegruppe als an der Kontrollgruppe und die Versuchsleiter:innen könnten eine der Gruppen unbewusst bevorzugt behandeln.

**Proband:inneninformation**

Die schriftliche und/oder auch mündliche Proband:inneninformation dient primär dem Zweck der Aufklärung. Diese Aufklärung sollte, wenn aus ethischen Gründen vertretbar, keine exakte Auskunft über den Studienzweck geben. Damit kann die in der Psychologie als Priming oder Bahnung bezeichnete Beeinflussung der kognitiven Verarbeitung einer Information reduziert werden. Eine Auflistung zu vieler Informationen über die gesundheitliche Wirksamkeit des Waldaufenthalts kann den Versuchspersonen Hinweise geben, die das Risiko einer Voreingenommenheit erhöhen.

Unerwünschte Ereignisse wie Zeckenstiche, Schlangenbisse, Pollenallergien, Stürze und Prellungen sind im Rahmen der Waldtherapie theoretisch möglich, aber in der Literatur selten erwähnt. Eine Aufklärung über die geplanten Interventionsmaßnahmen wie Gehen, Basteln oder Meditieren und die Messmethoden wie Fragebogenerhebung und Blutdruckmessung genauso wie über eventuelle Risiken ist aber im Vorfeld der Studie nötig. Die Notwendigkeit der Einhaltung von Beschränkungen oder Verboten bei der Verwendung von elektronischen Geräten (Smartphones), Kommunikation, Koffeinaufnahme, Rauchen und Trinken sollte erläutert werden.

## 5.3 Forschung im Wald

Jede Art von Forschung, die zur Klärung wissenschaftlicher Fragestellungen dienen soll, bedarf einer gründlichen Planung, Durchführung und Interpretation, das trifft auch auf Forschung im Wald zu. Die zugrundeliegende Forschungsfrage sollte so formuliert sein, dass sie durch eine geeignete Forschungsmethode, wie ein Experiment oder eine Befragung, zu beantworten ist. Die aufgestellten Hypothesen können gegebenenfalls mit den geeigneten statistischen Tests angenommen oder verworfen werden.

Für die Datenerhebung können Forschende auf eine breite Auswahl an etablierten Messmethoden zurückgreifen, wobei nicht alle sinnvoll und leistbar für eine bestimmte Forschungsfrage sind. Im Großen und Ganzen unterscheidet man aus pragmatischen Gründen psychologische und physiologische Gesundheitseffekte.

- Psychologische Effekte können sowohl im affektiven Bereich (Gefühle, Emotionen, Einstellungen, Motivationen, Wertschätzung) durch affektive Parameter wie Zufriedenheit und Stresserleben wie auch im kognitiven Bereich (Wissen und Entwicklung von geistigen oder intellektuellen Fähigkeiten) durch kognitive Parameter wie Aufmerksamkeitsleistung, Erinnerungsvermögen etc. beschrieben werden.
- Physiologische Parameter umfassen beispielweise die Messung von Herzrate, Blutdruck, Herzratenvariabilität, Kortisolkonzentration im Speichel oder im Blut, Hormonkonzentration im Blut, Anzahl und Aktivität von Immunzellen im Blut, Hautleitfähigkeit, Muskelkraft, Lungenfunktion, Atemfrequenz, Körpertemperatur, Sauerstoffsättigung, Gehirnaktivität, Gehgeschwindigkeit, Fettgewebsanteil u. a.

Wissenschaftliche Studien können zum Beispiel Experimente und vergleichende Untersuchungen sein, Beobachtungsstudien, Umfragen oder auch Interviews. Jeder Studientyp hat seine Vor- und Nachteile und die Auswahl der Studienart ist nicht zufällig, sondern hängt von der jeweiligen Forschungsfrage, dem zeitlichen Rahmen, ethischen Überlegungen, der Realisierbarkeit und den verfügbaren Ressourcen ab. Wichtig zu klären ist immer: Kann mit dem gewählten Studientyp die Forschungsfrage auch wirklich beantworten werden?

Es gibt im Wesentlichen zwei Arten von Primärstudien, die Beobachtungsstudien, zu denen die Kohorten-, die Fall-Kontroll- und die Querschnittsstudien zählen, und die Interventionsstudien zur Untersuchung von Effekten von Interventionen. Der Goldstandard einer Interventionsstudie ist die randomisierte kontrollierte klinische Studie, aber auch nicht-randomisierte kontrollierte Studien zählen dazu.

Sekundärstudien erheben keine eigenen Daten, sondern nutzen unter Berücksichtigung wissenschaftlicher Richtlinien schon vorhandene Studienergebnisse aus Primärstudien zur Erstellung von Reviews oder Metaanalysen.

Kohortenstudien können vorausschauend (prospektiv) oder rückblickend (retrospektiv) angelegt sein. In einer prospektiven Studie ist das Ereignis, das die Forscher:innen interessiert, zum Beispiel eine bestimmte Krankheit, zum Studienbeginn noch nicht eingetreten. In einer retrospektiven Studie ist das Ereignis zu Beginn der Studie schon eingetreten, und es wird rückblickend nach Risikofaktoren gesucht. Die prospektive Kohortenstudie betrachtet Einflussfaktoren und das Auftreten von Erkrankungen im zeitlichen Verlauf und ist also eine empirische Längsschnittstudie. Sie eignet sich besonders für die gleichzeitige Betrachtung mehrerer Erkrankungen oder der Untersuchung von seltenen Risikofaktoren.

Die Fall-Kontroll-Studie vergleicht rückblickend Erkrankte mit Nichterkrankten hinsichtlich Einflussfaktoren und Symptome und wird zur Darstellung seltener Krankheiten oder für die Erfassung mehrerer Risikofaktoren verwendet. Fall-Kontroll-Studien sind zum Beispiel bei seltenen Erkrankungen eine Möglichkeit, weitere Erkenntnisse zu gewinnen. Sie sind zudem nicht so teuer und zeitaufwendig wie RCTs oder Kohortenstudien.

Bei einer Querschnittstudie wird eine empirische Untersuchung (beispielsweise eine Umfrage) einmalig durchgeführt. Im Unterschied dazu wird eine Längsschnittstudie mehrmals hintereinander durchgeführt. Mit diesem Forschungstyp sind wahrscheinlich die meisten Menschen schon einmal in Berührung gekommen. Die klassische Form der Querschnittstudie ist die Umfrage, mit Papier und Bleistift oder auch elektronisch, als Onlinelink oder mit QR-Code. Damit wird eine repräsentative Auswahl von Menschen – meist eine Zufallsstichprobe – befragt, um bestimmte Meinungen oder Daten zu erheben. Da die Daten nur einmal erhoben werden, sind Querschnittstudien oft schnell, einfach und vergleichsweise günstig machbar. Vor allem mit online Umfragen können sehr viele Personen in allen Teilen der Welt gleichzeitig befragt werden, ohne dass danach die Daten nochmals in ein Datenprogramm übertragen werden müssen. Damit können Erkenntnisse zum Beispiel über die Häufigkeit einer Erkrankung in der Bevölkerung liefern oder das Wissen zu einem Gesundheitsproblem. Querschnittstudien erlauben jedoch keine kausalen Aussagen darüber, was eine Erkrankung verursacht oder wie sie am besten behandelt wird.

Ein experimentelles Design weisen Interventionsstudien auf, mit denen gezielt die Wirkung einer Intervention auf ein Erkrankungsrisiko untersucht werden kann. Verlässliche Aussagen über Ursache und Wirkung sind nur aufgrund von Ergebnissen randomisierter kontrollierter Studien möglich. Mit anderen Studien lassen sich in der Regel lediglich Zusammenhänge (Korrelationen) erkennen. Um den Nutzen einer Behandlung zu untersuchen, sind daher meist nur randomisierte kontrollierte Studien geeignet – und vor allem systematische Übersichtarbeiten (Reviews), die mehrere solche Studien zusammenfassen. Bei allen Studien und systematischen Übersichten muss aber anhand von standardisierten Checklisten geprüft werden, wie sie aufgebaut sind und in welchem Umfang sie mögliche Fehlerquellen ausschließen.

## Quantitative, qualitative und multimethodische Forschungsansätze

Um ein vertieftes Verständnis und eine präzisere Interpretation der Ergebnisse von veröffentlichten Arbeiten zu ermöglichen, empfiehlt es sich, einen genaueren Blick auf die in der empirischen Forschung gebräuchlichen quantitativen, qualitativen und multimethodischen Ansätze zu werfen und ihre Unterschiede zu beleuchten. Quantitative Forschung zielt darauf ab, objektive Theorien zu entwickeln, indem sie quantifizierbare numerische Daten generiert und Zusammenhänge zwischen Ursache und Wirkung erklärt. Bei der quantitativen Forschung geht es also um das Wie oft? oder Wie groß? Der Fokus liegt auf messbaren Daten und numerischer Analyse. Quantitative Studien können zum Beispiel folgende Fragen untersuchen: Wie oft gehen Menschen in den Wald? Wie alt sind sie und welches Geschlecht haben sie?

Qualitative Forschung zielt darauf ab, Verhalten zu verstehen und zu beschreiben, indem Überzeugungen, Motivationen oder Argumente untersucht werden, also das Warum? und Wie? Qualitative Forschung konzentriert sich also auf Lebenserfahrungen und verwendet beschreibende Daten, die aus Interviews, Beobachtungen, Umfragen, Fokusgruppen und andere gesammelt wurden. Die gesammelten Informationen werden mithilfe verschiedener Methoden analysiert und interpretiert. Qualitative Studien können zum Beispiel folgende Fragen untersuchen: Warum gehen Menschen in den Wald? Wie beschreiben sie ihre Gefühle und Empfindungen?

Ein multimethodisches Design zeichnet sich durch die Kombination mindestens einer qualitativen und einer quantitativen Forschungskomponente aus und wird sehr häufig bei Querschnittserhebungen angewendet (Prein, Kelle et al. 1993).

Dabei ist es nötig, dass Forschende hinsichtlich der Beziehung der qualitativen und quantitativen Forschungsergebnisse bestimmte Erwartungen entwickeln und diese explizit machen. Ein multimethodisches Design benötigt daher begründete Annahmen, ob die Ergebnisse der quantitativen und qualitativen Verfahren kongruent, komplementär oder kontradiktorisch sein werden. Auch benötigen die beiden Verfahren unterschiedliche Methoden und Erfahrung bei der Analyse und Interpretation der Daten.

Multimethodische Studien können zum Beispiel folgende Fragen untersuchen: Wie oft gehen Menschen in den Wald und wie beschreiben sie dabei ihre Empfindungen?

Ein Beispiel ist die Studie von Natalie Markwell und Thomas Edward Gladwin (Markwell & Gladwin 2020). Diese Studie testete experimentell die Wirkung von Waldtherapie auf Stress, Affekt und Wohlbefinden und versuchte, weitere Einblicke in die Erfahrung der Teilnahme an Waldtherapie zu gewinnen. Die Autor:innen stellten die Hypothese auf, dass das Verbringen von Zeit in der realen Natur besser Stress abbaut als bei einer digitalen Waldtherapie.

Zur Durchführung der Studie wurde ein experimentelles Design mit gemischten Methoden verwendet, wobei die qualitativen Methoden die Erfahrungen der Teilnehmenden untersuchten und die quantitativen Methoden die Unterschiede zwischen der realen Waldtherapiegruppe und der digitalen Waldtherapiegruppe analysierten. In quantitativer Hinsicht wurden Skalen in einem Fragebogen verwendet, um vier Aspekte der psychischen Gesundheit zu messen: Stress, positiver Affekt, negativer Affekt und Wohlbefinden. Zusätzlich nahmen die Teilnehmenden für den qualitativen Teil der Studie an Interviews teil und beantworteten offene Fragen, deren Antworten im Anschluss mithilfe einer thematischen Analyse ausgewertet wurden. Dies diente dazu, ein tieferes Verständnis für die Erfahrungen der Teilnehmenden in beiden Formaten der Waldtherapie zu gewinnen, was wiederum Hinweise auf die zugrundeliegenden Mechanismen liefern konnte.

Zusammengenommen waren die aus den Fragebögen und Interviews gewonnenen Daten komplementär. Durch die Analyse der Interviews konnte festgestellt werden, dass beide Bedingungen zunächst positive Emotionen wie Gefühle von Frieden und Ruhe sowie Freude berichten, was eine Erklärung für den fehlenden Unterschied sein könnte. Messungen bei der Nachuntersuchung nach einem Monat zeigten jedoch, dass die reale Bedingung das Wohlbefinden und die positive Wirkung deutlich stärker verbesserte als die digitale Bedingung. Auch hier halfen die qualitativen Daten, diesen Unterschied zu verstehen. Im Gegensatz zur realen Bedingung verloren die Teilnehmenden bei der digitalen Version bald das Interesse und drückten negative Emotionen aus, z. B. wie entnervend die Studie war. Ein signifikanter Unterschied zwischen den beiden Zuständen, der eine Erklärung für das bessere Abschneiden der realen Situation liefern könnte, besteht darin, dass hier für die Teilnehmenden das multisensorische Erleben im Vordergrund stand. Die Nutzung der Sinne kann, so die Autor:innen, daher ein wichtiger zugrunde liegender Mechanismus dafür sein, warum tatsächliches Walderleben im Gegensatz zur digitalen Version zur Verbesserung des Wohlbefindens beitragen kann.

Nun zu einem weiteren Beispiel für eine multimethodische Studie: Menschen neigen dazu, sich in natürlichen Umgebungen schneller von Stress und geistiger Erschöpfung zu erholen als in städtischen Umgebungen. Aber natürliche Umgebungen sind möglicherweise nicht immer erholsam. Dicht bewaldete Gebiete können Angst und Stress hervorrufen und erfordern gezielte Aufmerksamkeit, um zu vermeiden, sich zu verirren oder zu stolpern. Über das Erholungspotential solcher Umgebungen ist wenig bekannt. In einer britischen Studie von Birgitta Gatersleben und Matthew Andrews wurden zwei Experimente durchgeführt, um die Erholung in natürlichen Umgebungen mit unterschiedlicher Sicht (freies Sichtfeld) und Zuflucht (Versteckmöglichkeiten) zu untersuchen (Gatersleben & Andrews 2013). Die Ergebnisse einer online Umfrage sowie eines Spaziergangs in realer Umgebung und auch als Video im Labor wurden verglichen. Natürliche Umgebungen mit guter Sicht, aber wenig Rückzugsmöglichkeiten sind erholsamer als solche mit schlechter Sicht, aber guten Rückzugsmöglichkeiten. Diese Ergebnisse zeigen, dass natürliche Orte nicht immer Orte der Erholung sind und Stress und Erschöpfung bei bestimmten landschaftlichen Charakteristiken noch erhöht werden.

**Evidenzbasierte Methoden**

Evidenzbasierte Therapie wird verstanden als Integration von den besten derzeit verfügbaren Forschungserkenntnissen (externe Evidenz), dem individuellen, auf der Grundlage der Ausbildung und der Erfahrungen erworbenen Wissen und Können, also die therapeutische Expertise (interne Evidenz), den Bedürfnissen der Klient:innen und den zur Verfügung stehenden Ressourcen. Das Verfahren zur Definition evidenzbasierter therapeutischer Maßnahmen umfasst die Suche der relevanten Literatur für ein konkretes klinisches Problem, den Einsatz einfacher wissenschaftlich abgeleiteter Regeln zur kritischen Beurteilung der Validität der Studie und der Größe des beobachteten Effekts sowie die Anwendung dieser Evidenz mit Hilfe der therapeutischen Erfahrung (Haluza, Jungwirth et al. 2021).

Evidenzbasierte Praktiken sind von unschätzbarem Wert, wenn es darum geht, Klient:innen zu helfen, da die Therapeut:innen wissen, dass unzählige andere Menschen davon profitiert haben. Eine Kombination aus älteren und neueren Methoden ist wahrscheinlich am effektivsten, wobei die evidenzbasierten Praktiken als die zuverlässigsten Werkzeuge betrachtet werden können. Evidenzbasierte Methoden entwickeln sich ständig weiter, wenn neue Entdeckungen gemacht und neue Behandlungsmethoden getestet werden. Bestehende Therapien werden verbessert und erweitert, wodurch die Therapeut:innen Behandlungsmethoden verfeinern können, um die Wirksamkeit zu verbessern.

Während neue und innovative Behandlungsmethoden wie die Einbeziehung natürlicher Umwelten wertvoll sein können, sollten evidenzbasierte Praktiken das

Rückgrat jeder therapeutischen Arbeit mit Klient:innen bilden. Die Verwendung von Ansätzen, die strengen Tests unterzogen wurden, stellt die Wirksamkeit der Therapie und die Geschwindigkeit sicher, mit der Erfolge erzielt werden. Die Kunst besteht darin, aus den vielen zur Auswahl stehenden Praktiken die bestmöglichen Behandlungsstrategien auszuwählen. Evidenzbasierte Therapie wurde in den 1990er Jahren zu einem beliebten Begriff. Während sich Therapeut:innen bis dato traditionell auf subjektive Berichte über die klinische Wirksamkeit stützten, wurden die Stimmen aus Fachkreisen laut, die Studien forderten, um die Wirksamkeit von Behandlungen zu bestimmen, und wie man diese Studien am besten umsetzen sollte. Dabei sind auch Fragen der Qualitätssicherung und der Entwicklung von Leitlinien relevant.

Die Praktiken, die strenge Testverfahren durchlaufen und mit klinischen und wissenschaftlichen Beweisen belegt wurden, wurden als evidenzbasiert bezeichnet und dann auch meist in den Erstattungskatalog der öffentlichen Gesundheitskassen aufgenommen. Die hohe Messlatte, die mit dem Fokus auf die wissenschaftliche Methode gelegt wurde, hat zu einem Verständnis der zugrundeliegenden Mechanismen und einer Steigerung der Wirksamkeit der Therapie geführt. Die Therapeut:innen verlassen sich nicht mehr auf Vermutungen, sondern befassen sich mit der inhaltliche Aussagekraft und der Übertragbarkeit von wissenschaftlichen Erkenntnissen auf die therapeutische Praxis. Gepaart mit den individuellen Präferenzen der Klient:innen und der eigenen Erfahrung der Therapeut:innen sind evidenzbasierte Praktiken wertvolle Werkzeuge.

## 5.4 Literaturübersichtsarbeiten

Das Konzept der evidenzbasierten Praxis in jedem Bereich der Gesundheitsversorgung gewinnt zunehmend an Bedeutung und soll daher im Folgenden genauer beleuchtet werden. Da auch die Anzahl der Forschungsvorhaben und der publizierten Primärstudien ständig steigt, bedarf es in regelmäßigen Abständen gut gemachter Literaturübersichtsarbeiten, sog. Reviews, die einen Überblick über den Status quo der Forschung in einem bestimmten Bereich geben. Wissenschaftliche Literaturübersichtsartikel sind methodische Studien, die schlüsselwörterunterstützte Datenbankrecherchen verwenden, um bereits publizierte Forschungsergebnisse abzurufen, deren Hauptziel die sachliche und theoretische Diskussion eines bestimmten Themas ist. Dabei unterscheidet man mehrere Varianten, die oft auch mit leicht abgeänderten Bezeichnungen in der Literatur vorkommen. Auch kommen immer wieder neue Reviewarten hinzu, die, wenn sie in der Wissenschaftswelt als sinnvoll erachtet werden, sich nach einiger Zeit auch durchsetzen und zu einem neuen Standard werden können.

Ein Reviewartikel sollte sowohl Primärartikel mit qualitativen und quantitativen Primärdaten sammeln (also ein so genannter Mixed-Method Review) oder auch selbst qualitativ (narrativer Review) und auch quantitativ (Metaanalyse) gestaltet sein. Reviews sind eine Schlüsselmethode, um zu klären, ob und wie sich Forschungsergebnisse replizieren und um mögliche Widersprüchlichkeiten zu erklären. Durch den hohen Abstraktionsgrad können Reviews unabhängig von der Disziplin durchgeführt werden, wobei aber alle Fachrichtungen mit einer starken Orientierung auf Evidenz und Empirie wie die Medizin oder die Gesundheitsökonomie auf quantitative Ergebnisse großen Wert legen.

Der Scoping Review (Scoping bedeutet übersetzt so viel wie Umfang) ist ein weiter gefasster Begriff, um die Evidenz auf strukturierte Weise zu sammeln, während das systematische Review spezifischer auf eng definierte Forschungsfragen und ihre Antwort fokussiert ist. Während der Begriff des systematischen Reviews das Studiendesign beschreibt, ist eine Metaanalyse das statistische Verfahren, das die Ergebnisse mehrerer Studien zur selben Fragestellung zusammenfasst und daraus ein aussagekräftigeres Gesamtergebnis errechnet. Daher werden Metaanalysen meist im Rahmen eines systematischen Reviews verwendet, falls die dafür notwendigen Daten für die Berechnung vorhanden sind. Narrative Reviews sind weniger streng aufgebaut und können eine verallgemeinerte Information zu einem beliebigen Thema sein und müssen keine aufwendigere Analyse wie Metaanalyse oder qualitative Synthese von Daten beinhalten.

Die Synthese mehrerer systematischer Reviews oder Metaanalysen wiederum wird als Review von Reviews, Umbrella Review oder Meta-Meta-Analyse bezeichnet. Wie bei vielen anderen Übersichtsarbeiten besteht das Ziel solch eines Reviews darin, festzustellen, was zu einem Thema bekannt ist, was unbekannt bleibt, und es werden konkrete theoretische und praktische Empfehlungen für weitere Forschung gegeben. Durch die Zusammenfassung von Informationen aus mehreren Übersichtsartikeln erleichtern sie die Überprüfung der Evidenz und ermöglichen einen Vergleich der Ergebnisse zwischen den einzelnen Reviews.

Aus akademischer Sicht ist das Verfassen von Reviews ein zweischneidiges Schwert. Der Aufwand ist zwar hoch, jedoch werden Reviews durch ihre höhere Aussagekraft viel häufiger zitiert und besprochen als Primärstudien, was die wissenschaftliche Reputation der Autor:innen hebt – nicht nur in Fachkreisen, sondern auch darüber hinaus. Zum anderen werden Übersichtsarbeiten trotz des dahinterliegenden intellektuellen und methodischen Anspruchs nicht zwingend als eigenständiger Forschungsbeitrag gesehen, da die Primärstudien die Erkenntnisse für die sekundäre Analyse liefern. Wird eine Metaanalyse als statistisches Verfahren durchgeführt, ist dies eine Ausnahme, da hier eine eigenständige Umformung von Daten zu Metadaten erfolgt und ein neues Ergebnis dabei entsteht. Daher werden Literaturreviews (vor allem narrative Reviews) meist nicht für akademische Abschlussarbeiten wie Diplomarbeiten oder Doktorarbeiten und als Qualifikationskriterien für akademisches Personal zugelassen, wenn ohne einen zusätzlichen eigenen Beitrag nur die Literatur zusammengefasst wird. Diese Regelungen sind jedoch von Universität zu Universität und von Land zu Land unterschiedlich. Aus all diesen Gründen bleibt das Verfassen von Reviews jeder Art meist den im Fach bereits etablierten Expert:innen und ihren Teams überlassen. Das Review ist eine Möglichkeit, eine Geschichte über die Vergangenheit zu erzählen, die die Zukunft prägt: Die Verfasser:innen formen die Literatur eines Fachgebiets zu einer Geschichte, um die Unterstützung der Leserschaft für die Fortsetzung dieser Geschichte zu gewinnen. Das wird am besten durch die Zusammenfassung und im Ausblick übliche Formulierung deutlich: Weitere Forschung ist noch nötig.

Im Folgenden werden die wichtigsten und häufigsten Reviewarten kurz beschrieben.

## 5.4.1 Systematische Literaturreviews

Ein systematischer Literaturreview ist ein Versuch, die Essenz einer großen Anzahl wissenschaftlicher Studien herauszufiltern, indem zunächst eine Forschungsfrage gestellt und dann zuerst sorgfältig ausgewählte Studien von hoher Qualität identifiziert und zusammengestellt werden, die die Antworten liefern könnten. Genauer gesagt ist diese Reviewart eine Zusammenfassung der Literatur, die explizite und reproduzierbare Methoden verwendet, um die Ergebnisse mehrerer Primärstudien, die miteinander in Beziehung stehen, systematisch zu suchen, kritisch zu bewerten und zusammenzufassen. Das Reviewformat erlaubt es, auch kleinere, wenig beachtete und wenig aussagekräftige Studien in einen Kontext zu setzen.

**Das PICO-Modell**

PICO ist ein Akronym und steht für P: Patient/Population/Problem – Patient:in/Population und sein Problem, I: Intervention – Behandlung, C: Comparison/Control – Alternativmaßnahme oder keine Behandlung und O: Outcome – Behandlungsziel. Das PICO-Modell dient als Struktur, um eine therapeutische Fragestellung zu formulieren und evidenzbasiert zu beantworten. Auch für eine systematischen Literaturrecherche kann es eine nützliche Checkliste sein, um in einem transparenten Suchvorgang relevante Zitate zu finden und so das verzerrungsfreie systematische Überprüfen der Ergebnisse sicherzustellen. Seit seiner Einführung spielt es eine wesentliche Rolle als konzeptualisierendes Modell für die evidenzbasierte Forschung.

Eine häufig anzutreffende Erweiterung stellt das PICOT-Modell dar, das auch die Zeit (englisch: Time), innerhalb der das Behandlungsziel erreicht sein soll, berücksichtigt. Eine andere Erweiterung ist das PICOS-Modell, das die Wahl eines bestimmten Studiendesigns (englisch: Study design) das für die Fragestellung geeignet ist, miteinbezieht. Die Kombination aus beiden wird dann als PICOTS bezeichnet.

**Die PRISMA Checkliste**

Eine der bekanntesten Checklisten für das Schreiben von Literaturreviews ist PRISMA: **P**referred **R**eporting **I**tems for **S**ystematic Reviews and **M**eta-**A**nalyses. PRISMA wurde im Jahr 2009 etabliert und umfasst eine evidenzbasierte Mindestanforderung für die Reviews und Metaanalysen (Moher, Liberati et al. 2009). PRISMA beschreibt, wie ein systematisches Review oder eine Metaanalyse durchgeführt wurden, also wie viele Studien bewertet wurden, aus welchen Quellen, wie viele aus welchen Gründen ausgeschlossen wurden und wie viele schließlich eingeschlossen wurden. Das Besondere dieser Checkliste ist, dass sie sowohl aus einer Checkliste mit 27 Einzelpunkten als auch aus einem vierphasigen Flussdiagramm besteht. Dadurch wird der Prozess des Suchens, Analysierens und Interpretierens der Studien standardisiert und wichtige Aspekte werden nicht so leicht vergessen.

Die folgende Studie soll als Beispiel für ein systemisches Review, das das PICOS-Modell und das PRISMA-Schema nutzt, genannt werden. Ein koreanisches Forscherteam untersuchte in diesem Literaturreview die Auswirkungen der Waldtherapie auf die Immunfunktion (Chae, Lee et al. 2021).

Nach dem PICOS-Modell beinhaltete die Population Erwachsene über 18 Jahre (P), die Intervention war Waldtherapie (I), die Vergleichsgruppe eine Gruppe, die sich in städtischer Umgebung aufhielt oder nicht an der Waldtherapie teilnahm oder aber keine Kontrolle (C), die Zielgröße waren immunologische Ergebnismessungen, also Anzahl und Aktivität von Immunzellen (O) und das Studiendesign beinhaltete alle experimentellen Studien, wie randomisierte kontrollierte Studien (RCTs), nicht-äquivalente Kontrollgruppendesigns (Nicht-RCTs) und Ein-Gruppen-Prätest-Posttest-Design (S).

Gemäß dem PRISMA Schema haben die Forscher:innen 870 Artikel aus inländischen Datenbanken und 1972 Artikel aus internationalen Datenbanken für die Analyse abgerufen. Nachdem doppelte Artikel entfernt wurden, blieben 1782 Artikel übrig. Die Titel und Zusammenfassungen jedes dieser Artikel wurden überprüft, und 1718 Artikel erfüllten nicht die Einschlusskriterien. Schließlich blieben nach dem Screening-Prozess 64 Artikel übrig. Der vollständige Text jedes dieser Artikel wurde überprüft, und 50 Artikel wurden aus den folgenden Gründen ausgeschlossen: 40 Artikel, die keinen Bericht über immunologische Ergebnisse enthielten, ein Artikel mit nicht-experimenteller Studie, vier Artikel, die nicht auf Englisch oder Koreanisch veröffentlicht wurden, vier Artikel, deren Originalversion nicht auffindbar war, ein Artikel mit unzureichendem Vergleich und ein Artikel zur indirekten Waldtherapie (Aromatherapie). Daher wurden nur 13 Peer-Review-Artikel für die weitere Analyse ausgewählt.

Da diese Studien sehr heterogen waren, konnte neben der systematischen Zusammenfassung keine Metaanalyse durchgeführt werden. Die Autor:innen merkten jedoch an, dass eine Metaanalyse nach Interventionsart und -dauer für eine objektivere Bewertung der Effekte der Waldtherapie auf die Immunfunktion ermöglichen würde. Hierfür bedarf es aber einer ausreichend großen Anzahl an ähnlich aufgebauten Einzelstunden, deren Daten zusammengefasst werden könnten. Sie fanden auch heraus, dass in den letzten Jahren eine zunehmende Anzahl von Studien durchgeführt, was auf ein neuerliches Interesse an den Auswirkungen der Waldtherapie auf die Immunfunktion hinweist. Die 13 in das Review eingeschlossenen Artikel stützen die Theorie, dass die Waldtherapie, einschließlich Waldspaziergänge, eine positive Wirkung auf die Immunfunktion haben kann und es wird erwartet, dass Waldtherapie in Zukunft zur Verbesserung der Immunfunktion eingesetzt wird.

## 5.4.2 Metaanalysen

Eine Metaanalyse fasst mehrere Primäruntersuchungen, die dieselbe Fragestellung in einem spezifischen wissenschaftlichen Forschungsgebiet verfolgen, quantitativ bzw. statistisch zu Metadaten zusammen. Die Daten der früheren Untersuchungen werden also noch einmal mit statistischen Verfahren analysiert, ohne das neue gesammelt werden.

Die Sinnhaftigkeit einer Metaanalyse wird dann deutlich, wenn es schon sehr viele, aber vielleicht kleiner Studien mit wenigen Proband:innen zu einem Thema gibt. In diesem Kontext interessant ist diese Arbeit: Die britischen Forscher:innen Caoimhe Twohig-Bennett und Andy Jones untersuchten in einer Metaanalyse 103 Beobachtungs- und 40 Interventionsstudien, in denen etwa 100 gesundheitsrelevante Ergebnisse die Gesundheitseffekte von Kontakt zu Grünflächen (Twohig-Bennett & Jones 2018). Die Ergebnisse der Metaanalyse zeigten, dass die Exposition gegenüber Grünflächen mit weitreichenden gesundheitlichen Vorteilen verbunden ist, wobei die Ergebnisse der Metaanalyse statistisch signifikante Zusammenhänge mit reduziertem diastolischem Blutdruck, Herzfrequenz, Speichelkortisol, Inzidenz von Typ-II-Diabetes und Schlaganfall sowie Gesamtmortalität und kardiovaskuläre Sterblichkeit sowie gesundheitsbezogene Assoziationen mit Schwangerschaftsergebnissen, HRV- und HDL-Cholesterin und selbstberichteter Gesundheit zeigen. Die Inzidenz von Schlaganfall, Bluthochdruck, Dyslipidämie, Asthma und koronarer Herzkrankheit war reduziert und die Schlafdauer erhöht. Da hier keine Einzeldaten erhoben, sondern viele Ergebnisse gesammelt, also gepoolt, betrachtet werden, steigt die Aussagekraft der Erkenntnisse, und damit das Evidenzlevel. Für die Autor:innen legen die Ergebnisse dieser Metaanalyse nahe, dass die Schaffung und Erhaltung von Grünflächen Teil eines facettenreichen Ansatzes zur Verbesserung einer Vielzahl von Gesundheitsergebnissen sein kann.

**Forestplot und Funnelplot**

Die Komplexität einer Übersichtarbeit wie einer Metaanalyse erfordert größte Sorgfalt und Wissen bei ihrer Erstellung. Um die komplexen Ergebnisse grafisch zu veranschaulichen, werden seit den 1970er sogenannte Forestplots, also Walddiagramme oder Waldgrafiken, verwendet. Obwohl die tatsächliche Entstehungsgeschichte nicht lückenlos belegt werden kann, bezieht sich nach heutiger Sicht der Name tatsächlich auf die Idee, dass die Grafik einem Wald aus Linien ähnlt.

In einem typischen Forestplot werden die Ergebnisse von Einzelstudien als Quadrate angezeigt, die auf der Punktschätzung des Ergebnisses jeder Studie zentriert sind. Das Diagramm ermöglicht es den Leser:innen, die Informationen aus den einzelnen Studien, die in die Metaanalyse eingeflossen sind, auf einen Blick zu sehen. Es bietet eine einfache visuelle Darstellung des Ausmaßes der Variation zwischen den Ergebnissen der Studien sowie eine Schätzung des Gesamtergebnisses aller Studien zusammen. Daher werden so gut wie alle Metaanalysen, einem internationalen Publikationsstandard verpflichtet, mit Forestplots publiziert (Lewis & Clarke 2001). Dies gilt auch für Metaanalysen zum Thema Wald: also ist die

Wahrscheinlichkeit hoch, bei einer Studie zu »Forest therapy« einen Forestplot zu sehen, was aber eben nicht auf die Thematik »Wald« zurückzuführen ist. Es wurde mitunter auch fälschlicherweise angenommen, der Forestplot sei nach dem schottischen Chirurgen und Krebsforscher Patrick Forrest benannt, was zur zeitweisen Schreibweise Forrestplot führte.

Nicht zu verwechseln mit dem Forestplot ist der Funnelplot, also Trichtergrafik oder Trichterdiagramm. Diese trichterförmige Grafik wird bei einer Metaanalyse benutzt, um einen Publikationsbias darzustellen, also wenn ein Verzerrungseffekts durch das Nichtpublizieren negativer Ergebnisse vermutet wird. Aufgrund der Tendenz, eher positive oder signifikante Ergebnisse zu veröffentlichen, kann die Wirksamkeit von Therapien überschätzt werden. Dies ist besonders relevant, wenn aufgrund der bereits publizierten Datenlage anhand einer Metaanalyse Therapieempfehlungen generiert werden sollen.

### 5.4.3 Weitere Reviewarten

**Narrative Reviews**

Narrative Reviews haben keine vorgegebene Forschungsfrage oder festgelegte Suchstrategie, sondern nur ein interessantes Thema. Sie sind nicht systematisch und folgen keinem festgelegten Protokoll. Alle Arten eines Reviews sind abhängig von der Primärliteratur. Nicht für alle Forschungsfragen gibt es genügend vorher publizierte Arbeiten, die die Durchführung eines systematischen Reviews oder einer Metaanalyse zulassen.

Mit einem narrativen Review können die Autor:innen zwar ein Problem beschreiben, gelangen aber nicht zu einem umfassenden Verständnis des Standes der Wissenschaft in Bezug auf das Problem.

Narrative Reviews sind geeignet, um die Geschichte oder Entwicklung eines Problems und seine Bewältigung zu beschreiben. Narrative Reviews können innovative Entwicklungen besser beschreiben, wenn die Forschung spärlich oder vorläufig ist oder, wenn Studien durch fehlerhaftes Design oder Ausführung sehr begrenzt sind. Sie können besonders nützlich sein, um Daten im Lichte der zugrundeliegenden Theorie und des Kontexts zu diskutieren. Narrative Reviews können Analogien ziehen und zwei eigenständige Forschungsfelder konzeptionell integrieren, wie Psychotherapie und Forstwissenschaften.

Ein Beispiel für ein narratives Review ist ein Artikel über die Anwendung von Waldtherapie im Gesundheits- und Bildungsbereich für Kanada, der plakativ den subjektiven Charakter dieser Reviewart zeigt. Die kanadischen Forscher:innen beschreiben darin, dass sie eine narrative Literaturrecherche basierend auf adaptierten Methoden systematischer Übersichtsarbeiten in zwei Phasen durchführten (Mathias, Daigle et al. 2020). Das Ziel war eine umfassende, kritische und objektive Analyse des aktuellen Wissensstandes zum Thema Waldtherapie. Die erste Phase bestand aus einer umfassenden Suche in französischen und englischen Datenbanken für den Zeitraum von 1985 bis 2017. In der zweiten Phase wurden die aus den anfangs 2194 gefundenen Publikationen insgesamt 26 Artikel nach den drei Hauptkategorien physiologische, psychologische und umweltbezogenen Aspekte klassifiziert. Die berichteten physiologischen Wirkungen beinhalteten die Stärkung des Immunsystems und des Atmungssystems, eine Verringerung von Kortisolspiegel, Herzfrequenz und Blutdruck, eine erhöhte Anzahl und Aktivität von Immunzellen, eine höhere Aktivität des parasympathischen Nervensystems und eine verminderte Aktivität des sympathischen Systems. Die psychologischen Effekte beinhalteten Stressabbau und Entspannung, eine verbesserte Kontrolle von Emotionen, eine verringerte Aggressivität, eine verbesserte Stimmung sowie intellektuelle Leistungsfähigkeit (Gedächtnis). Die umweltbezogenen Vorteile waren weniger Mikroben und Schadstoffe, besserer Luftqualität (mit Sauerstoff angereicherte Luft), Emission von ätherischen Ölen, Farben und natürliche Formen und natürliche Umgebungsgeräusche. Auf Basis dieser aus der Literatur extrahierten Vorteile haben die Autor:innen das Potenzial für den Einsatz der Waldtherapie als alternative Intervention durch Pädagog:innen und medizinisches Fachpersonal in Kanada analysiert. Die Autor:innen schlussfolgern, dass angesichts der im waldreichen Kanada bereits verfügbaren Ressourcen dieser Interventionsansatz angepasst und in bestehende Programme und Interventionen integriert werden könnte.

**Mini-Reviews**

Mini-Reviews sollen einen Überblick über den Stand der Dinge in einem Forschungsbereich geben, Forschungslücken identifizieren und den Weg für zukünftige Entwicklungen und Forschungsinvestitionen in diesem Bereich ebnen. Mini-Reviews sind daher Zusammenfassungen aktueller Erkenntnisse in bestimmten Forschungsgebieten.

Beispielsweise hat ein amerikanisches Forscher:innenteam um Pauline Trinh in einem Mini Review Literatur zur Auswirkungen der Exposition gegenüber Mikroben von Tieren oder der Umwelt auf die menschliche Gesundheit gesammelt (Trinh, Zaneveld et al. 2018). In ihrem Artikel diskutieren die Autor:innen die wichtigsten Erkenntnisse über das Zusammenspiel dieser Prozesse und skizzieren die wichtigsten methodischen Herausforderungen und mögliche Lösungen für ein vorausschauendes Verständnis dieser Prozesse. Sie schlussfolgern, dass das Mikrobiom der Umwelt sowie das Mikrobiom von Tieren bei engem Kontakt sowohl das menschliche Mikrobiom als auch die Auswirkungen auf die menschliche Gesundheit beeinflussen können. Die Urbanisierung bebauter Umgebungen führt zu Veränderungen im Mikrobiom der Umwelt, die ein Faktor für die menschliche Gesundheit sein könnten. Das menschliche Mikrobiom ist zwar von Umwelteinflüssen betroffen, kann aber auch die Reaktion auf Umweltfaktoren durch Auswirkungen auf die Stoffwechsel- und Immunfunktion modulieren. Ein besseres Verständnis dieser Mikrobiom-Wechselwirkungen könnte zu innovativen Interventionen führen, um eine Vielzahl von menschlichen Gesundheits- und Krankheitszuständen zu verhindern und zu bewältigen.

## Scoping Reviews

Zu den eher weniger bekannten Reviewtypen gehört der Scoping Review. Scoping Reviews werden dann eingesetzt, wenn zunächst eine Orientierung über den Stand der Forschungsliteratur erlangt werden soll. Sie werden beispielsweise erstellt, um vorläufige Arbeitsdefinitionen festzulegen oder Themen bzw. Themenfelder konzeptionell abzugrenzen.

Ein Scoping-Review einer US-amerikanischen Forscher:innengruppe hat die aktuelle Literatur zu den Gesundheitsvorteile von körperlicher Aktivität in der Natur gesammelt und untersucht (Christiana, Besenyi et al. 2021). Die Autor:innen weisen darauf hin, dass dies keine systematische oder umfassende Übersicht der Literatur sein sollte. Ihr Ziel war es vielmehr, eine Grundlage für diejenigen zu schaffen, die die Breite der Informationen über die positiven Zusammenhänge zwischen der Exposition gegenüber naturbasierten Komponenten, körperlicher Aktivität und den gesundheitlichen Folgen verstehen möchten. Auf Basis der vorhandenen einschlägigen Literatur schlagen die Autor:innen die Entwicklung von Strategien zur Steigerung der naturbasierten körperlichen Aktivität vor, da dies einen noch größeren Nutzen für Gesundheit und Wohlbefinden bietet als die Exposition gegenüber der Natur oder körperliche Aktivität allein. Diese Strategien können Ausbildung und Weiterbildung von Gesundheits- und Lehrpersonal, bessere Finanzierung durch die öffentliche Hand und die Förderung der aktiven Mobilität in den Städten bei gleichzeitiger Begrünung von Rad- und Fußwegen beinhalten.

## Umbrella Reviews

Die unterschiedlichen Klassifikationen der Studienevidenz beinhaltet nicht explizit die in den letzten Jahren sehr beliebt gewordenen Umbrella Reviews, auch Umbrella-Studie, also übersetzt aus dem Englischen in etwas Schirmreview, also ein Übersichtsartikel über mehrere Reviews oder auch Metaanalyse. Letztere werden auch Meta-Metaanalysen genannt, wobei meist eine Synthese aus Publikationen gemacht wird, die gewissen thematischen und methodischen Anforderungen entsprechen. Das beinhaltet dann meist systematische Reviews und Metaanalysen. Sie werden auch Reviews von Reviews, Zusammenfassungen von systematischen Reviews oder Synthesen von Reviews genannt und gehören zu den höchsten Evidenzgraden, die derzeit in der Medizin verfügbar sind. Ein Umbrella Review wird üblicherweise durchgeführt, wenn es mehrere konkurrierende Interventionen für eine Erkrankung gibt. Ein Überblick über die Reviews zu jeder dieser Interventionen kann hilfreich sein, um festzustellen, wie die Evidenz am besten in die Praxis umgesetzt werden kann. Umbrella Reviews sind besonders nützlich für die Entwicklung von Richtlinien und der klinischen Praxis und beim Vergleich konkurrierender Interventionen. Vor allem zur Einordnung der Effektivität neuerer therapeutischer Interventionsoptionen, wie der Waldtherapie, beantworten diese Übersichtsartikel wichtige Fragen der Erstattungsfähigkeit der Methoden und der zu erwartenden Resultate.

Beispielsweise hat ein italienisches Forscher:innenteam rund um Michele Antonelli ein derartiges Umbrella Review zum Effekt von Waldtherapie auf das individuelle Wohlbefinden durchgeführt (Antonelli, Donelli et al. 2021). Die Analyse von 16 systematischen Reviews unterstützt die Verwendung der Waldtherapie als ergänzende Praxis zur Förderung des psychophysischen Wohlbefindens. Es gibt Hinweise darauf, dass waldbasierte Interventionen positive therapeutische Wirkungen auf Bluthochdruck, Stress und psychische Störungen wie Depressionen und Angstzustände haben. Die Autor:innen leiten daraus ab, dass die bestehende Evidenz für die positiven Auswirkungen auf das Wohlbefinden, die Gesundheit und die Lebensqualität zusammen mit seinem günstigen Kosten-Nutzen-Profil eine Integration der Waldtherapie in Strategien zur Förderung des Wohlbefindens im Bereich der öffentlichen Gesundheit rechtfertigen.

# 6   Waldtherapie in der Theorie

Der Wald an sich ist ein bekannter Ort, den die meisten Menschen seit Kindheitstagen gut kennen oder von dem sie zumindest ein sehr konkretes Konzept haben. Es gibt dort Bäume, Wege, Schilder, Geräusche, Waldtiere etc. Die Rahmenbedingung für den Wald als therapeutischer Raum ist also, dass der Wald durch diese Vertrautheit Sicherheit bietet. Das spannende ist jedoch die in diesem sicheren, vertrauten Raum ständig stattfindende Wandlung, je nach Tages- und Jahreszeit, die die Faszination dafür speist. Kein Waldspaziergang ist gleich: Auf der Mikroebene finden sich unterschiedliche Kleinstlebewesen oder Pflanzen am Wegesrand, auf der Mesoebene färben Wetter- und Witterungsbedingungen den Waldboden einmal heller, einmal dunkler und auf der Makroebene ändern die Jahreszeiten die Üppigkeit und Farben der Vegetation.

Die teilweise oder vollständige Verlagerung therapeutischer Interventionen in natürliche Umgebungen bedarf einer Kenntnis der ethischen Verpflichtungen von Therapeut:innen. Ethische Kodizes und Richtlinien bieten allgemein anerkannte Verhaltensmuster und -normen. Diese sollen sowohl die Therapeut:innen als auch die Klient:innen vor unnötigen Schadensrisiken schützen. Über eine Artikulation theoretischer Mechanismen und empirisch gestützter Interventionen hinaus müssen Therapeut:innen auch in der Lage sein, die für die Arbeit in natürlichen Umgebungen geltenden ethischen Überlegungen zu berücksichtigen (Hooley 2016). Die wichtigsten Fragen sind hier die Entwicklung und Aufrechterhaltung der eigenen Kompetenz, die Schaffung angemessener Verfahren zum Schutz der Privatsphäre und Vertraulichkeit der Klient:innen und die gründliche Aufklärung und Einwilligung der Klient:innen. Diese drei ethischen Überlegungen zu Kompetenz, Datenschutz und Vertraulichkeit sowie Einwilligung nach Aufklärung sind nötig für die Anpassung des therapeutischen Rahmens und Raumes und den Aufbruch in die Natur.

Für traditionelle Therapeut:innen mag die Suche nach Wegen, therapeutische Arbeit mit natürlichen Umgebungen zu verbinden, risikoreich und antithetisch zu etablierten therapeutischen Rahmenbedingungen erscheinen. Mit Klient:innen in geschlossenen Räumen zu arbeiten ermöglicht es, einen vorhersehbaren, ruhigen und einladenden Raum für die therapeutische Erfahrung bereitzustellen und zu verwalten. Jenseits der logistischen Kontrolle erwächst dieses Therapiesetting aus einem absichtlichen und theoretisch zweckmäßigen Konstrukt: Besonders in der Psychotherapie wird dem therapeutischen Rahmen eine hohe Priorität zugesprochen. Schon der Schweizer Psychiater und der Begründer der Analytischen Psychologie Carl Gustav Jung (1875–1961) beschreibt die Wichtigkeit eines besonderen physischen und emotionalen Raums, in dem sich die Klient:innen innerhalb der therapeutischen Begegnung sicher fühlen können. Die zielgerichtete Forschung zum Thema Natur in der Therapie haben in den letzten Jahrzehnten jedoch eine Neuinterpretation und Umsetzung des therapeutischen Rahmens in natürlichen Umgebungen unterstützt. Die Popularität von Waldtherapie ist auch aufgrund des steigenden Interesses der Klient:innen entstanden.

Ein Grund dafür kann sein, das manche naturbasierten Interventionen nicht nach traditioneller Therapie aussehen und daher von den Klient:innen von Beginn an schon positiver und mit weniger Berührungsängsten aufgenommen werden. Durch die Zunahme der psychischen Erkrankungen sind naturbasierte Interventionen gut beforscht. Wie eine schottische Forscherinnengruppe um Wendy Masterton zeigte, können diese Verfahren eine vielversprechende Ergänzung zu den derzeitigen Behandlungsmethoden sein (Masterton, Carver et al. 2020). Interessante Beispiele dafür sind landwirtschaftliche Einrichtungen, wo die Klient:innen mit psychischen Erkrankungen oder anderen Einschränkungen Angebote für gemeinschaftliche, sinnvolle Arbeit und Bewegung wahrnehmen können und gleichzeitig Kontakt zur Tier- und Pflanzenwelt haben. Auch für die therapeutische Arbeit mit Flüchtlingen, die Folter, Krieg und Vertreibung überlebt haben, hat sich der Zugang zu Schrebergärten bei gleichzeitiger Begleitung von Gärtner:innen und auch Therapeut:innen bewährt.

In der Abenteuer- oder Wildnistherapie wird Jugendlichen oder jungen Erwachsenen mit schwerwiegenden Diagnosen wie Substanzkonsum- oder Stimmungs- und Verhaltensstörungen als Teil ihres Behandlungsprozesses eine neuartige, erleichterte Erfahrung naturbelassenen Umgebungen geboten. Die Idee dahinter ist, dass das es in der Natur des Menschen liegt, den Dingen auf den Grund zu gehen, Unbekanntes zu erforschen und Neues zu erleben – und damit in einem Heilungsprozess den eigenen Problemen weniger Raum lassen zu können.

Am anderen Ende des therapeutischen Spektrums verlassen sich einige gesprächsbasierte Interventionen naturgemäß stärker auf verbale Prozesse. Hier wird damit gearbeitet, dass die Natur zusätzliche Grundlage und Kontext für die therapeutische Arbeit bietet. Bei der Verlagerung der Therapie nach draußen wird die Beziehung zwischen den Klient:innen und der Umwelt wichtig und dadurch eine zusätzliche physische Dimension hinzufügt. Dies schafft neue Herausforderungen für die Planung und Durchführung der Therapie im Vergleich einer Intervention in einem geschlossenen Innenraum. Die Akzeptanz- und Commitment-Therapie (ACT) ist ein transdiagnostischer Ansatz innerhalb der kognitiv-verhaltenstherapeutischen Praxis. Ihr Hauptziel besteht darin, Menschen beizubringen, emotionalen Problemen mit Achtsamkeit und Mitgefühl zu begegnen, während sie gleichzeitig danach streben, in ihrem Leben das zu verfolgen, was ihnen wirklich am Herzen liegt. In Heil- und Therapiegärten kann bei Klient:innen mit stressbedingten psychischen Erkrankungen die ACT als therapeutischer Ansatz eingesetzt werden. Er geht über das traditionelle sitzende, gesprächsbasierte Modell hinaus der ganze Körper und alle Sinne mit einbezogen. Unterstützt durch neurowissenschaftliche Studien wird argumentiert, dass ein Lern- und Veränderungsprozess durch die körperliche Auseinandersetzung mit der Umwelt aktiv gefördert wird (Twohig-Bennett & Jones 2018).

Der Kontakt zu natürlichen Umwelten hat physiologische und psychologische Vorteile, wie z. B. reduzierte Stressreaktionen und verbesserte Stimmung. Schon seit jeher haben Therapeut:innen sich die Erholungskapazität der Natur experimentell zunutze gemacht, indem sie Konventionen infrage stellten und Gesprächstherapien im Freien durchführten. Der Außenraumkomponente für die Therapie kann in seiner Intensität vom Sitzen oder Gehen in städtischen Parks und Wäldern bis hin zu Expeditionen in die abgelegene Wildnis reichen. Eine individuelle Bewertung und Anpassung ist erforderlich, um die Neigung der Klient:innen für diesen therapeutischen Ansatz zu bestimmen. Die Natur kann entweder einen passiven Hintergrund für die Therapie bieten oder aktiver durch Verhaltensanalyse, Beziehungsaufbau, Metaphern, narrative Therapie, Rollenspiele und Ähnliches eingebaut werden. Praktische, therapeutische und organisatorische Probleme wurden durch Ganzheitlichkeit, Gegenseitigkeit, Meinungsfreiheit, Einverständniserklärung und Bewusstsein für die professionelle Kompetenz gemildert. Die Therapie in natürlichen Räumen kann dadurch eine etablierte Option für Klient:innen und Therapeut:innen werden (Cooley, Jones et al. 2020). Derzeit wird Waldtherapie aufgrund von Barrieren in der auf traditionelle Konzepte ausgerichteten therapeutischen Organisationskultur am häufigsten in Privatpraxen angeboten.

Eine Reihe systematischer Übersichtsarbeiten baut die Evidenzbasis für die Erholungsförderung und Stressreduktion in der Natur weiter aus (Haluza, Schönbauer et al. 2014, Eigenschenk, Thomann et al. 2019, Cooley, Jones et al. 2020). Beispielsweise ist die Exposition gegenüber Grünflächen mit positiven physiologischen Effekten verbunden, wie z. B. einer verringerten Herzfrequenz und einem verringerten Blutdruck. Bewegung im Freien hat positive Auswirkungen auf Revitalisierung, Engagement, Anspannung, Verwirrung, Wut und Depression im Vergleich zu Bewegung in Innenräumen. Outdoor-Abenteueraktivitäten sind wirksame soziale und emotionale Interventionen für benachteiligte Jugendliche. Outdoor-Aktivitäten wie Gartenarbeit und Spazierengehen sind wirksam bei der Verbesserung der psychischen Gesundheit und neurologischen Erkrankungen. Das Betrachten der Natur hat positive Auswirkungen auf Stimmung, Stress, Konzentration und Selbstwertgefühl.

Zunehmende Beweise für einen positiven Zusammenhang zwischen dem Kontakt mit der natürlichen Umgebung und Gesundheit und Wohlbefinden haben zu Forderungen nach einem besseren Verständnis von Expositions-Wirkungs-Beziehungen geführt. Wie White und Kolleg:innen in einer englischen Studie zeigten, wirkt sich eine Naturexposition in der Freizeit von etwa zwei Stunden pro Woche förderlich auf Gesundheit und Wohlbefinden aus im Vergleich zu kürzeren Naturkontakten (White, Alcock et al. 2019). Wobei es keine Rolle spielt, ob diese 120 Minuten Kontakt pro Woche über weniger aber längere oder mehrere kürzere Aufenthalte in der Woche erreicht wurden.

## 6.1 Der Therapiebegriff

Diese erholsamen Wirkungen der Exposition gegenüber der Natur haben zu verschiedenen Praktiken geführt wie Garten- oder Abenteuertherapie. Es gibt jedoch eine anhaltende Debatte darüber, ob der Begriff Therapie auf all diese Praktiken anwendbar ist. Eine Exposition gegenüber der Natur tritt fast immer beim Aufenthalt im Freien auf, wie beim Spaziergang auf einem Waldpfad. Im therapeutischen Setting findet der Naturkontakt im Rahmen einer strukturierten Therapiesitzung statt, bspw. beim Spaziergang auf einem Waldweg während einer Gesprächstherapie mit Therapeut:innen. Beide Formen der Exposition können therapeutisch wirksam sein und zu Vorteilen für die psychische und physische Gesundheit führen. Die Verwirrung liegt jedoch darin, dass beide oft mit denselben Oberbegriffen wie naturbasierte Therapie, Naturtherapie und Outdoor-Therapie bezeichnet werden. Es empfiehlt sich daher eine klare Unterscheidung zwischen »therapeutisch« und »Therapie«. Obwohl beide Arten von Naturkontakt wertvoll und sinnvoll sind, sollte der Begriff Waldtherapie für durch einen lizenzierten Therapeut:innen angeleitete Erfahrungen reserviert sein. Dies bietet die Möglichkeit der Abgrenzung zu esoterischen, nichtevidenzbasierten Strömungen und Anwendungsbereichen. Alternative Begriffe wie »therapeutisches Abenteuer« und »Naturerlebnisse« können in Abgrenzung für andere therapeutische Nutzungen des Waldes oder anderer natürlicher Umgebungen, die keine Therapie beinhalten, verwendet werden. Die konsequente Unterscheidung dieser Begriffe kann wesentlich zu einer besseren Vermarktung und Stärkung der Forschung zu und Anwendung von Waldtherapie führen.

Trotz der Nutzung der Natur schon seit der frühen Existenz des Menschen, wie alte Heilrituale der Naturvölker oder die klösterlichen medizinischen Gärten des Mittelalters, bleibt ihre Einbeziehung in die moderne Psychotherapie ein relativ neues Gebiet. Psychotherapie wird traditionell als verbale, kognitiv vermittelte Aktivität gesehen, bei der die Beziehung und Interaktion zwischen Therapeut:innen und Klient:innen im Mittelpunkt steht und die fast ausschließlich in Innenräumen stattfindet. Die Therapie wird normalerweise nur dann ins Freie verlagert, wenn spezifische Verhaltensinterventionen erforderlich sind, etwa wenn Patient:innen sich Phobien aussetzen, um Angstreaktionen zu desensibilisieren und Bewältigungsmechanismen aufzubauen. Mit Ausnahme dieser Art von Verhaltenstherapie beginnen sich viele Therapeut:innen zu fragen, warum die meisten anderen Therapieformen typischerweise auf vier weiße und manchmal leider auch fensterlose Wände beschränkt sind. Die Therapeut:innen, die mit Konventionen brechen und ihre Arbeit ins Freie verlegen, sind Vorreiter:innen eines bedeutenden Paradigmenwechsels, allein schon, da nicht unbedingt erforderlicher Kontakt außerhalb des Therapieraums als unerwünscht verpönt war und teilweise noch ist.

## 6.2 Relevante Phobien

Eine Phobie ist eine Angststörung, die durch eine anhaltende und übermäßige Angst vor einem bestimmten Objekt oder einer sozialen Situation definiert wird. Generell können irrationale Ängste vor natürlichen Prozessen oder diagnostizierte Angststörungen die praktische Durchführung einer Therapie im Wald verhindern oder zumindest erschweren. Die Kenntnis der gängigen Phobien und das Abklären deren Vorhandenseins im Vorfeld einer Waldtherapie sind daher wichtig, da sie durchaus unvermittelt und ohne Vorwarnung auftreten können. Tier- oder Naturphobien, die meist einen konkreten Auslöser haben, und unspezifische Ängste können in unterschiedlicher Ausprägung und bei Menschen jeden Alters, Geschlechts und Bildungsstandes vorkommen. Sie können auch in Kombination auftreten, also mehrere Phobien bei einer Person, oder sehr spezifisch sein, z. B. eine Angst vor Vogelschnäbeln, jedoch nicht von Vögeln generell.

Auch neuere, erst im Zuge der Digitalisierung auftretende psychische Störungen sind für die Waldtherapie relevant, da in der Waldtherapie das Abschalten von Stressoren angeleitet wird und bspw. das Mobiltelefon ausgeschaltet werden bzw. gar nicht bei sich getragen werden sollte. Hier ist die Nomophobie zu nennen. Der Begriff Nomophobie (eigentlich ein Kofferwort abgeleitet von »No Mobile Phone Phobie«) beschreibt den psychischen Zustand, bei dem Betroffene, meist junge Erwachsene zwischen 18 bis 25 Jahren, Angst haben, von der Mobiltelefonverbindung getrennt zu werden (Bhattacharya, Bashar et al. 2019). Nomophobie bezeichnet daher eine Art (Trennungs-)Angst, ohne Mobiltelefon unerreichbar zu sein. Die Gründe für eine solche Unerreichbarkeit können von Verlust über Beschädigung bis hin zu einem leeren Akku vielfältig sein. Die Nomophobie ist eine Begleiterscheinung der Handyabhängigkeit oder Handysucht, also dem zwanghaften Drang, ein Handy oder Smartphone zu bedienen.

Auch die Angst, etwas zu verpassen (Fear of missing out, FOMO) kann den waldtherapeutischen Prozess negativ beeinflussen. Gemeint ist hier eine soziale Angst, die aus dem Glauben stammt, dass andere Spaß haben könnten, während die Betroffenen nicht dabei ist. FOMO zeichnet sich durch den Wunsch aus, ständig mit dem, was andere tun, in Verbindung zu bleiben und wird durch die ständige Erreichbarkeit und Kontaktmöglichkeit durch soziale digitale Medien erzeugt.

Bestimmte Phobien kommen fast ausschließlich im Freien vor, wie die Agoraphobie. Diese die Lebensqualität der Betroffenen oft stark einschränkende und auch als Platzangst bezeichnete Phobie ist durch Angst vor bestimmten Orten und Situationen gekennzeichnet. Von diesen glaubt die betroffene Person, dass sie schwer zu entkommen sind, wie z. B. Freiflächen und öffentliche Verkehrsmittel. Die Agoraphobie ist eine der wohl bekanntesten Angststörung; die Liste der Phobien ist jedoch lang, hier eine Auswahl:

- Achluophobie ist die Angst vor der Dunkelheit. Diese Angst kommt oft bei Kindern vor, ist aber durchaus auch bei Erwachsenen anzutreffen.
- Akrophobie, die Höhenangst, betrifft die Höhe und Tiefe gleichermaßen und meint das Gegenteil von Schwindelfreiheit.

- Apiphobie meint die Angst vor Bienen bzw. bienenartigen Insekten, wie Wespen, Hummeln oder Bremsen.
- Arachnophobie bezeichnet die Angst vor Spinnen oder allgemein Spinnentieren und ist die am weitesten verbreitete Angststörung. Da etwa jede:r Vierte im Laufe des Lebens an dieser Angststörung leidet, ist sie zudem insgesamt sogar die häufigste psychische Störung. Frauen sind dabei fünfmal häufiger betroffen als Männer.
- Astraphobie ist die Angst vor Blitze und/oder Donner und ist die häufigste Naturphobie bei Jugendlichen.
- Trypophobie bezeichnet die Angst vor bestimmten geometrischen Formen wie Kreisen oder Rechtecken, die von der Natur geschaffen werden. Das Betrachten von harmlosen Strukturen in Honigwaben, Schwämmen, Pilzen, Feigen, Lotusblumenkapseln oder Maiskolben können Gefühle von Abneigung, Ekel und Angst hervorrufen.
- Xilophobie ist die Angst vor Holz oder aus Holz hergestellten Gegenständen oder zu den bewaldeten Flächen. Obwohl es selten vorkommt, handelt es sich um eine spezifische Phobie in Bezug auf eine natürliche Umgebung, die mit den mit Wald verbundenen Gefahren in Zusammenhang stehen kann. Diese Phobie ist selten, aber vor allem im Kontext der Waldtherapie besonders beachtenswert, wobei die Tierphobien (z. B. Spinnenphobie), Naturphobien (z. B. Gewitterphobie) oder Situationsphobien (z. B. Agrophobie) am relevantesten sind.
- Zoophobie bezeichnet die krankhafte Angst vor Tieren, gehört zu den spezifischen Angststörungen und ist besonders häufig im Kindesalter. Damit ist jedoch nicht die natürliche Angst vor gefährlichen wilden und daher potentiell lebensbedrohlichen Tieren gemeint. Betroffene meiden meist Orte, wo sie auf Tiere treffen könnten wie Zoos, Parks und oder die Natur. Beispiele für Zoophobie ist die Ailurophobie (Angst vor Katzen), die Akarophobie (Angst vor Milben, Zecken, Bienen oder anderen Insekten), Arachnophobie (Angst vor Spinnen, siehe oben), die Kynophobie (Angst vor Hunden), die Herpetophobie (Angst vor Reptilien, spezieller die sehr häufige Ophidiophobie, also die Angst vor Schlangen) oder die Kynophobie (Angst vor Hunden).

Phobien sind in der Allgemeinbevölkerung weit verbreitet. Aufgrund ihrer Häufigkeit und potenziellen Auswirkungen auf das Wohlbefinden ist es ratsam, vor dem Beginn einer Therapie im Freien eine professionelle Abklärung durchzuführen. Diese Vorgehensweise ermöglicht es, eventuelle Phobien frühzeitig zu identifizieren und die Therapie entsprechend anzupassen. Gleichzeitig eröffnet sie die Möglichkeit, die Phobie therapeutisch anzugehen, sofern dies im Interesse der Klient:innen und der Befähigung der Therapeut:innen liegt. Wie oben angeführt kann die Natur einer Phobie vielfältig sein, von spezifischen Ängsten wie Höhenangst oder Flugangst bis zu sozialen Phobien oder Agoraphobie. Einige Menschen können ihre Phobien möglicherweise nicht sofort erkennen oder mitteilen, insbesondere wenn sie sich in einer therapeutischen Umgebung befinden. Es ist sinnvoll, bereits zu Beginn der Therapie im Freien eine offene Kommunikation zu fördern und gezielt nach möglichen Ängsten oder Unbehagen zu fragen. Für manche Menschen kann bereits die Vorstellung, sich in freier Natur zu bewegen, Ängste auslösen. Dies kann die Fähigkeit beeinträchtigen, die therapeutischen Vorteile der Natur zu nutzen. Die frühzeitige Identifikation von Phobien ermöglicht nicht nur eine gezielte Anpassung der Therapie, sondern bietet auch die Gelegenheit, gemeinsam mit den Klientinnen geeignete Strategien zur Bewältigung der Ängste zu entwickeln. Dabei ist es wichtig, auf die individuellen Bedürfnisse und Präferenzen einzugehen, um eine positive und unterstützende therapeutische Erfahrung im Freien zu gewährleisten (Twohig-Bennett & Jones 2018). Insgesamt leistet die proaktive Auseinandersetzung mit möglichen Phobien vor Beginn einer Therapie im Freien einen wichtigen Beitrag, um sicherzustellen, dass die therapeutische Erfahrung für die Klient:innen so positiv und unterstützend wie möglich ist.

## 6.3 Der Therapieraum Wald

Während der Wald ein primäres Element der Waldtherapie ist, sollen oder müssen die Waldtherapeut:innen selbst auch in Innenräumen arbeiten können. Für einige Klient:innen und bei bestimmten klinischen Problemen oder schwierigen Gesprächen ist eine gut steuerbare und vertraute Büroumgebung indiziert. Daher können Waldtherapeut:innen flexibel und agil je nach Gegebenheit (i) proaktiv die Möglichkeit einer Waldtherapiesitzungen vorschlagen, (ii) sowohl drinnen als auch draußen arbeiten oder (iii) nur im Innenraum arbeiten, jedoch die Natur durch die Verwendung natürlicher Objekte einbringen und für naturbasierte Aktivitäten motivieren. Die alltägliche Arbeit in diesem Spektrum ist Teil der Kunst und Wissenschaft der Waldtherapie. Mit dem Aufziehen dunkler Wolken eines herannahenden Regens kann der Rückzug in einen Innenraum zu einer Frage des Komforts und der Sicherheit werden.

Ziel der Waldtherapie ist es natürlich, dass sich die Therapeut:innen und die Klient:innen dabei hauptsächlich im Freien treffen, wenn die Bedingungen dies zulassen, ungeachtet des theoretischen Ansatzes oder Endziels der Therapie. Schon die Auswahl des Waldes als Therapieort kann die Ergebnisse für die Klient:innen verbessern. Körperliche Aktivitäten im Freien sind ein dynamischer Prozess: Die Augen passen sich an Änderungen des verfügbaren Lichts an, die Atmung ändert sich je nach dem, wie anspruchsvoll das Gelände ist, und unser Gleichgewichtssinn gleicht Unebenheiten aus. Aktives Engagement mit der natürlichen Umgebung ruft psychophysiologische Reaktionen des Körpers hervor, die eine bedeutende Rolle im therapeutischen Prozess spielen, wie die Forschung zu Naturkontakt und Gesundheit zeigt (Haluza, Schönbauer et al. 2014, Hansen, Jones et al. 2017, Manferdelli, La Torre et al. 2019). Die Zahl der Publikationen, die den Kontakt mit der Natur zur Verbesserung der Gesundheit befürworten, hat in den letzten Jahren massiv zugenommen. Die nachgewiesenen positiven Effekte reichen von verbesserter Wahrnehmung, Aufmerksamkeit, Gedächtnis und Stimmung bis Immunfunktion.

Die Waldtherapie zeichnet sich durch die aktive körperliche Auseinandersetzung mit der natürlichen Umgebung auch durch ein Mindestmaß an körperlicher Aktivität aus, im Unterscheid zu vielen gesprächsbasierten Therapieformen, die nur in Innenräumen und oft sitzend stattfinden. Bewegung an sich ist kurz-, mittel- und längerfristig gesundheitsfördernd und stressreduzierend. Hinzu kommt, dass eine Therapie, die einen Aufenthalt in der Natur beinhaltet, die Frustrationstoleranz erhöhen kann, falls der therapeutische Erfolg langsamer als erhofft eintrifft oder Rückschläge verzeichnet werden.

Überspitzt formuliert wird der Spaziergang im Wald nicht als Zeitverschwendung wahrgenommen, sondern als angenehme Erfahrung, ähnlich einer Wellnessanwendung oder einem Kurzurlaub vom Alltagsstress. Experimentelle Studien haben durchwegs positive Kurzzeiteffekte von körperlicher Aktivität in der Natur im Vergleich zu bebauten Umgebungen festgestellt (Manferdelli et al. 2019, Twohig-Bennett & Jones 2018, Ulrich et al. 1991, Cooley et al 2020, Eigenschenk et al. 2019). Wiederholte Bewegung in der Natur ist insbesondere mit einem besseren emotionalen Wohlbefinden verbunden. Dies ist eine Momentaufnahme der vielfältigen wissenschaftlichen Forschungsarbeiten, die als Argument für die Empfehlung, generell mehr Zeit im Freien zu verbringen, genutzt werden kann. Ausgehend von den japanischen Publikationen der 1980er ist darüber hinaus auch ein breiter Forschungsdiskurs zu Waldtherapie entstanden. Diese Erkenntnisse stellen auch die Waldtherapie auf ein abgesichertes wissenschaftliches Fundament, was wichtig ist für die ethischen und rechtlichen Überlegungen einer Therapieform im Freien sowie auch für die Verrechnungsmöglichkeit durch die Gesundheitskassen. Hier sind die zielgruppengerechten und erkrankungsspezifischen klinischen Untersuchungen besonders relevant. Die untersuchten Proband:innenkollektive reichen von Kindern mit Aufmerksamkeitsdefizitsyndrom zu geriatrischen Patient:innen oder Menschen mit Depressionen. Je mehr systematische Literaturreviews und spezifische Outdoortherapieforschung durchgeführt werden, desto sicherer werden die Annahmen über die Vorteile dieser Ansätze für die Therapie und für die allgemeine Gesundheit der Bevölkerung.

Ein weiterer Aspekt der Wahl des Waldes als Therapieort – im Kontrast zum Innenraum – ist das In-Beziehung-Treten mit der Landschaft und den diese prägenden kulturellen und historischen Einflüssen. Ein passendes Bild dazu ist, dass die Natur ein idealer Ort sein kann, um innere und äußere Landschaften (besser) kennenzulernen. Das sensorische Bewusstsein des Klient:innen kann gesteigert werden und die physiologische und emotionale Regulation geübt und verbessert werden.

Der Wald sollte nicht als Allheilmittel verstanden werden. Bei schlechtem oder sich plötzlich ändernden Wetter (zu heiß, zu kalt etc.) oder in schwierigem Gelände kann die Aufmerksamkeit erschöpft und Müdigkeit und Stress verstärkt werden. Das therapeutische Kalkül der Waldtherapeut:innen bezieht die Ressourcen der Klient:innen, den Grad der Herausforderung und den Erfahrungsschatz mit ein. Während davon ausgegangen werden kann, dass im Normalfall widrige Bedingungen vermieden werden, integrieren einige Therapieansätze im Freien wie die expeditionsbasierte Wildnistherapie bewusst Wetter, Gelände und Abgeschiedenheit (Harper, Fernee et al. 2021). Daraus können eine gewisse Unabhängigkeit gegenüber äußeren Umständen und der entspannte Umgang mit gegebenen Rahmenbedingungen abgeleitet werden, womit im therapeutischen agilen Prozess auch gut gearbeitet werden kann.

Die Exposition gegenüber klimatischen Reizen ist eine lange bekannte therapeutische Methode, bei der die natürlichen klimatischen Umweltreize besonderer Gegenden wie Luftkurorte oder Meeresküsten zur Heilungsbeschleunigung bei Atemwegserkrankungen und Hautkrankheiten genutzt werden. Vom Naturdefizitsyndrom abgeleitet führt gerade die Vermeidung der externen natürlichen Phänomene und Rhythmen durch urbanisierte und technologiegetriebene Lebensstile zu einer Zunahme psychischer Erkrankungen wie Depression oder Angststörungen in modernen Gesellschaften (Louv 2008).

Diese Erkenntnisse fließen auch in den Rat ein, Waldtherapie bei jedem Wetter abzuhalten, außer natürlich bei extremeren Wetterereignissen wie Sturm oder Starkregen, die in einem Waldgebiet schnell gefährlich werden können. Diese Übereinkunft gibt Therapeut:innen und auch Klient:innen Planungssicherheit. Das Verständnis des therapeutischen Potentials des menschlichen Kontakts mit der Natur ist ein Thema von wachsendem Interesse in den Bereichen Gesundheitsförderung und Behandlung. Ein verbreitetes Narrativ in Industrienationen ist, dass sich gesunde menschliche Beziehungen zu natürlichen Umgebungen verringert haben, was zu einer Reihe von Gesundheitsproblemen und reduziertem Wohlbefinden geführt hat.

Naturbasierte therapeutische Interventionen im Freien sind zwar seit Langem als kulturübergreifende Praktiken anerkannt, haben jedoch erst in den letzten Jahren in Zahl und Art erheblich zugenommen. Die Forschung hat therapeutische Ansätze im Freien, um das Leben und Wohlbefinden von Menschen mit psychischen Problemen zu verbessern sowie zur allgemeinen Gesundheitsförderung, unterstützt. Während eine Beweisgrundlage vorhanden ist, die den Kontakt mit Natur und Grünflächen als Methode mit umfassenden gesundheitlichen Vorteilen unterstützt, fehlt es noch an einer umfassenden theoretischen und konzeptionellen Verortung in klassischen schulmedizinischen Lehren. Speziell für den Beitrag der Natur bei Psychotherapie fehlt das Bewusstsein bei Therapeut:innen selbst, den Klient:innen, aber auch den Gesundheitskassen und den politischen Entscheidungsträger:innen. Somit fehlt ein explizites Rahmenwerk für ihre breite Anwendung als klinische Praxis. Die Waldtherapie beinhaltet intentionale therapeutische Prozesse, die ortsbezogen sind, aktives körperliches Engagement beinhalten und dabei die Natur-Mensch-Beziehung anerkennen. In der Praxis gibt es eine große Vielfalt, von der Talk & Walk Therapie über die Wildnistherapie bis hin zu garten- und tiergestützten Therapien (McKinney 2011, Harper, Fernee et al. 2021). Diese Ansätze zeigten positive soziale, emotionale, physische und psychologische Verbesserungen bei unterschiedlichen Bevölkerungsgruppen.

Zahlreiche Ansätze artikulieren den Kontakt mit der Natur als gemeinsame wesentliche Komponente und Grundlage für die Veränderung und Prozesse, die zu den therapeutischen Ergebnissen beitragen. Das Verstehen und Beschreiben von Mediatoren (Beziehungen zwischen Intervention und Ergebnissen), Moderatoren (Merkmale, die Richtung oder Ausmaß zwischen Intervention und Ergebnissen beeinflussen) und Veränderungsmechanismen (die Schritte oder Wirkungen – spezifisch beschrieben – die eine Veränderung hervorrufen) in der Therapie ist für die Forschung herausfordernd. Die große Vielfalt der therapeutischen Ansätze und der daraus resultierenden Studiendesigns bedarf aber eine selektive Kenntnis darüber, welche Aussagen auf welchen Ansatz übertragbar sind.

Jüngste Studien von Berater:innen, klinischen Psycholog:innen und Psychotherapeut:innen heben die durchwegs positive Erfahrungen mit der Therapie im Freien hervor. Über bloße anekdotische Berichte hinausgehend deuten Studien deuten darauf hin, dass die therapeutischen Erfolge bei bestimmten Personen mindestens genauso effektiv, wenn nicht sogar effektiver sind als die in Innenräumen erzielten (McKinney 2011, Revell & McLeod 2016). Einige Therapeut:innen haben das Gefühl, dass sie von einem größeren Gefühl des gemeinsamen Eigentums an einem natürlichen Raum profitieren und dass die Therapie im Freien einen existenzielleren, humanistischeren Ansatz bietet, der in klinischen Umgebungen manchmal verloren geht oder auch nie vorhanden war. Ein Therapieraum kann zwar einen sicheren, stabilen und zurückhaltenden Raum bieten, aber auch Angst auslösen bei manchen Personen, die eine formellere und klinischere Begegnung von Angesicht zu Angesicht als einschüchternd empfinden. Die Verlegung der Therapie in Naturräume wie Parks, Felder, Wälder und bergigeres Gelände kann hier Abhilfe schaffen und die Klient:innen profitieren zusätzlich nicht nur von der Gesprächstherapie, sondern auch von der erholsamen Wirkung der Natur.

Die Therapieplanung beginnt mit Überlegungen zur Eignung von Klient:innen und Therapeut:innen für die Arbeit im Freien generell. Anschließend werden Entscheidungen über die geeignete Art der Umgebung, die Frequenz der Therapieeinheiten und die gewünschte Aktivität im Freien getroffen. Die Intensitäten können bei Bedarf und Eignung von niedrig zu höher gesteigert werden, z. B. Spaziergang in einem örtlichen Park (niedrige Intensität), Wanderung im Stadtwald (mittlere Aktivität) oder ein Wochenendaufenthalt in der Wildnis (hohe Intensität). Die natürliche Umgebung kann entweder einen passiven Hintergrund für die konventionelle Gesprächstherapie bieten oder ein aktiver Mechanismus in der Therapie sein.

Es gibt eine Vielzahl von Therapieansätzen im Freien, die in heterogenen Kontexten, Klient:innengruppen und Problemstellungen wirksam sind. Die Therapie im Freien wird auch in eine Reihe von Therapiemodalitäten integriert, von psychoanalytisch über psychodynamisch bis hin zu systemisch. Diese Heterogenität spiegelt sich darin wider, dass viele wissenschaftliche Artikel die Therapie im Freien allgemein kommentieren, ohne eine bestimmte Klient:innengruppe oder Problemstellung zu spezifizieren. Daher ist die Entscheidung »Wann sollte eine Waldtherapie eingesetzt werden?« keine Frage, die innerhalb absoluter Parameter beantwortet werden kann. Vielmehr müssen die Therapeut:innen ihre Fähigkeiten bei der individuellen Beurteilung und Formulierung einsetzen und dabei Fragen berücksichtigen wie »Welche zusätzlichen Vorteile würde die Natur bieten?«, »Wie passt die Natur zu den Genesungszielen der Klient:innen?« oder »Ist die Natur für das, was wir heute geplant haben, geeignet?«. Weitere wichtige Fragen könnten sein: »Möchten die Klient:innen im Freien arbeiten und warum?«, »Ist es sicher, diese Arbeit im Freien durchzuführen?«

Hinweise auf die Eignung einer Waldtherapie können auch Formulierungen von Klient:innen geben, bspw. wenn ein Klienten, der Hilfestellung zur Bewältigung von Angstzuständen benötigt, berichtet, dass er sich von einer zuvor positiven Beziehung zur Natur getrennt fühlt. Das könnte zum Einsatz von Achtsamkeitsübungen im Freien führen. Auf diese Weise unterscheidet sich der Prozess der Entscheidung über die Eignung der Therapie im Freien kaum von der üblichen Herangehensweise, welche Art von Therapiemodell bei bestimmten Klient:innen angewendet werden soll. Diese anfangs zu erörternden Fragen sollen als Quelle der Reflexion dienen, ob und wie Natur und Therapie am besten kombiniert werden können.

Zu den typischen Problemen bei der Arbeit in der Natur gehören die Körperlichkeit der Natur, die Unvorhersehbarkeit und Ablenkung, die die Therapiearbeit beeinträchtigen könnten, und die Schwierigkeit, ethische Prinzipien wie Vertraulichkeit zu gewährleisten. Grundlegend für die ethische Praxis ist es, dass, wenn sich die Therapie im Freien zu irgendeinem Zeitpunkt als ungeeignet herausstellt, diese in einen Innenraum zu verlegen oder temporär abzubrechen ist. Bei Einhaltung dieser Ansätze wird von allen Artikeln zu diesem Thema eine förderliche Verbindung von Therapie mit Natur nachgewiesen (Cooley, Jones et al. 2020, Harper, Fernee et al. 2021).

Die Therapie im Freien verbessert die therapeutische Beziehung durch ein größeres gemeinsames Eigentum an Raum und eine ausgewogenere Machtdynamik innerhalb der therapeutischen Beziehung. Dieser harmonisierende Einfluss ist förderlich, da die therapeutische Beziehung selbst genauso viel Varianz bei den Therapieergebnissen ausmacht wie die Behandlungsmodalität selbst. Die Effektivität der Therapie im Freien wird daher auch durch die Bereicherung der therapeutischen Begegnung erhöht. Die Vorteile der Waldtherapie sind nicht nur exklusiv für eine bestimmte Klient:innengruppen. Ihre Anwendung wird daher personenzentriert auf der Grundlage eines individualisierten Ansatzes empfohlen.

In einem klassischen Therapiesetting wie der Psychotherapie, vor allem der Psychoanalyse oder dem ärztlichen Gespräch, ist es üblich, Therapiesitzungen in einem Raum mit klaren Grenzen durchzuführen. Dieser Raum befindet sich oft in einem speziellen Therapiezentrum, in einer Gesundheitseinrichtung, in einer Gemeinschaftspraxis oder einer Einzelpraxis. Die Inneneinrichtung kann einem Büro ähneln mit Schreibtisch, Stühlen, Computer, Aktenschränken – also einem eher unpersönlichen Raum. Häufig ist der Therapieraum aber auch im Haus der Therapeut:innen sein, wo die meisten Menschen einen sichtbaren Beweis ihres Lebensstils haben – Bilder, Teppiche, Möbel. Diese sind Eigentum der Therapeut:innen und können für die Klient:innen von erheblichem Interesse sein, was aber oft nicht besprochen wird.

Sigmund Freuds Sprechzimmer muss für seine Klient:innen eine wunderbare Schatzkammer gewesen sein, aber im damaligen Wien wohl gar nicht so ungewöhnlich und milde Exzentrik des Fin de Siècle wiederspiegelnd – alles bis aufs letzte Fleckchen war zugestellt und vollgehangen. Er hatte eine mit einem Perserteppich bedeckte Couch, die zu sprichwörtlichem Ruhm gelangt ist, und viele wertvolle Kunstwerke und Ornamente, die man teilweise im Original im Sigmund Freud Museum in Wien bewundern kann. Er saß seinen Klient:innen nicht von Angesicht zu Angesicht gegenüber, sondern seitlich dahinter. Es ist schwer, sich vorzustellen, wie er mit seinen Klient:innen, oft Personen von hohem gesellschaftlichen Stand, durch einen Wiener Park oder in den Wienerwald ging. Die damals vorherrschende Damenmode wäre dafür wohl auch nicht besonders geeignet gewesen.

Im Laufe der Zeit gingen die meisten Therapeut:innen aus persönlicher Neigung dazu über, die Therapie nicht mehr von den auf einer Couch liegenden Klient:innen, sondern von Angesicht zu Angesicht auf Stühlen abzuhalten – die sprichwörtliche Sitzung also. Der zeitliche Rahmen ist oft vorgegeben, um eine Terminplanung zu ermöglichen, und übersteigt selten 50 Minuten. Die Klient:innen sind Besucher:innen, die den Raum respektieren und am Ende der Therapiesitzung aufstehen und zügig den Raum und das Gebäude verlassen. Zwischen Anfang und Ende dieser Sitzung finden ein therapeutisches Gespräch und eventuell durch Hilfsmittel unterstützte Interventionen statt. Diese Beschreibung deckt sich wahrscheinlich mit der Vorstellung einer klassischen Therapiesitzung der meisten Menschen.

Bei sonnigem, stabilem Hochdruckwetter in der warmen Jahreszeit könnten beide Parteien denken, dass sie lieber draußen wären. Wenn der Wunsch, die Therapie nach draußen zu legen, aufkommt, wird dieser aber vermutlich nicht zur Sprache gebracht. Das liegt wohl insbesondere an der Kenntnis um das Konzept des »sicheren Raums« als erkennbarem, vorhersehbarem Ort, an dem beide Parteien ihre Rollen und Grenzen verstehen und ausüben, und der Stabilität und Sicherheit bietet.

Die publizierten physiologischen, psychologischen und sozialen Vorteile, die sich aus der Exposition gegenüber der Natur im Allgemeinen ergeben, hat in weiterer Folge zu einer tieferen theoretischen und praktischen Beschäftigung mit der konkreten Integration von Wald in der Therapie und dessen Nutzung als Therapieraum geführt. Jedoch: Der gewohnte Therapieraum und -rahmen kann nicht einfach 1:1 in den Wald gelegt werden. Eine Reihe ungewohnter praktischer und organisatorischer Einflussgrößen wie das Wetter, das Gelände, die Erreichbarkeit und die körperliche Sicherheit beider Parteien sind offensichtlich. Daneben sind auch Spannungen der Vertraulichkeit, des Timings und der Durchführung des Therapieprozesses außerhalb der zuvor vorgegebenen Struktur mit einer Minimalanforderung von zwei Sitzgelegenheiten in einem Raum. Das Wort »Sitzung« sagt schon viel darüber aus, wie eine Therapieeinheit ablaufen wird.

> **Systemische Aufstellung im Wald**
>
> In der Psychotherapie geht im Prinzip sehr vieles, das in einem Innenraum funktioniert, auch draußen. Ausgenommen davon sind Interventionen, die elektrische Geräte mit externer Stromversorgung oder wettersensible Unterlagen aus Papier oder Karton und ähnliches benötigen. Ein gutes Beispiel ist die systemische Aufstellung oder Familienaufstellung. Bei diesem beliebten Verfahren symbolisieren Objekte oder Figuren reale Personen im familiären oder auch beruflichen Umfeld. Die Beziehung dieser Personen mit den Klient:innen wird durch die räumliche Stellung ausgedrückt. Die Übung kann sehr gut mit Waldobjekten im Wald durchgeführt werden.

## 6.4 Die therapeutische Beziehung im Wald

Den äußeren Rahmenbedingungen stehen theoretische Fragen gegenüber, wie die Rolle der äußeren Umgebung, insbesondere der Flora und Fauna, im therapeutischen Prozess zu verstehen sei. Auch vollziehen sich Änderungen in unbewussten zwischenmenschlichen Prozessen wie Übertragung und Gegenübertragung, wenn die starren Grenzen des Therapieraums in einen natürlichen Außenraum übertragen werden. Auch dürfen die Umwelteindrücke des sich bewegenden Raums, der sich im Vergleich mit dem statischen Innenraum lebendig anfühlt, nicht außer Acht gelassen werden. Die körperliche Aktivität selbst und die Veränderung in der Landschaft durch Fortbewegung verursachen im Vergleich zu einer sitzenden Position im Innenraum andere psychophysiologische Reaktionen.

Bewegung kann hier sogar sowohl als innerer als auch als äußerer Prozess verstanden werden. Wechselhaftes oder unangenehmes Wetter kann auch die Innenwelt widerspiegeln und ein guter Startpunkt für die Beschäftigung mit internen Beziehungsprozessen und emotionalen Reaktionen sein. Die Idee, dass man das Wetter nicht kontrollieren kann, spiegelte den Prozess wider, dass man emotionale »Stürme« und Beziehungen nicht immer kontrollieren kann. Die Anpassung daran, zum Beispiel mit passender Kleidung, kann ein Sinnbild für die eigene Resilienz gegen äußere widrige Umstände sein. Mit diesen natürlichen Phänomenen und der Reaktion auf diesen Reiz kann im therapeutischen Prozess agil gearbeitet werden. Dies bietet viele Möglichkeiten, erfordert aber von den Therapeut:innen selbst ein hohes Maß an Flexibilität, Professionalität und Enthusiasmus.

Eine Reihe ethischer Fragen, die sich für Therapeut:innen ergeben, die ihre therapeutische Arbeit in den Wald verlagern, verdienen erhöhte Aufmerksamkeit. Es kann nicht oft genug betont werden, dass der Wald als therapeutischer Raum »öffentlicher« und viel weniger abgeschlossen ist als ein Innenraum. Die Anonymität und Vertraulichkeit sind hier zentrale Themen und Anliegen, die mit den Klient:innen ausgehandelt und diskutiert werden müssen. Genauso sollte über die Auswirkungen des Wetters auf die Sitzungen und Aspekte der physischen und psychischen Sicherheit nachgedacht werden. Das traditionelle Modell der gesprächsbasierten Therapie kann alternativ auch in einer begrenzten natürlichen Umgebung stattfinden, einem Außenbereich, der ein gewisses Maß an Privatsphäre und Eindämmung für die therapeutische Begegnung bietet, wie eine Weidenkuppel oder ein Tipi aus Ästen. Dies sind nur einige Beispiele aus der Vielfalt naturbasierter Eingriffe.

Die Natur ändert auch die Beziehung zwischen den Klient:innen und den Therapeut:innen; sie wird oft vertrauter, da sich die Parteien abseits bekannter Umgebungen und vorhandener moderner Infrastruktur mehr aufeinander verlassen müssen. Auch sind die Therapieeinheiten meist länger als im Innenraum stattfindende. Aus diesem Grund neigen Waldtherapeut:innen im deutschsprachigen Bereich dazu, ihren Klient:innen respektvoll das Du-Wort anzubieten. Das hängt auch mit der meist sehr weltoffenen, philanthropischen und naturverbunden Gesinnung von Waldtherapeut:innen zusammen und passiert im Gegensatz dazu in einem klassischen therapeutischen Setting bei erwachsenen Klient:innen kaum. Diese kleine Geste hat bei der Waldtherapie durchaus seine Berechtigung und unterstreicht auch die Wichtigkeit und den großen Respekt des hier neu in Anspruch genommen Therapieraums. Sie ist allerdings nicht die Regel.

Die Länge der Waldtherapie insgesamt und der einzelnen Einheiten kann in Abstimmung mit den Therapiezielen und den Wünschen der Klient:innen variabel gestaltet werden. Drei Therapieformen sind wohl besonders bekannt: die traditionelle Einzeltherapie, die wöchentlich über einen längeren Zeitraum zu einer regelmäßigen Zeit und am selben Ort durchgeführt wird; ein eintägiger Workshop oder ein Wochenende (zweitägig oder dreitägig) durchgängig mit einer Gruppe von bis zu zehn Teilnehmenden im Wald, entweder mit Zelten oder festen Behausungen. Die beiden letzteren verwenden überwiegend Erfahrungsübungen und Gruppenreflexionen, um die Verbindungen und emotionalen Erfahrungen der Teilnehmenden in Bezug auf die Natur zu erleichtern.

Das Wohl und die Sicherheit der Klient:innen stehen für die Therapeut:innen an erster Stelle. Wenn die Therapie in einem Innenraum stattfindet, können Variablen, die die Sicherheit und den Komfort des Patienten beeinträchtigen, relativ einfach kontrolliert werden. Wenn der Therapeut und der Klient jedoch einen Innenkontext verlassen, um sich an therapeutischen Aktivitäten in natürlichen Räumen zu beteiligen, müssen einige Vorbereitungen getroffen und Eventualitäten bedacht werden.

Die Unvorhersehbarkeit des Wetters, das Potenzial für Überanstrengung während körperlicher Aktivität, eine Vielzahl von Risiken für Körperverletzungen, die Fähigkeit der Klient:innen, sich im natürlichen Raum zurechtzufinden, die verminderte Kontrolle der Therapeut:innen über die zeitlichen Grenzen der Sitzung, die möglicherweise überwältigende und emotionale Reaktion der Klient:innen bei der Erfahrung der ungewohnter Nähe zur Natur und viele andere Fragen müssen von beiden Parteien geklärt werden. Und zwar bevor die therapeutische Arbeit in einer natürlichen Umgebung beginnen kann.

Die Gewährleistung der Sicherheit der Klient:innen vorausgesetzt, dürfen diese nur dann zur Teilnahme an waldbasierten Therapiemodalitäten eingeladen werden, wenn diese therapeutisch begründet und durch wachsende Forschungsergebnisse gestützt wird. Die Therapeut:innen müssen uneingeschränkt in der Lage sein, das besondere verfügbare Nutzenpotenzial für jede einzelne Person zu identifizieren. Die eigenen Interessen oder Präferenz sollen dabei keine Rolle spielen.

Wichtig ist auch, dass die Therapeut:innen die Selbstbestimmung der Klient:innen während der Therapie respektieren und fördern. Die Einladung zu einer Therapie im Wald kann zwar von therapeutischer Seite ausgehen, die endgültige Entscheidung, eine solche Therapie zu beginnen, muss jedoch aus einer informierten Einwilligung durch die Klient:innen resultieren. Die Therapeut:innen müssen dabei deren Recht auf freie und nicht manipulierte Wahl respektieren, wenn sie die möglichen Behandlungsoptionen präsentieren und empfehlen. Dies bedeutet, eine faire Bewertung potenzieller Erfahrungen und Ergebnisse für die vorgeschlagene Intervention auf der Grundlage relevanter empirischer Forschung vorzulegen und alternative Interventionen zu identifizieren und ebenso anzubieten.

Selbst wenn manche Therapeut:innen schon einen guten Ruf dafür erlangt haben, therapeutische Arbeit im Wald durchzuführen, ist die Information und Aufklärung der Klient:innen grundlegend. Darüber hinaus haben die Therapeut:innen nach geltenden ethischen Standard auch die Pflicht, das Recht des Klient:innen auf Privatsphäre und Vertraulichkeit zu schützen, unter besonderer Berücksichtigung der einzigartigen Herausforderungen, die sich aus der Arbeit in natürlichen Umgebungen ergeben können.

Der Implementierung einer spezialisierten Behandlungsmethode, einer neuartigen Technologie oder der Arbeit mit einer bestimmten Bevölkerungsgruppe, für die ein Therapeut nicht ausgebildet ist, muss eine sorgfältige und angemessene Vorbereitung und Schulung vorausgehen. Eine solche Vorbereitung und Ausbildung bietet einen Weg zur Entwicklung beruflicher Kompetenz. Akademische und persönliche Vorlieben allein bieten keine angemessene Vorbereitung und Legitimität für die Verwendung einer noch recht neuen therapeutischen Modalität wie der Waldtherapie.

Während einige Autor:innen argumentieren, dass naturbasierte Interventionen die älteste Art der Therapie sind, beginnt empirisch unterstützte Forschung erst seit kurzem, die zugrundeliegenden Dynamiken und Mechanismen zu verstehen. Aus diesem Grund könnten naturbasierte Therapietechniken, die durch wissenschaftliche Forschung unterstützt werden, als ein aufstrebendes Gebiet angesehen werden. Umso wichtiger ist es, dass die Therapeut:innen sich der eventuell auftretenden Schwierigkeiten, wie schon erwähnt, bewusst sind und eine relevante Ausbildung und Supervisionen absolvieren. Bei einem neuen und aufstrebenden Therapiezweig hat die Entwicklung der professionellen Kompetenz oberste Priorität.

## 6.5 Ethische Überlegungen

Für die Waldtherapie durch Therapeut:innen mit psychologischer, psychiatrischer oder psychotherapeutischer akademischer Grundausbildung wurden von unterschiedlichen Autor:innen und Fachgesellschaften diverse Begriffe formuliert. Je nach hauptsächlicher fachlicher Ausrichtung, vorherrschender methodischer Orientierung, zugrundeliegenden rechtlichen Grundlagen und geographischer Lage werden Formulierungen wie Naturbasierte Therapie, Ökotherapie, Psychotherapie in der Natur, Ökopsychologie und andere mehr verwendet.

Diese Wissenschaftsfelder liefern wichtige Definitionen und Methoden, um die Mensch-Natur-Interaktionsmuster besser zu erforschen und zu verstehen. Seit ihren Anfängen hat die Urbanisierung stark zugenommen und auch der Einfluss der Technologie auf die individuelle Lebensführung ist exponentiell gewachsen, was zu einer Informationsflut und einer globalen Vernetzung geführt hat (Warburton & Bredin 2017). Eine der unerwarteten, und wahrscheinlich ungewollten, Konsequenzen ist, dass die Technologie uns weiter von der natürlichen Welt entfernt hat. In weniger als zwei Generationen hat sich unsere Beziehung zur Natur dramatisch verändert. Zahlreiche Studien weisen darauf hin, dass Kinder, aber auch Erwachsene aller Altersgruppen, heute viel weniger Zeit in der Natur verbringen, und wenn sie dies tun, ist der Bewegungsradius geschrumpft. Die Neurowissenschaften untersuchen, wie sich die Gehirnfunktionen aufgrund der vielen Zeit vor zweidimensionalen Bildschirmen ändern. Steigende Adipositasraten und ADHS-Diagnosen stehen in Verbindungen mit einem überwiegenden sitzenden Lebensstil in Innenräumen (Louv 2008). Die interdisziplinären Ansätze nehmen eine bedeutende Position ein, wenn es darum geht, zu erforschen, wie wir mit der von uns geschaffenen Technologie interagieren. Sie tragen dazu bei, ein Bewusstsein zu schaffen, das den modernen Menschen als eine Spezies begreift, die gleichermaßen technologisch wie ökologisch geprägt ist. Gemäß Kamitsis und Simmonds kann dieses Bewusstsein dazu beitragen, dass wir als Menschen die Verantwortung für die von uns entwickelten Technologien übernehmen. Es befähigt uns dazu, die Präsenz dieser Technologien in unserem eigenen Leben und dem unserer Kinder kritisch zu reflektieren und angemessene Grenzen zu setzen (Kamitsis & Simmonds 2017).

Ein wichtiges Element der Waldtherapie ist die Anerkennung der Mensch-Natur-Beziehung. Die menschliche Naturerfahrung ist vielfältig, im Gegensatz zum gängigen menschenzentrierten Verständnis, das die Natur als »anders als menschlich« definiert. Dies entspricht einer Dichotomie zwischen dem Menschen einerseits und der physischen Welt der Pflanzen und Tiere sowie Merkmalen der Erde wie Stränden, Bergen und Flüssen andererseits. Dieses starre Verständnis wird durch das von der WHO postulierte integrative, multidisziplinäre und systemische One Health Konzept aufgebrochen, da hier Mensch, Natur und Tierwelt drei gleichberechtigte Eckpunkte eines Dreiecks darstellen. Für den therapeutischen Nutzen spricht die kollektive Erfahrung und Überzeugung, dass die Erfüllung des eigenen Potenzials durch eine tiefe sinnvolle Beziehung und Verbundenheit mit der Natur, und auch den Lebewesen darin, verwirklicht wird. Es ist zu berücksichtigen, wie es auch bei den meisten Forschungen durch standardisierte Fragebögen gemacht wird, dass ein breites Spektrum von Mensch-Natur-Verbindungen vorhanden ist. Eine Waldtherapie kann besonders förderlich für Personen sein, die aufgrund von technologischen Veränderungen, Urbanisierung und anderen gesellschaftspolitischen Kräften funktional und konzeptionell von der Natur getrennt wurden (gemäß des Narrativ des Naturdefizitsyndroms). In der Waldtherapie soll diese Trennung zur Steigerung des Wohlbefindens thematisiert und aufgehoben werden. Es ist daher sinnvoll, die therapeutische Arbeit mit der direkten Umwelt in Beziehung zu setzen.

Wenn Therapeut:innen sich dazu entscheiden, aus persönlichen Interessen, einer erhöhten Nachfrage oder andere Gründen, mit bestem Wissen und Gewissen, Waldtherapie anzubieten, sollen sie sich relevanter ethischer Fragen bewusst sein. Sie sollen auch entsprechende Vorkehrungen treffen, um das Risiko für Klient:innen und sich selbst zu minimieren. Die Therapeut:innen sollen sich mit angemessenem Aufwand bemühen, die für die Durchführung der Therapien notwendigen Kompetenzen zu erlangen. Sie sollen darüber hinaus auch in der Lage sein, schon vor Therapiebeginn potenzielle Grenzen der Privatsphäre und Vertraulichkeit zu identifizieren. Die konstruktive und wechselseitige Zusammenarbeit mit den Klient:innen soll angemessene Entscheidungen im Therapieverlauf sicherstellen. Schließlich sollen die Therapeut:innen in einem Prozess der informierten Einwilligung den Klient:innen genaue Informationen über den erwarteten Therapieverlauf liefern. Die Klient:innen werden dadurch befähigt, informierte Entscheidungen über einen für sie am besten geeigneten Therapieverlauf zu treffen. Auf diese Weise können Therapeut:innen das therapeutische Potenzial einer natürlichen Umgebung nutzen und gleichzeitig ethische Entscheidungen treffen, die die Gesundheit und das Wohlbefinden der Klient:innen fördern und vor Schaden schützen (Hooley 2016).

### 6.5.1 Kompatibilität

Wer ist geeignet für eine Waldtherapie? Diese Frage ist sowohl für Klient:innen als auch Therapeut:innen relevant, wobei die Beziehung der Letzteren zur Natur und deren Bereitschaft dafür wichtige Voraussetzung für die Durchführung effektiver Waldtherapien ist. Offenheit für den Ansatz, Lernbereitschaft, Reflexionsfähigkeit müssen auf beiden Seiten gegeben sein. Die Notwendigkeit der Selbsteinschätzung unterscheidet sich nicht von der Ausbildung anderer Fähigkeiten. Für die Durchführung der Waldtherapie müssen Therapeut:innen ein eigenes Naturbewusstsein und eine ökologische Identität entwickeln (Harper, Fernee et al. 2021). Darüber hinaus sollten aus praktischer und Risikomanagement-Sicht auch Fähigkeiten entwickelt werden, um Klient:innen außerhalb einer Praxis sinnvoll anleiten zu können.

Nach sorgfältiger theoretischer und praktischer Ausbildung als Ausbau der bereits bestehenden fachlich-therapeutischen Vorkenntnisse können mit den Klient:innen relevante Fragen kompetent diskutiert werden. Beispiele:

- Zu welchen Outdoor-Aktivitäten fühlen Sie sich hingezogen?
- Welche Bedürfnisse nach Wiederherstellung und Wachstum haben Sie?
- Was wollen Sie erreichen?
- Welches Maß an Herausforderung und Intensität erscheint Ihnen angemessen?
- Welche Kenntnisse, Fähigkeiten und Werkzeuge bringen Sie mit?

Diese Fragen helfen herauszufinden, welche Elemente der Waldtherapie in welchem Ausmaß am hilfreichsten sein könnten.

Eine wohlüberlegte, professionelle Einschätzung der Bedürfnisse und Präferenzen von Therapeut:innen und Klient:innen in Bezug auf Art, Ort und Intensität der Waldtherapie ist erforderlich. Während Therapeut:innen den therapeutischen Rahmen in den Wald verschieben, müssen sie diese Arbeit weiterhin mit aktuellen Forschungsergebnissen und regionalen und standespolitischen Entwicklungen abgleichen, da das Forschungsfeld sich rasch vergrößert. Neben der Vermittlung der theoretischen Absichten für waldbasierte Therapien sind einige ethische Fragen für die Risikominimierung von Klient:innen und Therapeut:innen relevant.

Gesprächsbasierte oder therapeutische Interventionen wie die Psychotherapie finden fast ausschließlich im konkreten Kontext am physischen Ort einer Praxis statt. In einem symbolträchtigen Raum agieren Therapeut:innen innerhalb klarer physischer Grenzen als Schöpfer der therapeutischen Erfahrung der Klient:innen. Logistisch gesehen geben diese Grenzen sowohl den Klient:innen als auch den Therapeut:innen ein konkretes Gefühl für Ort und Zeit. Die Therapeut:innen können die Privatsphäre und Vertraulichkeit ihrer Klient:innen schützen, die Anfangs- und Endzeiten der Sitzungen verwalten und den Komfort des Besprechungsraums sicherstellen. Sowohl die Klient:innen als auch die Therapeut:innen bewahren die Sicherheit in diesem gewollt starren und künstlichen Umfeld, während sie an Veränderung arbeiten: Ein Heilungsprozess soll in Gang gesetzt werden. Allerdings muss nicht jede Therapie in einem vom Therapeut:innen bereitgestellten Innenraum stattfinden. Den traditionellen Praxis zu verlassen, erzeugt eine fruchtbare Vielfalt für therapeutische Erfahrungen.

Die Forschungsliteratur legt nahe, dass natürliche Umgebungen besondere Ressourcen und Möglichkeiten für den therapeutischen Prozess bieten. Das Verlassen der traditionellen Grenzen der Therapie stellt jedoch ein zusätzliches Risiko für die Klient:innen und die Therapeut:innen gleichermaßen dar und muss mit Absicht und Planung erfolgen. Obwohl allgemein angenommen wird, dass der Kontakt mit der Natur positive Ergebnisse für die menschliche Gesundheit fördert, muss eine effektive waldbasierte therapeutische Arbeit mit Klient:innen zunächst auf einem fundierten Verständnis für deren Beziehung zur Natur basieren. Das Verständnis der Risiken und Anforderungen, die mit einer Therapie verbunden sind, die in einer natürlichen Umgebung stattfindet, ist essentiell. Mit Blick auf die Sicherheit und das Wohlergehen beider Parteien bedarf es einer Identifikation diese Risiken und Anforderungen und die Entwicklung geeigneter Strategien zu ihrer Bewältigung. Die Ziele der Therapie und Bedürfnisse der Klient:innen können je nach Setting sehr unterschiedlich sein. Infolgedessen müssen sich die Waldtherapeut:innen möglicherweise auf ihre Erfahrung, Menschenkenntnis und Berufsethik verlassen, um diese wichtigen Entscheidungen zu treffen. Die Überschätzung der eigenen therapeutischen Kompetenz kann in einer natürlichen Umgebung schnell gefährlich werden und es bedarf hier auch adäquater Ausstiegstrategien und Inanspruchnahme der Unterstützung Dritter.

## 6.5.2 Therapeutische Kompetenz

Kompetente Waldtherapeut:innen müssen auch darauf achten, die relevanten Fähigkeiten zu entwickeln, was letztlich ein Prozess der kontinuierlichen professionellen Fortbildung und des lebenslangen Lernens ist. Die zwei grundlegenden Kompetenzkategorien sind die fertigkeitsbasierten Kompetenzen und die Beziehungskompetenzen (Campbell, Silver et al. 2010).

Fertigkeitsbasierte Kompetenzen beziehen sich auf technische Fähigkeiten, die während der formalen Ausbildung und beruflichen Weiterbildung entwickelt und verfeinert werden. Für naturbasierte Therapien umfassen fertigkeitsbasierte Kompetenzen jedoch auch kontextuelle und situative Fähigkeiten, die nicht-psychologischer Natur sind. Zum Beispiel müssen Therapeut:innen, die Wildnis- oder Abenteuertherapie ermöglichen möchten, Überlebensfähigkeiten und Erste Hilfe in der Wildnis beherrschen. Auf die gleiche Weise müssen Therapeut:innen für Gartenbautherapie über praktische Kenntnisse der Gartenarbeit, relevante Werkzeuge und Sicherheitspraktiken verfügen. Darüber hinaus müssen kompetente Therapeut:innen ein klares Verständnis der Grenzen ihrer Fähigkeiten und Fertigkeiten haben. Die primäre Motivation, Kompetenz zu erlangen und aufrechtzuerhalten, besteht nach ethischen Richtlinien darin, den Klient:innen und sich selbst vor potenziellem Schaden zu schützen.

Beziehungskompetenzen bezeichnen die intrapersonalen und zwischenmenschlichen Fähigkeiten der Therapeut:innen – den Grad und die Genauigkeit des Bewusstseins für die Erfahrung von sich selbst und anderen. Diese Fähigkeiten sind entscheidend, um eine starke Arbeitsallianz zwischen Klient:in und Therapeut:in zu schmieden und aufrechtzuerhalten. Beispiele können empathische Fähigkeiten wie Zuhören und Beobachten sein. Bei der Waldtherapie darf jedoch nicht davon ausgegangen werden, dass relationale und fertigkeitsbasierte Kompetenzen für das traditionelle Innenraumsetting sich direkt auf die Therapie in natürlichen Umgebungen übertragen lassen. Alleine diese Erkenntnis ist schon bedeutend und wertvoll für die Erwartungshaltung. Blickkontakt, eine offene Körperhaltung und eine den Klient:innen zugewandte körperliche Ausrichtung ist beim Sitzen leichter möglich als im Freien in Bewegung. Wenn Therapeut:innen und Klient:innen zusammen im Wald sind, müssen die Therapeut:innen möglicherweise das Tempo an die Klient:innen anpassen und gelegentlichen Blickkontakt aktiv suchen.

### 6.5.3 Supervision

Eine angemessene Supervision ist ein wichtiges Element im Prozess der Entwicklung der therapeutischen Kompetenz und wird meistens von erfahrenen Fachkolleg:innen übernommen, die auf umfangreiche Berufserfahrung zurückgreifen können. Auch ist ein Erfahrungsaustausch mit Fachleuten aus einer Vielzahl von anderen relevanten Bereichen sinnvoll, um Einblicke und Anleitungen zu bestimmten Aspekten der Waldtherapie zu erhalten. Beispielsweise können Ergotherapeut:innen helfen zu verstehen, wie Klient:innen auf die körperlichen Anforderungen einer Waldtherapie reagieren könnten. Gärtner:innen können bei der Identifizierung sicherer und geeigneter Pflanzen für die Verwendung in der Therapie behilflich sein. Ortskundige Flussführer:innen können helfen, potenzielle Gefahren bei einer Abenteuertherapie zu erkennen. Eine interdisziplinäre Zusammenarbeit und Supervision können zu einem tieferen Verständnis und zur adäquaten Umsetzung der Theorie in die Praxis beitragen.

### 6.5.4 Privatsphäre und Vertraulichkeit

Der Wert des Schutzes der Vertraulichkeit der Klient:innen ist gut in das traditionelle Verständnis und die Praxis der Therapie integriert. Der APA-Ethikkodex identifiziert die Wahrung der Vertraulichkeit der Klient:innen als primäre Verpflichtung und weist Therapeut:innen an, diesbezüglich angemessene Vorkehrungen zu treffen (Hooley 2016). Diese Verpflichtung gilt für vertrauliche Informationen oder Materialien, die in irgendeiner therapeutischen Modalität erhalten wurden. Als Reaktion auf jede umweltbedingte oder strukturelle Herausforderung der Vertraulichkeit oder Privatsphäre des Klienten weist der Ethikkodex Therapeut:innen an, angemessene Anstrengungen zu unternehmen, um ausreichenden Schutz zu bieten. Abgesehen von der Beachtung der Richtlinien und Verfahren, die diesem Schutz dienen, liegt es in der Verantwortung der Therapeut:innen, die Klient:innen zu Beginn der therapeutischen Arbeit über die möglichen Einschränkungen der Vertraulichkeit zu informieren, um deren Rechte zu wahren. Erstens haben Klient:innen das Recht, über mögliche Grenzen informiert zu werden, bevor eine Überschreitung dieser Grenzen sie direkt betrifft. Zweitens haben Klient:innen das Recht, den Inhalt der Informationen, die in der Therapie geteilt werden, basierend auf der Einschätzung der relativen Sicherheit auszuwählen (Campbell, Silver et al. 2010).

Die Stärke und Wirksamkeit des therapeutischen Rahmens wird zum Teil durch die gegenseitig respektierten Werte der Privatsphäre und Vertraulichkeit zwischen Klient:innen und Therapeut:innen unterstützt. Therapeut:innen, die den Klient:innen klar mitteilen, wie ihre Privatsphäre respektiert wird, legen den Grundstein für eine produktive therapeutische Allianz. Der traditionelle Therapierahmen für den Innenbereich ist gut geeignet, um die Vertraulichkeit und Privatsphäre der Klient:innen zu wahren. Durch die Entscheidung, sich innerhalb einer begrenzten Zeit in einem privaten Raum zu treffen, können beide Parteien mit einem hohen Maß an Kontrolle vorgehen, wenn sie auswählen, wie sie sich präsentieren und was sie miteinander teilen möchten. Der umschlossene und begrenzte therapeutische Raum bietet eine physische Darstellung der Einschließung persönlicher Informationen, die innerhalb der Therapie geteilt werden.

Wenn diese Arbeit in einen natürlichen Raum verlegt wird, ergeben sich neue Herausforderungen und Risiken für die Wahrung der Vertraulichkeit und Privatsphäre. Eine vollständige Kontrolle der Umgebung ist nicht möglich und eine Unterbrechung oder Verletzung des vormals geschützten Rahmens muss gegebenenfalls zugelassen werden. Die natürliche Umgebung ist ein öffentlicher Raum und die Klient:innen können es als unsicher empfinden, Emotionen zu teilen oder sich körperlich auszudrücken. Indem die Aufmerksamkeit auf den Schutz der Privatsphäre und Vertraulichkeit gelenkt wird, signalisieren die Therapeut:innen proaktiv das Bewusstsein für Bedrohungen und die Bereitschaft, wachsam zu sein, um den Schutz aufrechtzuerhalten. Klient:innen und Therapeut:innen können gemeinsam einen Aktionsplan für den Fall einer Störung entwickeln, was ihre therapeutische Allianz noch stärken kann.

Beispielsweise plant ein Therapeut, eine Therapiesitzung zu moderieren, in der er gemeinsam mit einer Klientin durch einen großen Park geht. Vor Beginn des Spaziergangs teilt der Therapeut der Klientin mit, dass der Park ein öffentlicher Ort ist, und erwähnt, dass sie anderen begegnen könnten. Der Therapeut erinnert die Klientin an seine Verpflichtung, ihre Identität zu schützen und die Offenlegung von Informationen, die ihre Privatsphäre in Frage stellen könnten, zu vermeiden. Er lädt die Klientin sogar ein, neugierig zu sein, was während ihrer Sitzung passieren könnte. Wie könnten sie reagieren, wenn sie eine andere Person treffen? Was ist in diesem Moment für die Klientin und den Therapeuten wichtig? Auf diese Weise können sie eine Handlungsstrategie aushandeln, bevor ein Ereignis eintritt, und beim Prozess des Schutzes der Privatsphäre und der Wahrung der Vertraulichkeit zusammenzuarbeiten.

Der Schutz von schriftlichen Unterlagen und personenbezogenen Daten ist ebenfalls ein wichtiger Bestandteil der Wahrung der Privatsphäre und Vertraulichkeit. Die Therapeut:innen wahren die Vertraulichkeit bei der Erstellung, Speicherung, dem Zugriff, der Übertragung und der Entsorgung von Aufzeichnungen, unabhängig davon, ob diese schriftlich, automatisiert oder in einem anderen Medium vorliegen. Die Therapeut:innen müssen Protokolle für den Umgang mit und die Speicherung von Klient:innendaten entwickeln und einhalten, unabhängig von der Therapieumgebung. Dies ist besonders wichtig im Freien und in der Natur, wo eine sichere Aufbewahrung von Aufzeichnungen möglicherweise nicht ohne weiteres verfügbar ist. Unter diesen Umständen müssend die Therapeut:innen sorgfältig darüber nachdenken, wie Unterlagen ungesichert und gefährdet sein können. Elektronische Geräte, die zum Erstellen und Speichern von Kundeninformationen verwendet werden, müssen verschlüsselt oder passwortgeschützt sein. Wenn keine sichere Methode zum Schutz von Klient:innendaten verfügbar ist, können geeignete Verschlüsselungsmethoden verwendet werden, um Informationen zu de-identifizieren.

### 6.5.5 Informierte Einwilligung

Die Klient:innen beginnen eine Therapie möglicherweise mit einer passiven Erwartung in die Fähigkeit der Therapeut:innen, ihre gegenwärtige belastende Situation positiv zu beeinflussen. Jedoch zeigen die Erfahrung und Forschung, dass Interventionen, die die Handlungsfähigkeit und die Partizipation der Klient:innen fördern und stärken, tendenziell bessere und dauerhaftere Ergebnisse erzielen. Die Klient:innen zu befähigen, fundierte Entscheidungen über den Therapieverlauf zu treffen, ist ein wichtiger Faktor bei der Entwicklung einer kooperativen und produktiven Zusammenarbeit. Die Gelegenheit für die Einbindung der Klient:innen ergibt sich früh in der therapeutischen Beziehung. Die Therapeut:innen sollen einen genauen Überblick über den Verlauf, die Ziele, den Inhalt, die Gebühren, die mögliche Beteiligung Dritter und die möglichen Ergebnisse der Therapie geben und geeignete therapeutische Interventionen vorschlagen. Nach der Bereitstellung relevanter Informationen müssen die Therapeut:innen Feedback, Fragen und Präferenzen der Klient:innen einholen und in die weitere Planung miteinbeziehen. Damit kann sichergestellt werden, dass die Therapieziele auf beiden Seiten miteinander übereinstimmen.

Bei therapeutischen Interventionen in der Natur muss der Einwilligungsprozess auch eine Auflistung der besonderen Möglichkeiten sowie Risiken, denen die Klient:innen begegnen kann, beinhalten. Insbesondere die ethischen und organisatorischen Herausforderungen, die sich von einer Therapie in Innenräumen unterscheiden können, sollten thematisiert werden. Wie bereits erwähnt, haben Klient:innen das Recht, die potenziellen Grenzen der Vertraulichkeit und Privatsphäre zu kennen, die entstehen können, wenn die Intervention den abgegrenzten Raum der therapeutischen Praxis verlässt. In Außenbereichen können die Klient:innen einer Vielzahl von Wetterbedingungen wie unerwartetem Regen, Wind oder unangenehmen Temperaturen ausgesetzt sein. Die momentane Behaglichkeit, die zusätzlich zum Waldmikroklima etwa noch Lichtverhältnisse, Farben und akustische Aspekte beinhaltet, wird durch rasch wechselnde thermische, olfaktorische, visuelle und akustische Empfindungen beeinflusst.

Es müssen Informationen über die Topographie des Geländes, die Intensität der möglichen körperlichen Anstrengung, mögliche Bewegungsanforderungen und körperliche Risiken gegeben werden. Diese Informationen helfen den Klient:innen, ein Gefühl dafür zu entwickeln, ob die vorgeschlagene Intervention gut passt. Auch die logistische Vorbereitung mit zeitlicher Planung, angemessener Schutzausrüstung, Kleidung und Schuhen wird dadurch erleichtert. Wenn es die gemeinsame informierte Entscheidung ist, zusammen in die Natur zu gehen und Waldtherapie als eine geeignete Intervention angesehen wird, kann abgesteckt werden, zu welcher Zeit und an welchem Ort die Intervention beginnt und endet.

Die informierte Einwilligung in die Therapie geht über jeden anfänglichen Austausch hinaus. Im weiteren Therapieverlauf sind die Therapeut:innen verantwortlich für ein kontinuierliches Monitoring und eine Evaluierung der Klient:innenerfahrung. Sie müssen die Klient:innen über stattfindende Veränderungen und Übergänge, die während der Therapie auftreten, informieren. Es ist wichtig, kontinuierlich Feedback von den Klient:innen einzuholen, um einen Raum für das Teilen von Erwartungen und Erfahrungen und deren Abgleich zu schaffen. Wenn die Klient:innen Änderungen in ihren emotionalen und kognitiven Reaktionen auf die therapeutische Erfahrung erleben, was natürlich eine zu erwartender und gewünschter Prozess ist, muss hier auch Raum gegeben werden, die Erwartungshaltung neu auszuhandeln. Dieser Zyklus aus Bewertung und Neuverhandlung macht die Einwilligung nach Aufklärung zu einem dynamischen, agilen Prozess. Die Bereitstellung detaillierter Informationen und die anschließende Verhandlung über Einzelheiten mögen mühsam erscheinen. Die Betonung des Prozesses gibt den Therapeut:innen jedoch die Möglichkeit, das Recht des Klient:innen auf Selbstbestimmung zu respektieren und zu fördern.

Viele naturbasierte therapeutische Interventionen wie die Waldtherapie haben nicht den Vorteil der breiten Legitimität und Anerkennung der Ausbildung und Anwendung der klassischen therapeutischen und medizinischen Heilverfahren. Dies kann auch die Kostenübernahme der Therapie durch die Gesundheitskassen ungünstig beeinflussen. Obzwar davon ausgegangen werden kann, dass nur evidenzbasierte, sichere und erprobte Methoden angewandt werden und keine experimentellen Verfahren, muss dieser Umstand auch im Aufklärungsprozess thematisiert werden. Sollte es dennoch der Fall sein, dass für einen Teil der Intervention keine allgemein anerkannten Techniken etabliert wurden, sollten die damit verbundenen potenziellen Risiken, möglicherweise verfügbare alternative Behandlungen und die Freiwilligkeit der Beteiligung explizit betont werden. Wenn die Klient:innen es wünschen, sollen auch traditionelle therapeutische Möglichkeiten oder zusätzliche therapeutische Optionen, die sich positiv auf die Behandlungsziele auswirken können, angeboten werden.

# 7 Waldtherapie in der Praxis

Die Waldtherapie als gesundheitsfördernde Methode und potenzielles universelles Gesundheitsmodell kann den globalen modernen Stresszustand reduzieren. Das ist die Grundannahme, die die wissenschaftliche Beschäftigung mit dem Thema antreibt und damit auch vorantreibt. Forschungen aus Japan, Korea und China weisen auf eine Fülle positiver gesundheitlicher Vorteile für die physiologische und psychologische Gesundheit hin, die mit der Ausübung von Shinrin-Yoku, auch bekannt als Waldbaden oder Waldtherapie, verbunden sind (Kotte, Li et al. 2019). Shinrin-Yoku ist eine traditionelle japanische Praxis des Eintauchens in die Natur durch den achtsamen Einsatz aller fünf Sinne. In den 1980er Jahren tauchten der Begriff und das Konzept von Shinrin-Yoku in Japan als zentraler Bestandteil der Gesundheitsvorsorge in der traditionellen japanischen Medizin auf.

Die berichteten Forschungsergebnisse im Zusammenhang mit den gesundheitsfördernden Komponenten der Waldtherapie konzentrieren sich insbesondere auf die therapeutischen Wirkungen auf die Funktion des Immunsystems, des kardiovaskulären Systems, des Atmungssystem und des vegetativen Nervensystems (Haluza, Schönbauer et al. 2014, Cervinka, Schwab et al. 2020). Darüber hinaus bieten verschiedene zeitgenössische Hypothesen, wie z. B. die Aufmerksamkeitswiederherstellungstheorie (Kaplan & Kaplan 1989), die Stressreduktionstheorie (Ulrich, Simons et al. 1991) und die Biophilia-Hypothese (Wilson 1984), Unterstützung und einen praktikablen theoretischen Rahmen für die Waldtherapie und anderen Formen von naturbasierten Interventionen.

Darüber hinaus zielt die Waldtherapie mit einer Reihe von Praktiken darauf ab, vorbeugende und therapeutische Wirkungen durch Einwirkung natürlicher Reize zu erzielen, die einen Zustand psychologischer und physiologischer Entspannung und Stärkung bewirken. Zu Beginn einer Waldtherapie besteht beim Patient:innen in der Regel ein gestresster Zustand, der dann über die regenerierenden Wirkungen der Natur (Wälder, Blumen usw.) vermindert wird und Entspannung eintritt. Diese Reaktionen auf die Natur können individuell unterschiedlich stark und schnell ausfallen. Kaplan und Kaplan postulieren, dass die Exposition gegenüber natürlich vorkommenden Reizen und deren Wahrnehmung durch alle fünf Sinne eine direkte aktivierende Wirkung auf das parasympathische Nervensystem haben (Kaplan & Kaplan 1989). Dies führt zu einem Zustand der Entspannung, der Regeneration und der Aufmerksamkeitswiederherstellung. Personen, die in der Nähe von Grünflächen leben, berichten, dass sie energiegeladener sind und sich gesund fühlen (Ulrich et al. 1991). Aktuelle wissenschaftliche Erkenntnisse belegen, was Menschen intuitiv wissen: Die Natur hat große Vorteile für die Psyche und dies zeigt sich in gesteigertem Glück, Gesundheit und Wohlbefinden (Cervinka, Schwab et al. 2020).

Vom Schweizer Arzt Paracelsus, der im 16. Jahrhundert lebt, stammen berühmte Sätze wie »Wer heilt hat Recht« oder »Der Arzt kuriert, aber die Natur heilt«. Der Bedarf, diese lange bekannten Weisheiten wissenschaftlich zu prüfen, hat die Waldtherapieforscher:innen weltweit dazu veranlasst, die gesundheitlichen Vorteile der Exposition von Menschen gegenüber der Natur zu untersuchen.

Die Waldtherapie verlangt von den Waldtherapeut:innen die Entwicklung neuer Fähigkeiten, wie z. B. die Kontrolle des therapeutischen Prozesses während des Gehens. Aspekte wie das Fehlen von Augenkontakt mit Klient:innen, Ablenkungen von außen oder schlechte Akustik durch das Nebeneinandergehen erfordern andere Wege der Kontaktaufnahme im Gespräch. Sowohl die Aufmerksamkeit der Klient:innen als auch der Therapeut:innen können dadurch beeinflusst werden. Die Außenumgebung erfordert daher eine stärkere Lenkung des therapeutischen Prozesses innerhalb einer Einheit.

Die körperliche Bewegung in der Natur hat klare Vorteile im Vergleich zu einer Therapie in einem Praxis- oder Besprechungsraum. Ein Waldtherapieprogramm beinhaltet eine Reihe von strukturierten Aktivitäten und auf kognitiver Verhaltenstherapie basierenden Interventionen, die verschiedene Elemente der Waldumgebung nutzen, um Stress abzubauen und die Gesundheit zu fördern. Zahlreiche Studien haben gezeigt, schon alleiniges Gehen oder Betrachten des Waldes ohne begleitete waldtherapeutische Übungen positive Auswirkungen auf Stressabbau und psychologische Entspannung haben (Haluza, Schönbauer et al. 2014, Cervinka, Schwab et al. 2020). Der Waldspaziergang erhöht die Aktivität des parasympathischen Nervensystems und reduziert die Aktivität des sympathischen Nervensystems und die Herzfrequenz im Vergleich zum Gehen in einer städtischen Umgebung (Ulrich, Simons et al. 1991). Positive Emotionen werden erhöht und negative Emotionen wie Angst, Anspannung, Depression, Niedergeschlagenheit, Wut, Feindseligkeit, Müdigkeit und Verwirrung verringert. Kognitive Aufgaben, die Konzentration erfordern, können besser erfüllt werden. In ähnlicher Weise hat das Gehen in einer natürlichen Umgebung Vorteile beim Spracharbeitsgedächtnis und der kognitiven Kontrolle im Vergleich zum Gehen in einer städtischen Umgebung gezeigt (Song, Ikei et al. 2018).

Waldtherapieprogramme für Menschen mit Depressionen, posttraumatischen Belastungsstörungen, Stress oder Angstzuständen können die Lebensqualität und die Krankheitssymptome verbessern (Takayama, Morikawa et al. 2019). Bei Jugendlichen können waldbasierte Programme nicht nur das Wissen über die Natur erhöhen, sondern durch Aktivitäten in der Gruppe emotionale Bindungen, die soziale Kompetenz und die soziale Entwicklung verbessern und Problemverhalten reduzieren (Mathias, Daigle et al. 2020). Die Teilnehmer:innen können ihre negativen Gefühle teilen, nachdem sich positive Gefühle durch gegenseitiges Verständnis und Wertschätzung entwickelt haben. Insgesamt scheinen die Ergebnisse darauf hinzudeuten, dass eine angeleitete Waldtherapie positive Auswirkungen auf die psychologische und physiologische Funktion sowie die sozialen Fähigkeiten des Einzelnen hat. Ausgebildete Waldtherapeut:innen leiten diese Programme und umfassen verschiedene körperliche Aktivitäten, die alleine nicht oder nur schwer durchführbar wären. Bei angeleiteten Waldtherapien werden soziale Interaktiven gefördert und die Teilnehmer:innen können eine Vielzahl von Emotionen teilen, indem sie verschiedene gemeinsame Aktivitäten unter Anleitung von Therapeut:innen erleben.

Der waldtherapeutische Prozess legt einen besonderen Fokus auf die Wahrnehmung der Umgebung durch die fünf Sinne. Es sei darauf hingewiesen, dass auch sehr viele Forschungsunterfangen – und hier vor allem Feldstudien – nicht auf einen Sinneseindruck beschränkt sind. Vor allem visuelles und auditives Erleben der Umwelt ist eng miteinander verbunden. Dies spiegelt auch die Praxis wider, da ein Aufenthalt im Wald multisensorisch ist und auch sein soll. Jede Art der Einschränkung der Sinne durch Augenbinden, Kopfhörer etc. führt bei Personen mit normalerweise uneingeschränkten Sinnen zu einem Gefühl der Unvollkommenheit und des Unwohlseins, was zu Reaktanz führt. Nach dem amerikanischen Psychologen Jack W. Brehm ist die psychologische Reaktanz ein Motivationszustand, der durch Stress, Angst, Widerstand gekennzeichnet ist und auf die Wiederherstellung einer Freiheit abzielt (Brehm 1966).

> **Reaktanz**
>
> Die Reaktanztheorie besagt, dass Personen bestimmte Freiheiten hinsichtlich ihres Verhaltens haben. Wenn diese Freiheiten eingeschränkt oder mit Einschränkungen bedroht werden, wird die individuelle Motivation geweckt, diese Freiheit wieder zu erlangen. Nach diesem Modell reagieren Menschen, wenn sie sich zu einem bestimmten Verhalten gezwungen fühlen, oft, indem sie eine Ausstiegsstrategie zeigen, die das Gegenteil des gewünschten Verhaltens beinhaltet. Diese Reaktion ist nützlich für tatsächliche Bedrohungssituationen. Aber oft ist die Gefahr nicht real, und die Reaktanz kann helfen, das Denken und Handeln neu auszurichten. Reaktanz kann auftreten, wenn jemand stark unter Druck gesetzt wird, eine bestimmte Ansicht oder Einstellung zu akzeptieren. Die Reaktanz ist in vielen Therapierichtungen, in denen Fremdmotivation eine Rolle spielt, relevant; sie wird auch in psychotherapeutischen Ansätzen wie der paradoxen Intervention gezielt zur Verhaltensänderung eingesetzt.

Für die Wahl des Therapiewaldes gilt: Nicht alle Wälder und nicht alle Plätze in einem Wald sind gleich gut geeignet für eine Waldtherapie. Manche Wälder bieten unzählige perfekt geeignete Plätze zu jeder Jahreszeit, während man bei anderen für eine halbwegs akzeptable Stelle schon sehr genau suchen muss. Das Waldstück, das die Therapeut:innen dafür aussuchen, sollte ihnen nicht nur subjektiv gefallen, sondern auch Sicherheitsanforderungen erfüllen und gegebenenfalls barrierefrei zugänglich sein. Nicht zu verwachsen, nicht zu hell oder dunkel oder zu dicht. Schließlich geht es um hohe Konzentration fordernde Übungen, Wohlfühlen und das Aufnehmen der schönen Atmosphäre. Auch Gebiete mit Wander- oder Reitwegen, Kinderspielplätzen oder Fitness-Pfaden sind aufgrund der häufigen Menschenkontakte weniger geeignet. Auch an sich idyllische Plätze nahe kleiner Bäche sind in der Realität lauter, als man anfangs denkt und die Geräuschkulisse kann die Kommunikation und Konzentration unter Umständen erschweren. Die Geräuschkulisse (Vorhandensein von Straßen, Flugschneisen, Gasthäusern, tosenden Wasserfällen, hochfrequentierten Plätzen) spielt generell eine große Rolle für die Gestaltung einer Therapieeinheit, die beispielsweise kontemplative Übungen oder eine Fokussierung auf die fünf Sinne beinhalten soll. Infrastrukturelle Überlegungen wie barrierefreie Anreisemöglichkeit, Parkplatzsituation, Intervall öffentlicher Verkehrsmittel, Toiletten, Abfalleimer, Beschattung, Unterstandmöglichkeit bei Schlechtwettereinbruch und dergleichen mehr sind ausschlaggebend für die Wahl einer Route. Auch kann vielerorts auf bereits ausgewiesene Wanderwege oder eine Kombination mehrerer Einzelabschnitte eines bestehenden Wegenetzes zurückgegriffen werden. Wanderrouten sollten es den Benutzer:innen ermöglichen, die Vielfalt des Gebiets vollständig zu erleben.

Darüber hinaus ist es wichtig zu berücksichtigen, wie das Gelände die Gestaltung der Therapie einschränken kann. Beispielsweise sollten waldtherapeutische Routen eher flach sein und unterschiedlich strukturierte Plätze und Aussichten bieten, um eine große Auswahl an Möglichkeiten für gezielte Wahrnehmungsübungen zu bieten.

## 7.1 Der agile Prozess der Waldtherapie

Im Jahr 2001 trafen sich in einem Skiresort in Utah siebzehn erfahrene männliche Softwareentwickler, um zu reden, Ski zu fahren, sich zu entspannen und um Gemeinsamkeiten zu finden. Was die Teilnehmer an diesem Netzwerktreffen verband, war eine tiefe Frustration über die etablierten Softwareentwicklungsmethoden der 1990er Jahre und die Hoffnung auf einen Paradigmenwechsel. Der lange Zeitraum zwischen den von Kund:innen geäußerten Wünschen und der Bereitstellung von Technologien, die diesen entsprachen, führte dazu, dass viele Projekte vorzeitig eingestellt wurden. Sie formulierten »Thesen«, oder genauer vier Werte und zwölf Prinzipien: das agile Manifest der Softwareentwicklung (Beck, Beedle et al. 2001).

Agil bedeutet flexibel, wendig, in der Lage sein schnell zu reagieren. Ein agiles Mindset ist demnach die innere Haltung eines Menschen, die es ihm ermöglicht, Ungewissheit zuzulassen, mit Veränderung situativ und konstruktiv umzugehen und zu akzeptieren, dass Veränderung permanent stattfindet. Die Veröffentlichung des Manifests löste anfangs durchaus Widerstände aus, führte aber letztendlich zu einem massiven Umdenken der alteingefahrenen Denkweisen in Managementkreisen und zu einem Kulturwandel. Heute lassen sich viele von den Erkenntnissen der Softwarebranche inspirieren und übertragen die agilen Werte und Prinzipien auch auf anderen Branchen und Bereichen, auch in therapeutischen Berufen.

Der wichtigste und zugleich schwerste Punkt ist es, das Mindset nachhaltig zu ändern. Therapeutische Berufe haben viele Facetten: Beratung, Bereitstellung von Wissen, Prozessunterstützung, Identifikation und Auflösung von Blockaden. Im Idealfall geben Therapeut:innen eine Außensicht, anhand dessen die Klient:innen ihre eigene Innensicht bewerten können, und helfen bei der Konfliktlösung. Sie wissen aber auch, wann sie sich zurückziehen und diese Aufgaben dem Klient:innen übergeben sollen.

In Anlehnung an das agile Manifest lassen sich für die Waldtherapie in der Praxis vier Werte beschreiben:

1. *Individuen haben immer Vorrang.*
   Es erscheint einleuchtend, das die Klient:innen im Fokus zu stehen haben, nicht Prozesse und Werkzeuge. Im umgekehrten Fall würden sich Therapeuten:innen stur an Abläufe halten und dabei weniger auf Veränderungen und Bedürfnisse eingehen können.
2. *Dokumentation soll auf das Notwendige reduziert werden.*
   Damit werden Zeit und andere Ressourcen gespart werden, auch für die Vor- und Nachbereitung.
3. *Die Zusammenarbeit mit den Klient:innen und ihre Einbeziehung in den Prozess ist wichtig für das Erreichen des Therapieziels.*
   Es soll vermieden werden, gleich zu Beginn ein fixes Therapieziel zu beschließen, das am Ende vielleicht unmöglich zu erreichen ist.
4. *Das Eingehen auf Änderungen hat Vorrang vor strikter Planverfolgung.*
   Es geht darum, Möglichkeiten zu schaffen, flexibel und schnell auf neue Entwicklungen in der Therapie zu reagieren. Änderungen verbessern ein Projekt immer und bieten einen zusätzlichen Wert.

Aus diesen vier Werten können 12 Prinzipien der Waldtherapie abgeleitet werden:

- *Prinzip 1: Zufriedenheit schaffen.*
  Schaffe früh und laufend Klient:innenzufriedenheit, denn wenn die Klient:innen glücklich sind, dann ist auch der Therapieerfolg besser zu erreichen.
- *Prinzip 2: Änderungen zulassen.*
  Änderungen sind etwas Gutes, auch in einer späteren Phase. Halte deine therapeutischen Übungen und Methoden änderbar.
- *Prinzip 3: Funktionalität prüfen.*
  Die angebotenen therapeutischen Übungen und Methoden sollten getestet sein und produktiv eingesetzt werden können. Sie sollten einen transparenten Mehrwert bieten.
- *Prinzip 4: Kooperation erlauben.*
  Sorge für eine enge Zusammenarbeit mit den Klient:innen. Kein Gegeneinander, sondern ein Miteinander mit Einbindung von Anfang an.
- *Prinzip 5: Motivation steigern.*
  Gib Personen das Umfeld und die Hilfe, die sie brauchen, und vertraue in ihre Selbstorganisationsfähigkeiten. Vermeide Mikromanagement und fördere die Motivation, statt zu managen.
- *Prinzip 6: Vertrauen aufbauen.*
  Sorge für eine ständige, möglichst direkte und authentische Kommunikation. Das ermöglicht eine solide Vertrauensbasis und eine persönliche Verbindung während des gesamten Therapieverlaufs.

- *Prinzip 7: Fortschritt messen.*
  Miss den Therapiefortschritt an realen Änderungen, die zur Standortbestimmung und für Feedback herangezogen werden können.
- *Prinzip 8: Nachhaltigkeit fördern.*
  Beachte, dass agile Prozesse eine kontinuierliche und nachhaltige Entwicklung in einem gleichbleibenden Tempo über einen unbegrenzten Zeitraum hinweg unterstützen. Das Tempo, in dem Erfolge erzielt werden, sind durch Therapeut:in und Klient:ihn gegeben und somit ein Messergebnis und keine Vorgabe. Nachhaltige Therapie bedeutet, dass die Qualität nie verringert wird und die Dauer als Fakt gesehen wird.
- *Prinzip 9: Kontinuität wahren.*
  Achte darauf, das kontinuierliche Training, Verbessern und Lernen in der Therapie aktiv zu fördern. Therapiefortschritt wird durch die beständige Anstrengung, Verbesserung und den Lernprozess erreicht. Die Kontinuität im Training und in der Entwicklung ist entscheidend für eine effektive und nachhaltige Therapie.
- *Prinzip 10: Einfachheit lernen.*
  Halte deine Anleitungen in der Therapie so einfach wie möglich ohne Perfektionismus, besonders am Anfang, nach dem KISS Prinzip: keep it short and simple.
- *Prinzip 11: Selbstorganisation zulassen.*
  Gestatte den Klient:innen, sich im Laufe der Zeit selbst zu organisieren, da auf diese Weise die besten therapeutischen Ergebnisse und Lösungen entstehen können.
- *Prinzip 12: Reflexion einbauen.*
  Reflektiere in regelmäßigen Abständen gemeinsam mit den Klient:innen, ob und wie der Therapieprozess effektiver gestaltet werden kann und passe dein Verhalten entsprechend an.

## 7.2 Der Ablauf der Waldtherapie

Therapeut:innen, die kompetent in der Waldtherapie sind, beherrschen über die therapeutische Modalitäten hinweg auch wichtige andere Fähigkeiten wie das Verständnis von Gesundheit und Krankheit und die Ausbildung einer starken Allianz zwischen Klient:innen und Therapeut:innen. Es ist von entscheidender Bedeutung, eine solide theoretische Grundlage für die Genese und Art der psychischen Belastung eines Klient:innen zu konzipieren. Viele wissenschaftliche, kulturelle, religiöse und künstlerische Stimmen sprechen davon, dass der Kontakt mit der Natur eine heilsame Wirkung auf den Menschen hat (Kotte, Li et al. 2019). Diese Grundlage kann als angemessene Begründung für eine Reihe von naturbasierten therapeutischen Modalitäten bieten. Sie kann auch dahingehend interpretiert werden, dass die psychische Belastung der Klient:innen als negative psychologische Nebenwirkung der Trennung des Menschen von der natürlichen Umwelt konzeptualisiert werden kann (Louv 2008).

Durch das Naturdefizit ist der moderne Mensch nicht nur von der natürlichen Welt isoliert, sein hoher Lebensstandard ist auch durch die Ausbeutung natürlicher Ressourcen erst möglich. Infolgedessen sind menschliche Erfahrungen von Depression, Angst und Frustration nicht nur das Ergebnis zwischenmenschlicher oder intrapsychischer Dynamiken, sondern auch der unterbrochenen Verbindung zur Natur. Eine kompetente Umsetzung von Waldtherapien erfordert auch die Auseinandersetzungen für diese auf den ersten Blick vielleicht weniger erkennbar Begründung für Krankheit und Wohlbefinden und wie hier Heilung unterstützt werden kann. Wenn fehlender Naturkontakt als Krankheits(mit)ursache in Frage kommt, kann die Substitution von Natur ein wesentlicher Schritt in Richtung Gesundwerdung sein.

Waldtherapeut:innen haben vielfältige Einsatzmöglichkeiten, darunter die Selbstständigkeit durch die Gründung einer eigenen Waldtherapiepraxis. Sie können auch in Forschungsinstituten, Krankenhäusern, Beratungsstellen, als Coaches, im Bereich Public Health, in der Kommunalverwaltung, in botanischen Gärten, an Universitäten, Schulen und anderen Bildungseinrichtungen, im Personalmanagement, im betrieblichen Gesundheitsmanagement, im Gesundheitsjournalismus, im Gesundheitstourismus und in ähnlichen Bereichen tätig sein. Die Hauptaufgaben umfassen die Planung und Durchführung von Waldtherapiesitzungen sowie die Unterstützung von Einzelpersonen und Gruppen, sich wieder mit der Natur zu verbinden und Stress abzubauen.

Eine gute Kommunikation ist der erste Schritt zum Therapieerfolg. Das steigert das Vertrauen, das Wissen und die Therapietreue steigt, weil die Mechanismen verstanden werden. Die Klient:innen sind Expert:innen ihrer eigenen Gesundheits- oder Krankheitszustands. Therapeutische Beziehung werden gestärkt durch aktives empathisches Zuhören, das Stellen offener Fragen, die es den Klient:innen ermöglichen, zu reflektieren. Es ist wichtig, auf die Klient:innen einzugehen, anstatt das diagnostische Standardprogramm abzuspulen. Empfehlenswert ist es, im Vorfeld abzuklären, was einen Behandlungserfolg ausmacht, vielleicht soll ja nur eine Besserung erreicht werden. Der therapeutische Prozess soll gemeinsam partnerschaftlich und auf Augenhöhe gestaltet werden. Die Einschätzung der Klient:innen soll uneingeschränkt ernst genommen werden.

Eine waldtherapeutische Einheit wird durch die Therapeut:innen klient:innen- und indikationsspezifisch gestaltet. So können Dauer, Gruppengröße und Übungsauswahl stark zwischen einzelnen Waldtherapieangeboten variieren. Gemeinsam ist jedoch ein struktureller Ablauf mit der Ankommensphase, der Informationsphase, in der auf die in dieser Einheit zu bewältigenden Herausforderung hingeführt wird, gefolgt von der Übungsphase mit den spezifisch ausgewählten Übungen. Diese sind in der Regel eine Mischung aus mentalen (z. B. Achtsamkeits- und Entspannungsübungen) und physischen Übungen, wobei die Schwerpunktsetzung von der Zielstellung der Therapieeinheit abhängt. Im Anschluss an diesen Hauptteil der Behandlung folgt eine Reflexionsphase, die den Lernerfolg bei den Klient:innen sichern soll. Diesem grundlegenden didaktischen Schema aus Ankommens-, Informations-, Problemlösungs- und Reflexionsphase folgen auch Präventionsangebote, wobei die Übungsauswahl nicht durch konkrete Krankheitsbilder bedingt ist, sondern durch den gewünschten Fokus auf Achtsamkeit oder Entspannung oder körperliche Aktivierung.

Erwähnenswert ist, dass der Umgang mit natürlichen Bedürfnissen im Wald im Vorfeld rechtseitig und ohne Druck geklärt werden sollte. Damit kann ein unangenehmes Gefühl der Unsicherheit und Verspannung bei den Klient:innen vermieden werden und das Vertrauensverhältnis erhöht werden.

## Planung

Der Wald als Therapieort erfordert eine gute Planung und methodische Vorbereitung für einen erfolgreichen waldtherapeutischen Prozess. Der Dauer des geplanten Aufenthalts sollte vorher festgelegt werden, auch die Route und die aktuelle Wetterentwicklung, vor allem Extremwetterlagen wie Hitzewelle, Kälteeinbruch, Gewitterwarnung, Vorkommen bestimmter gesundheitsschädlicher Tiere wie Eichenprozessorspinner, Zecken und ähnliches sollte bekannt sein. Die nötige Ausrüstung, eine Basisverpflegung inklusive Getränke, ein Notfallset und die passende Kleidung sowie Handtücher bei einer geplanten Wasserbehandlung sind selbstverständlich.

Bei Waldtherapie mit größeren Gruppen, aber auch bei Einzelübungen, ist es oft nötig, über weitere Distanzen und ohne Sichtkontakt zu kommunizieren und sich verständlich zu machen. Dafür und beispielsweise auch, um Anfang und Ende einer Übung anzukündigen, haben sich Trillerpfeifen, Handpfeifen und Pfeifen mit leisen Tiergeräuschen als praktische Kommunikationsmittel bewährt.

## Präsenz von Anfang bis Ende

Vor dem Start der Therapie sind Rituale, Visualisierungen, das bewusste Zurücklassen belastender Gedanken und Atemübungen hilfreich, um schnell im Wald anzukommen. Die Therapeut:innen sollten den Waldaufenthalt bedürfnisorientiert und authentisch anleiten. Stille, bewusstes Schweigen, Pausen, Langsamkeit und Meditation sind wichtige Faktoren für ein achtsames multisensorisches Walderlebnis und sollten möglichst oft ermöglicht werden.

## Innehalten

Das Ende der Waldtherapieeinheit soll langsam und nicht hastig oder abrupt erfolgen. Die intensiven Erlebnisse durch innere und äußere Einflüsse erfordern einen Moment des Innehaltens, bevor der Körper und der Geist wieder in der »normalen« Welt funktionieren können. Wichtig ist auch, die Natur zu jedem Zeitpunkt zu respektieren und den Wald wieder so zu verlassen, wie man ihn vorgefunden hat.

## Erholungsphasen

Selbstbeobachtung oder -reflexion ist zusammen mit der Selbstwahrnehmung für die eigene Bewusstseinsbildung und das Selbstbewusstsein unentbehrlich. Daher ist sie ein wichtiger Aspekt in der Meditation, der Philosophie und auch der Psychologie (z. B. bei psychotherapeutischen Verfahren). Die Waldumgebung bietet Gelegenheit zur Selbstreflexion (Cervinka, Schwab et al. 2020). Diese Ergebnisse liefern unterstützende Hinweise für die Erklärungsmodelle der psychischen Wirkung von Natur wie die Aufmerksamkeitswiederherstellungstheorie. Diese argumentiert, dass das Verbringen von Zeit in der Natur dem Einzelnen die Möglichkeit gibt, über sich selbst und ungelöste Probleme nachzudenken (Kaplan & Kaplan 1989). Die Walderfahrung bietet eine Gelegenheit, individuelle Qualitäten als ersten Schritt in Richtung persönliches Wachstum zu bewerten und das Selbstbewusstsein zu stärken.

Zeit im Wald kann den Menschen die Möglichkeit geben, darüber nachzudenken, wer sie sind, wer sie sein wollen, und zu erkennen, was ihnen wichtig ist (Kaplan & Kaplan 1989). Oh et al. fassten die publizierten Erfahrungen mit dem therapeutischen Prozess im Wald in einem 6-Phasen-Modell zusammen (Oh, Shin et al. 2020): Stimulation, Akzeptanz, Reinigung, Einsicht, Energietanken und Änderung (englisch: stimulation, acceptance, purification, insight, recharging, and change.) Der Therapieprozess umfasst nicht ein einzelnes Element, sondern emotionale und kognitive Veränderungen bewirken einen Selbstheilungsprozess, wenn Geist und Körper mit verschiedenen Elementen im Wald interagieren. Der Wald ist nicht nur ein Ort, wo bestehende körperliche Symptome und psychische Probleme geheilt werden, sondern auch ein Ort, wo die Ursache von Problemen gefunden und gelöst werden können (Oh, Shin et al. 2020). Die nachfolgende Aufzählung beschreibt die einzelnen Phasen aus Klient:innensicht und die mit den Wahrnehmungen assoziierten Begriffen, den sogenannten Schlüsselwörtern.

1. *Stimulation*
   In der ersten Phase fühlen sich die Klient:innen durch die sensorischen Effekte des Waldes angeregt und erfrischt,. Sie erleben auch Emotionen wie Glück, Faszination, Neugier und Freude. Ihre Sinne und Sensibilitäten werden wiederhergestellt. Wenn die Klient:innen eine solche positive Stimulation erleben, neigen sie dazu, natürliche Umgebungen aktiver und häufiger zu besuchen. Daher ist die Erfahrung der positiven Stimulation in der natürlichen Umgebung ein wichtiger Ausgangspunkt für die Heilung und Änderung. Schlüsselwörter für diese Phase sind Stimmung, Schönheit, Erfrischung, Freude und Faszination.
2. *Akzeptanz*
   In dieser Phase erleben die Klient:innen rezeptive Gefühle im Wald, einschließlich des Gefühls von Trost und Geborgenheit. Der Wald ist ein Ort, an dem sie sich jederzeit ausruhen und entspannen können. Die Klient:innen haben das Gefühl, dass der Wald alles an ihnen akzeptiert und dass sie emotional mit der Natur kommunizieren. Die Akzeptanzphase wird durch Schlüsselworte wie Freunde, Mutter, Entspannung, Umarmung, emotionale Stabilität und Trost beschrieben.

3. *Reinigung*
In der Reinigungsphase überwinden die Klient:innen ihre negativen Gefühle und lösen sie auf. Sie geben ihre angestaute negative Energie an den Wald ab und fühlen sich gereinigt. Dies führte zu Linderung von Stress, Schmerz, Ärger und Angst. Sie vergessen auch ihre Sorgen, während sie durch den Wald gehen. Reinigung ist ein wichtiger Mediator, der zu Einsicht führen kann. Wörter, die in dieser Phase häufig verwendet werden, sind Freigabe, Auflösung, Verschwinden, Vergessen und Lösen.

4. *Einsicht*
Diese Stufe ist die wichtigste und wertvollste im waldbasierten Therapieprozess. Die Klient:innen erleben ein Erwachen durch Selbstreflexion in der Natur. Sie kommunizieren mit sich selbst und erkennen, was sie wirklich wollen. Sie finden eine neue Lebensweise und entdecken ihre Identität und den Sinn und Zweck ihres Lebens wieder. Das wichtigste Phänomen in dieser Phase ist der Sinneswandel. Faktoren, die die Einsicht in die Natur fördern könnten, sind Auseinandersetzung mit Überlebensmethoden von Tieren und Pflanzen und Gedanken zur starken Vitalität und der Ordnung der Natur. Die Schlüsselwörter in dieser Phase sind Denken, Reflexion, Erleuchtung, Traumfindung und Verstehen.

5. *Energietanken*
Die fünfte Stufe ist das Aufladen verbrauchter Energie und beinhaltet sowohl psychologische als auch physiologische Aspekte. Die Waldtherapie erfüllt die Klient:innen mit positiven Gefühlen. Hoffnung, Mut, Zuversicht und positive Gedanken werden zu Energie, die Schwierigkeiten überwinden und ein neues Leben schaffen hilft. Wörter, die in dieser Phase häufig verwendet werden, sind Kraft, Hoffnung, Energie, Mut, Zuversicht, Positivität, Kraft und Vitalität.

6. *Veränderung*
Die letzte Stufe ist die Veränderung. In dieser Phase erholen sich die Klient:innen und geistige und körperliche Veränderungen sind spürbar. Die Klient:innen können nun ein Leben mit Veränderungen wie Beziehungswiederherstellung, Aufstieg, neuen Herausforderungen und Erfolgen führen. Sie beschreiben oft eine positivere Einstellung, die zu einem zufriedeneren Leben und schließlich zur Selbstverwirklichung führt, was als Wiedergeburt, Fortpflanzung und Verjüngung beschrieben wird. Wörter, die in dieser Phase häufig auftauchen, sind Verbesserung, Glück, Gesundheit, Heilung, Behandlung, Genesung, Liebe, Erleichterung und Positivität.

Diese sechs Erholungshasen, ausgelöst durch die Waldtherapie, können in drei Aspekte eingeteilt werden: 1) Emotionale Veränderung in den Phasen Stimulation, Akzeptanz und Reinigung durch Interaktion mit der Natur, 2) kognitive Veränderung in den Phasen Einsicht und Energietanken durch Interaktion mit sich selbst und 3) Verhaltensänderung durch Interaktion mit der Welt.

Mit anderen Worten: Interaktion mit der Natur fördert eine emotionale Änderung in Richtung Erleben positiver Emotionen, während Interaktion mit sich selbst kognitive Veränderungen auslöst. Die Klient:innen, die emotionale und kognitive Veränderungen in der natürlichen Umgebung erfahren, ändern sich dem Model zufolge und führen ein Leben mit intensiverer und gesünderer Interaktion mit der

Welt in Bezug auf tägliche Aktivitäten, soziales Leben und zwischenmenschliche Beziehungen.

In der psychoevolutionären Therapie haben Ulrich et al. betont, dass der natürliche Erholungseffekt mit einer Verschiebung zu einem positiveren emotionalen Zustand verbunden ist (Ulrich, Simons et al. 1991). Kaplan und Kaplan haben vier Phasen der natürlichen Erholungserfahrung in der Aufmerksamkeitswiederherstellungstheorie erkannt: 1) Gedanken aus dem Geist befreien, 2) Fokus und Aufmerksamkeit wiedererlangen, 3) Ablenkungen vom Geist reduzieren, während man in Stille auf Gedanken achtet, und 4) Prioritäten, Möglichkeiten, Handlungen und Ziele im Leben setzen, einschließlich Reflexion darüber (Kaplan & Kaplan 1989). Das 6-Phasen-Modell kombiniert die beiden oben genannten Theorien, indem es betont, dass die Erholung im Wald durch fortlaufende emotionale und kognitive Interaktionen voranschreitet. (Oh, Shin et al. 2020).

Die erste Veränderung, die Klient:innen im Wald erleben, ist der Wechsel von negativen zu positiven Emotionen. Negative Emotionen wie Anspannung, Angst und Wut werden reduziert, während positive Emotionen wie Spaß, Glück und Freude verstärkt werden. Als nächstes entwickelten sich die Erfahrungen der Klient:innen in der natürlichen Umgebung zu kognitiven Veränderungen. Auf Grundlage der positiven Stimmung beginnen sie, in einem entspannten und ausgeglichenen Zustand über sich selbst nachzudenken. Sie verändern die Perspektiven auf sich und ihre Probleme, während sie im Wald sind. Sie gehen dann zur nächsten Phase der Planung und Vorbereitung für die Zukunft über.

Der Grund für kognitive Veränderungen in der natürlichen Umgebung hängt mit positiven Emotionen zusammen. Positive Gefühle können der einzelnen Person helfen, sich psychisch zu entspannen und durch Stress erschöpfte Ressourcen wiederherzustellen, wodurch Müdigkeit reduziert und die Leistungsfähigkeit verbessert wird. Das Denken und die Kreativität werden gefördert und Probleme des täglichen Lebens können besser gelöst werden.

In einer schwedischen Studie haben Sonntag-Öström und Kolleg:innen 2015 berichtet, dass Versuchspersonen mit Erschöpfungssymptomen im Wald die Entspannung und Ruhe finden, die sie brauchen, um über ihre Gefühle und ihr Leben nachdenken, was dann zu Ambitionen führt, ihre Lebensumstände zu ändern (Sonntag-Öström, Stenlund et al. 2015).

Ein solches Ergebnis zeigt in Zusammenschau mit anderen Untersuchungen, dass bei Studienteilnehmer:innen mit verschiedenen psychischen und körperlichen Erkrankungen die im Wald empfundenen positiven Emotionen zu Reflexion und Willen zur Veränderung im Leben führen können. Die dritte Veränderung betrifft das Verhalten: Die Klient:innen, die die emotionale und kognitive Veränderungen erfahren, sind psychisch und physisch gesünder als zuvor. Sie leben ein glücklicheres Leben mit positiven Einstellungen und Verhaltensweisen. Mit anderen Worten, positive emotionale Erfahrungen im der Waldumgebung fördern Veränderungen im Denken und in kognitiven Systemen. Kognitive Veränderungen führen dann zu Verhaltensänderungen.

## 7.3 Anwendungshäufigkeit

Über die Häufigkeit der Waldtherapie entscheiden die Waldtherapeut:innen je nach Indikation, also z. B. Schwere der Funktionsstörung, Konstitution der Person wie z. B. Belastbarkeit oder Regenerationszeiten und weiteren Rahmenbedingungen, z. B. verfügbare zeitliche Ressourcen. Empfehlungen reichen in der Literatur und in Fachkreisen von 30 Minuten im Monat bis zu zwei Stunden pro Woche. Andere Studien wiederum legen nahe, dass manche Wirkungen z. B. auf den Stresshormonspiegel erst nach zwei oder mehr als vier Stunden im signifikanten Bereich gemessen werden konnte. Umgekehrt können schon wenige Minuten im Grünen zu messbaren positiven Reaktionen auf Körper und Geist führen (White, Alcock et al. 2019).

Insgesamt lassen sich aus der aktuellen Studienlage mit ihren wechselnden Studiendesigns und Methoden wenig belastbare Empfehlungen für die Anwendungshäufigkeit und auch -intensität ableiten. Jedoch könnte eine pragmatische Empfehlung lauten: So oft und regelmäßig wie möglich und so lange, bis der gewünschte Effekt, also das Therapieziel, erreicht ist.

Die Wirkung und der Lerneffekt haben wie bei anderen therapeutischen Interventionen auch eine Latenzzeit. Das bedeutet, dass manche Wirkungen erst mit Verzögerung von einigen Tagen oder sogar Wochen eintreten, da die psychophysische Regeneration durch die Therapie angestoßen wurde und noch nachwirkt.

## 7.4 Waldtherapie mit und ohne Anleitung

Mittlerweile erkennen viele Länder und Regionen die wirtschaftlichen Vorteile an, die Investitionen in die Waldtherapie bringen. Deutschland, Österreich und die Schweiz, die traditionell gerne Spaziergänge in der Natur und im Wald empfehlen und die wohltuende Wirkung des kalten, natürlichen Wassers zur Stärkung des Immunsystems und der Durchblutung – die sogenannten Kneipp-Kuren – auch stark nutzen, haben aus Erholung bereits ein Geschäft gemacht: Wälder sind fester Bestandteil der boomenden milliardenschweren Gesundheits- und Wellnessbranche. Auch die skandinavischen Länder motivieren Jung und Alt, aktiver zu werden und sich im Wald zu bewegen, um ihre körperliche Fitness zu verbessern. »Wald auf Rezept« ist auch in Neuseeland erhältlich, um hier nur einige Länder zu nennen, die das gesundheitliche Potenzial der Waldtherapie schon erkannt haben.

In einer erholsamen natürlichen Umgebung zu sein, die vom Alltag abweicht, kann die Möglichkeit bieten, das Leben in einem anderen Kontext zu betrachten. Die im Wald vorhandene Privatsphäre bietet einen einzigartigen Rahmen für die Selbstreflexion. Angesichts der vielen Ablenkungen im modernen Leben sind Reflexion, Selbsterkenntnis und Integration sehr wichtige Zielgrößen in der Waldtherapie. Die Möglichkeit zur Selbstreflexion, die die Natur bietet, kann maximiert werden, wenn die Zeit im Wald autonom und nicht von Guides gesteuert wird. So kann die Selbstführung in einer Waldumgebung eine Gelegenheit bieten, über die aktuelle Situation nachzudenken und positiveres Denken zu ermöglichen. Während dieses Prozesses können die Umweltelemente von Wäldern, die durch die Landschaft, den Geruch und die Geräusche des Waldes repräsentiert werden, die fünf Sinne des Menschen dazu anregen, mit der natürlichen Umgebung im Wald zu interagieren.

Abgesehen von den positiven wissenschaftlichen Belegen für die gesundheitlichen Wirkungen des unbegleiteten Walderlebens haben andere Studien die Wirksamkeit von geführten Waldtherapieprogramme erforscht und konsistent physiologische und psychologische Reaktionen vonseiten der Programmteilnehmenden gezeigt. Zum Beispiel sorgen Waldtherapieprogramme für eine Abnahme der Pulsfrequenz, des Blutdrucks und des Kortisols, führten aber auch zu weniger negative Emotionen und einer Mehrung positiver Emotionen. Darüber hinaus haben viele Studien ältere Personen und Erwachsene mit einem Risiko für stress- und lebensstilbedingte Krankheiten wie Bluthochdruck oder Diabetes mellitus untersucht. Hier zwei Beispiele:

Ochiai et al. führten in einer japanischen Studie ein Waldtherapieprogramm für Männer mittleren Alters mit hohem Blutdruck durch (Ochiai, Ikei et al. 2015). Die Ergebnisse zeigten, dass der systolische und diastolische Blutdruck, das Adrenalin im Urin und das Serumkortisol wie auch negative Emotionen wie Anspannung, Angst und Verwirrung der Teilnehmenden nach der Waldtherapie signifikant reduziert waren.

Ohtsuka und Kolleg:innen (1998) untersuchten die Wirkung von Waldtherapie auf den Blutzuckerspiegel von nichtinsulinabhängigen Diabetes-Patient:innen (29 Männer und 58 Frauen; Durchschnittsalter 61 Jahre). Die Studie zeigte, dass der Blutzuckerspiegel der Versuchspersonen abnahm, nachdem sie im Wald 3 km oder 6 km gegangen sind, je nach individuellen körperlichen Fähigkeiten. Der Effekt war unabhängig von der zurückgelegten Strecke. Da der Kontakt mit der Waldumgebung Veränderungen der Hormonsekretion und der autonomen Nervenfunktionen verursacht, wird vermutet, dass das Gehen im Wald – neben dem erhöhten Kalorienverbrauch und der verbesserten Insulinsensitivität durch die muskuläre Aktivität – auch indirekt positive Auswirkungen auf den Blutzuckerspiegel hat. Die Autor:innen schlussfolgerten demnach aus den Ergebnissen ihrer Studie, dass die Waldtherapie bei der Behandlung von Diabetes mellitus nützlich sei. Der Zusammenhang von Bewegung generell mit langfristiger Gewichtskontrolle, Blutdrucksenkung und Blutzuckerregulation wurde auch in späteren Studien verifiziert (Aune, Norat et al. 2015).

Die langfristige Lebensstiländerung mit regelmäßiger körperlicher Aktivität ist eine wichtige Säule in der Vorbeugung und Behandlung von Zivilisationskrankheiten. Auch nur moderate Bewegung führt zu einer beeindruckenden Verbesserung der Gesundheit bei einer gleichzeitigen Senkungen der Gesundheitskosten. Regelmäßigkeit ist hier der wesentliche Faktor, frei nach dem Motto: Der Mensch wird nicht zwischen Weihnachten und Silvester, sondern zwischen Silvester und Weihnachten übergewichtig.

Gemäß dem Verständnis von Waldtherapie als angeleitete, therapeutische Maßnahme bei medizinischen Indikationen kann Waldtherapie streng genommen nicht selbst durchgeführt werden. Jedoch ist es das Ziel der therapeutischen Anwendungen, bei den Klient:innen langfristige Verhaltensänderungen hin zu einer gesundheitsfördernderen Lebens- und Bewegungsweise zu bewirken. Der Entwicklung der Selbstwirksamkeit, also der Glaube an die eigenen Fähigkeiten, ist daher ein wichtiger Erfolg für eine Waldtherapie (Reivich & Shatte 2003). Die eigenständige Nutzung von Achtsamkeits- und Entspannungsverfahren in der gesundheitsfördernden Atmosphäre des Waldes durch die Klient:innen selbst kann ein nachhaltiges Ziel der Waldtherapie nach Behandlungsende sein. Die Erlebnisse im Wald sind oft so intensiv und im positiven Sinne prägend, dass die Klient:innen diesen Naturkontakt auch nach Beendigung der Therapie nicht mehr missen möchten. Darüber hinaus sind auch die Waldtherapeut:innen selbst, ähnlich wie bei der Psychotherapieausbildung, angehalten, den Wald in einer Art Selbsterfahrung für sich zu erkunden, um ihre therapeutische Kompetenz zu schulen.

Studien zu einem selbstgesteuerten Waldaufenthalt ohne Anleitung zeigen, dass die intrinsische Motivation, sich auf die Atmosphäre des Waldes einzulassen, positive Effekte wie Entspannung und innere Einkehr hervorruft (Kim & Shin 2021). Die Proband:innen können sich mehr auf ihre Gedanken konzentrieren, und nicht auf das Äußere. Obwohl per Definition die Waldtherapie wie schon erwähnt ein begleiteter Prozess ist, kann ein Ziel der Therapie auch die Vorbereitung auf einen Übergang ohne Begleitung sein, also das schrittweise Erlernen einer eigenständigen Nutzung des Waldes für Entspannung und verbessertes Wohlbefinden, ganz allein oder in einer Gruppe mit mehreren Gleichgesinnten.

Der renommierte Umweltmediziner Qing Li von der Nippon Medical School in Japan hat die Studienergebnisse in einer Kurzanleitung für einen individuellen Waldaufenthalt zusammengefasst, die für einen Einstieg hilfreich sein kann (Li 2012). Auch kann bei großem persönlichem Interesse eine vertiefende Ausbildung zum Waldcoach oder ähnlichem absolviert werden. Hier sollte aus ethischen und organisatorischen Gründen auf die klare Begriffstrennung zwischen Therapie und »therapeutisch« oder »freizeitmäßig« geachtet werden. Die Waldtherapeut:innen können hier mit Rat und Kontaktadressen geeigneter lokaler Organisationen behilflich sein.

> **Tipps für einen Waldaufenthalt (nach Li 2012)**
>
> - Erstellen Sie einen Plan, der Ihren eigenen körperlichen Fähigkeiten entspricht und vermeiden Sie es, sich zu überfordern.
> - Haben Sie einen ganzen Tag Zeit, dann bleiben Sie etwa vier Stunden im Wald und legen Sie etwa fünf Kilometer zurück.
> - Wenn Sie nur einen halben Tag Zeit haben, dann bleiben Sie zweieinhalb Stunden dort und gehen etwa zweieinhalb Kilometer.
> - Legen Sie Pausen ein, wenn Sie sich müde fühlen.
> - Wenn Sie durstig sind, trinken Sie Wasser oder Tee.

- Finden Sie einen Ort, den Sie mögen und lassen Sie sich eine Weile dort nieder. Lesen Sie etwas oder genießen Sie die Landschaft.
- Wählen Sie einen Waldweg aus, der zu Ihren Bedürfnissen passt.
- Wenn Sie Ihr Immunsystem ankurbeln wollen, ist ein dreitägiger Ausflug mit zwei Übernachtungen empfehlenswert.
- Falls Sie einfach entspannen und Stress abbauen möchten, ist ein Tagesausflug in einen Wald in Ihrer Umgebung ratsam.
- Ein Waldaufenthalt ist eine vorbeugende Maßnahme, um gesund zu bleiben. Wenn Sie sich krank fühlen, suchen Sie eine:n Arzt/Ärztin auf.

Für individuelle Waldbesuche ohne Begleitung haben zahlreiche Studien die Auswirkungen des alleinigen Gehens oder Betrachtens des Waldes beim Stressabbau und der Induktion der psychologischen Entspannung gezeigt. Zum Beispiel zeigte eine der ersten japanischen Studien zu diesem Thema, dass das nicht-angeleitete Gehen und Betrachten von Wäldern den emotionalen Zustand der Proband:innen verbesserte, was zu psychischer Entspannung führte (Park, Furuya et al. 2011). Song et al. berichteten – ebenso aus Japan –, dass das Gehen im Wald im Vergleich zum Gehen in einer Stadtumgebung die Aktivität des parasympathischen Nervensystems erhöht und die Aktivität des sympathischen Nervensystems und die Herzfrequenz verringert (Song, Ikei et al. 2018). Der Waldspaziergang führte darüber hinaus zu einer Zunahme der positiven Emotionen wie verbesserter Stimmung und Vitalität und einer Reduktion negativer Emotionen wie Anspannung, Angst, Depression, Niedergeschlagenheit, Wut, Feindseligkeit, Müdigkeit und Verwirrung. Eine Studie aus Korea hat die Frage untersucht, ob es einen Unterschied macht, ob die Waldtherapie durch Therapeut:innen angeleitet oder der Wald alleine besucht wird (Kim & Shin 2021). Ohne Zweifel schafft die Gesellschaft zumindest einer anderen Person im Wald ein Gefühl der Sicherheit, das eine Erholung unterstützen oder sogar ermöglichen kann. Bei selbstgeführter Waldtherapie werden jedoch mehr auditive Elemente, wie Geräusche von Vögeln und beim Treten auf abgefallenes Laub, wahrgenommen. Die Ergebnisse dieser Studie stimmen mit früheren Erkenntnissen überein, die die Präferenz für natürliche Geräusche und psychologische Reaktionen darauf untersuchten. Waldgeräusche wie Vogel- und Wassergeräusche werden als angenehm empfunden und beeinflussen die Wiederherstellung der individuellen Aufmerksamkeit positiv.

In einer erholsamen natürlichen Umgebung zu sein, die vom Alltag abweicht, kann die Möglichkeit bieten, das Leben in einem anderen Kontext zu betrachten. Der Wald bietet durch das Fehlen der vielen Ablenkungen des alltäglichen Lebens einen einzigartigen Rahmen für die Selbstreflexion. Die charakteristischen Eigenschaften eines Waldes, repräsentiert durch die Landschaft, den Geruch und die Geräusche, werden über die Sinne wahrgenommen – auditiv, visuell, taktil, gustatorisch und olfaktorisch. Kim und Song schlagen vor, die gesundheitlichen Vorteile der multisensorischen Eindrücke der Waldtherapie in die folgenden fünf Kategorien einzuteilen (Kim & Shin 2021):

- psychische Veränderung,
- Selbstreflexion,
- physische Veränderung,
- kognitive Veränderung
- soziale Interaktion

Wird der Wald alleine besucht, wird die Selbstreflexion, also die Möglichkeit, sich auf das eigene Innere zu konzentrieren und darüber nachzudenken, im Vergleich zu einer angeleiteten Waldtherapie stärker gefördert. Andererseits haben sich geführte Waldtherapieprogramme als wirksam erwiesen, um den Klient:innen positive emotionale Veränderungen zu vermitteln und soziale Bindungen durch Interaktion mit anderen zu fördern. Da die erzielbaren Wirkungen je nach Art der Waldtherapie variieren, können die Therapeut:innen zielgerichtete Angebote entsprechend den gewünschten Ergebnissen entwickeln und variieren.

Die angeleitete Waldtherapie wird mit positiven Emotionen wie Spaß, Freude, Lachen, Verbesserung der Stimmungslage, Glück, Erfolgserlebnissen, Angstfreiheit und Entspannung in Verbindung gebracht. Diese angenehme Grundstimmung kann Menschen dabei helfen, sich zu erholen und ihre durch Stress beraubten Ressourcen wiederherzustellen. Positive Emotionen können auch das Denken und die Kreativität fördern, um Probleme des täglichen Lebens flexibler zu lösen.

Im Unterschied zu Einzeleinheiten ist ein wichtiger Aspekt bei einem Waldtherapieprogramm für Gruppen die Kommunikation und die interaktiven Aktivitäten. Die soziale Interaktion mit Menschen während dem Sammeln von Waldobjekten, Sinneswahrnehmungsspielen und Waldorientierungsläufen verbessert zwischenmenschliche Beziehungen, ist mit positiven Attributen wie Spaß, Freude und Lachen verknüpft und stärkt die emotionale Erfahrung des Einzelnen dynamisch. Die kollektive Walderfahrung ermöglicht den Klient:innen, positive Emotionen zu erleben, wenn sie unter Anleitung der Waldtherapeut:innen verschiedenen Aktivitäten in der Waldumgebung ausführen, die alleine in dieser Form nicht möglich wären. Je mehr Individuen ihre innere Welt und ihre Gefühle mit anderen teilen, desto kohärenter wird die Gruppe, desto offener beginnen die Individuen zueinander zu sein Der Prozess der psychologischen Veränderung, der durch den Aufbau sozialer Beziehungen in der Waldumgebung verursacht wird, ähnelt der Entwicklung positiver Emotionen durch gegenseitiges Verständnis und Rücksichtnahme.

## 7.5 Übungen im Wald

Waldtherapeutische Übungen sind abhängig vom gewünschten Effekt und daher das Mittel zum Zweck, also der Unterstützung der Genesung und einem gezielten Anstoßen der Selbstheilungskräfte der Klient:innen. Ein Beispiel für die große Variationsbreite des Ablaufs und der möglichen Übungen bei Waldstudien zeigt folgende Studie. Ein koreanisches Forscher:innenteam untersuchte die Wirkung zweier

Waldtherapieprogramme auf die kognitiven Leistungen älterer Versuchspersonen (Yi, Kim et al. 2021). Beide Programme bestanden aus zwölf zweistündigen Sitzungen über sechs Wochen und wurden in einem städtischen Wald durchgeführt. Das erste Programm orientierte sich an Qigong, einer chinesischen Meditations-, Konzentrations- und Bewegungsform zur Kultivierung von Körper und Geist, und bestand aus 10 min Aufwärmübungen (Body Tapping), 50 min angeleiteten Qigong-Übungen, 20 min Bandgymnastik (Armstreckung und Schulterheben), 30 min physio-kognitivem Spiel (verschiedene Arten des Klatschens, Artwork mit Blättern und Naturmaterialien) und 10 min Abkühlübungen (leichter Spaziergang). Das zweite Programm basierte auf einem Waldspaziergang und bestand aus 10 min Aufwärmen (Körperklopfen), 30 min physio-kognitivem Spiel (Klatschen, Line Dance), 20 min Bandgymnastik (Armstrecken und Schulterheben), 50 min aktives Gehen und 10 min Abkühlaktivitäten (Ölmassage). Zusammenfassend wurde gezeigt, dass sowohl die Übungen als auch das aktive Gehen im Wald ausgeprägte neuropsychologische und elektrophysiologische Effekte haben. Damit sind beide Ansätze durchaus zur Vorbeugung von Demenz und Linderung damit verbundener Gesundheitsprobleme bei älteren Menschen geeignet, so das Fazit dieser Studie.

Im Folgenden werden einige einfache Basisübungen beschrieben, die als Inspiration zur Entwicklung eines eigenen Übungsportfolios dienen sollen.

## Objektübung

Eine gute Einstiegsübung, die auch immer an erste Stelle beim Betreten des Waldes stehen kann und dadurch Ritualcharakter bekommt, ist die Objektübung. Die Klient:innen werden aufgefordert, sich einen beliebigen Gegenstand im Wald zu suchen. Dieses Objekt soll die derzeitigen Probleme, Sorgen, Nöte und Ängste symbolisieren und damit »aufgeladen« werden. Die Klient:innen sollen das Objekt in den Händen halten, innehalten und die Augen schließen. Nach etwa fünf Minuten sollen sie langsam wieder die Augen öffnen, das Objekt wieder ablegen und es eventuell auch verstecken oder vergraben. Die Klient:innen werden informiert, dass sie das Objekt beim Verlassen des Waldes wieder bergen dürfen, aber Ziel ist es, die negativen Gefühle, symbolisiert durch das Waldobjekt eben hier zu lassen.

## Gehmeditation

Die Klient:innen werden dazu eingeladen, sehr langsam und bewusst zu gehen, ca. 1 km/Stunde. Sind mehrere Personen anwesend, sollen diese in einer Reihe hintereinander gehen. Die erste Person wird angewiesen, nach einer von ihr beliebig gewählten Zeit zur Seite zu treten und stehenzubleiben. Wenn alle anderen vorbei geschlendert sind, soll diese Person das Schlusslicht der Menschenreihe bilden. Ziel dieser Übung ist es, in einem meditativen Prozess sehr fokussiert langsam zu gehen und sich auf die vor einer gehenden Person zu konzentrieren. Die Dauer der Übung ist nach Anzahl der Personen und deren Gehgeschwindigkeit zu wählen. In Japan und anderen asiatischen Ländern wird diese Gehmeditation stundenlang praktiziert, sie wird allerdings aus Zeitgründen in den meisten Waldtherapieformaten kürzer gehalten. Eine Variation dieser Übung ist, sie barfuß und/oder rückwärtsgehend auszuführen. Beim Rückwärtsgehen werden die Klient:innen eingeladen, sehr langsam und bewusst rückwärts zu gehen. Am besten wird diese Übung barfuß und auf einem ebenen, weichen Waldpfad ohne Wurzelwerk, spitzen Steinen oder ähnlichem ausgeführt. Ziel dieser Übung ist es, sehr fokussiert und langsam Schritt für Schritt rückwärts zu gehen. Die Dauer der Übung sollte 10 Minuten, besonders bei Ungeübten, nicht übersteigen.

### Alienübung

Die Alienübung bietet einen spielerischen Einstieg in das multisensorische Eintauchen in die Waldatmosphäre. Bei dieser Übung sollen sich die Klient:innen vorstellen, als außerirdisches Wesen vom Venus oder vom Mars, je nach Geschlecht oder Fantasie der Klient:innen, auf die Erde gesandt zu sein und das allererste Mal einen Wald zu erleben. Mit allen Sinnen soll dieser nun erkundet werden: Die Umgebung soll genau betrachtet werden, Waldelemente sollen berührt und gerochen werden und ähnliches. Die Dauer dieser Übung sollte mindestens 15 Minuten betragen und mit einer kurzen Ruhephase im Sitzen oder Liegen beendet werden, um die gewonnenen Eindrücke zu reflektieren.

### Fantasiekunst

Bei der Fantasiekunstübung wählen die Klient:innen im Sitzen einen für sie attraktiven Ausschnitt des Waldes, den sie etwa fünf Minuten lang genau betrachten. Die Aufgabe ist es, anschießend die Augen zu schließen und diesen schönen Anblick im Geiste nachzumalen. Die jeweilige Maltechnik wie Bleistift-, Aquarell- oder andere Techniken dürfen dabei individuell gewählt werden. Wenn nötig, dürfen die Augen immer wieder geöffnet werden, um Details nachzuprüfen. Die Dauer dieser Übung sollte mindestens 15 Minuten betragen und mit einer kurzen Ruhephase im Sitzen oder Liegen beendet werden, um die gewonnenen Eindrücke zu reflektieren.

### Beine hoch!

Bei dieser sehr angenehmen und entspannenden Übung im Liegen (mit oder ohne einer Unterlage) wählen die Klient:innen einen für sie ansprechenden Baum mit ausreichender Stabilität und einem fürs Hinlegen möglichst bequemen Waldbodenabschnitt. Anschließend legen sich die Klient:innen auf den Boden legen die Beine in einer angenehmen Position am Baumstamm senkrecht etwa fünf bis zehn Minuten lang hoch; mit gestreckten oder abgewinkelten Beinen sowie mit nach oben in Richtung der Baumkrone gerichtetem Blick. Dieser Perspektivenwechsel bietet zum einem die Möglichkeit, die Bewegung im Blattwerk und die tierischen Baumbewohner entspannt zu beobachten. Zum anderen werden Lymph- und Blutfluss aktiviert und die Beine entlastet, vor allem in der Variante mit leichten Wippbewegungen des Vorfußes.

## Sensorische Übungen

Die Wahrnehmung als Bewusstseinsvorgang und auch die waldtherapeutischen Übungen bauen generell auf den fünf Hauptsinnen auf, wobei zwischen der äußeren und der inneren Wahrnehmung unterschieden wird. Während die äußere Wahrnehmung ein Hinrichten der Aufmerksamkeit auf ein Objekt der Außenwelt beschreibt, besteht die innere Wahrnehmung in dem Bemerken psychischer Vorgänge oder das psychische Erleben selbst. Die innere Wahrnehmung hat daher einen engen Bezug zu den nicht rationalen Teilen der Psyche.

Die Kanäle der Wahrnehmung umfassen den visuellen Kanal (Sehen), den auditiven Kanal (Hören), den olfaktorischen Kanal (Riechen), den taktilen Kanal (Fühlen) und den gustatorischen Kanal (Schmecken). Der olfaktorische und der gustatorische Kanal haben eine starke Wechselwirkung zueinander. Bewusst selektiv und einfach zu steuern ist im Allgemeinen nur die visuelle Wahrnehmung durch Schließen der Augen. Alle anderen Sinneskanäle sind nur durch Hilfsmittel wie Hände, Kleidung oder ähnliches unterdrückbar oder mit Willenskraft oder Training beeinflussbar.

### 1. Visuelle Übung (Sehen)

- Suchen Sie sich einen ruhigen Platz.
- Nehmen Sie einen Gegenstand Ihrer Wahl in die Hand.
- Betrachten Sie den Gegenstand
- Nehmen Sie alle Details wahr. Stellen Sie sich dabei folgenden Fragen:
    a) Welche Form hat der Gegenstand (rund, eckig, oval…)?
    b) Welche Farbe hat der Gegenstand?
    c) Ist der Gegenstand dick oder dünn?
    d) Wie sind die Farbverläufe und Schatten?
    e) Wie wird das Licht gespiegelt?
    f) Gibt es weitere Besonderheiten?
    g) Wiederholen Sie die Übung mit dem gleichen Gegenstand und entdecken Sie die weiteren Besonderheiten.

### 2. Auditive Übung (Hören)

- Suchen Sie sich einen ruhigen Platz.
- Konzentrieren Sie sich kurz auf das, was Sie hören.
- Nehmen Sie alle Details wahr. Stellen Sie sich dabei folgenden Fragen und schließen Sie die Augen, wenn möglich.
    a) Ist es laut oder leise?
    b) Welche Geräusche höre ich?
    c) Wer oder was verursacht diese Geräusche?
    d) Aus welcher Richtung kommen die Geräusche?
    e) Sind die Geräusche eher in kurzer oder langer Abfolge?
    f) Gibt es weitere Besonderheiten?

- Wiederholen Sie die Übung am gleichen Ort und entdecken Sie die weiteren Besonderheiten.

### 3. Olfaktorische Übung (Riechen)

- Suchen sie sich einen ruhigen Platz.
- Nehmen Sie einen Gegenstand Ihrer Wahl in die Hand.
- Riechen Sie an dem Gegenstand
- Nehmen Sie alle Details wahr. Stellen Sie sich dabei folgenden Fragen und schließen Sie die Augen, wenn möglich.
  a) Sind die Gerüche bekannt oder unbekannt?
  b) Nach was riecht der Gegenstand?
  c) Sind die Gerüche angenehm oder unangenehm?
  d) Sind die Gerüche stark oder schwach?
  e) Riechen alle Teile des Gegenstands gleich?
  f) Gibt es weitere Besonderheiten?
- Wiederholen Sie die Übung mit dem gleichen Gegenstand und entdecken Sie die weiteren Besonderheiten.

### 4. Taktile Übung (Fühlen)

- Suchen Sie sich einen ruhigen Platz.
- Nehmen Sie einen Gegenstand Ihrer Wahl in die Hand.
- Nehmen Sie alle Details wahr. Stellen Sie sich dabei folgenden Fragen und schließen Sie die Augen, wenn möglich.
  a) Wie fühlt sich der Gegenstand an?
  b) Ist der Gegenstand warm oder kalt?
  c) Ist der Gegenstand rau oder glatt?
  d) Ist der Gegenstand weich oder hart?
  e) Gibt es weitere Besonderheiten?
- Wiederholen Sie die Übung mit dem gleichen Gegenstand und entdecken Sie die weiteren Besonderheiten.

### 5. Gustatorische Übung (Schmecken)

- Suchen Sie sich einen ruhigen Platz im Wald.
- Nehmen Sie ein Nahrungsmittel (eine essbare Speise aus dem Wald, Ihren Proviant oder ein Getränk) Ihrer Wahl in die Hand.
- Nehmen Sie alle Details wahr. Stellen Sie sich dabei folgenden Fragen und schließen Sie die Augen, wenn möglich.
  a) Wie fühlt sich das Nahrungsmittel im Mundraum an?
  b) Ist das Nahrungsmittel warm oder kalt?
  c) Ist das Nahrungsmittel flüssig oder fest?
  d) Schmeckt das Nahrungsmittel süß, sauer, bitter, salzig oder nach gar nichts?
  e) Gibt es weitere Besonderheiten?

- Wiederholen Sie die Übung mit dem gleichen Nahrungsmittel und entdecken Sie die weiteren Besonderheiten.

**6. Barfuß gehen (Fühlen)**

- Suchen Sie sich einen weichen Waldpfad oder einen als Barfußweg gestalteten Abschnitt davon und ziehen Sie Schuhe und Socken aus.
- Konzentrieren Sie sich beim Gehen über die verschiedenen Untergründe auf Ihre Fußsohlen.
- Stellen Sie sich dabei folgenden Fragen und schließen Sie die Augen, wenn möglich.
  a) Wie fühlt sich der Boden an, wie ist der Untergrund beschaffen?
  b) Ist er warm oder kalt?
  c) Ist er angenehm oder eher unangenehm?
  d) Ist er weich oder fest?
  e) Ist er rau oder glatt?
  f) Gibt es weitere Besonderheiten?
- Wiederholen Sie die Übung nach ein paar Schritten wieder und entdecken Sie die weiteren Besonderheiten.

**Baumbilder**

Die starke und beruhigende Wirkung eines großen Baums kann für die Unterstützung und Stärkung der Selbstfürsorge gegenüber negativen oder kritischen Gedanken eingesetzt werden. Die Metapher eines Baums kann ein effektives Werkzeug sein, die Bedürfnisse zu visualisieren und Dinge zu kennzeichnen, die den Klient:innen Kraft und Widerstandsfähigkeit verleihen, und ihnen helfen, stark zu bleiben und durch herausfordernde Zeiten zu kommen.

**1. Baumumarmen**

- Suchen Sie sich einen ruhigen Platz im Wald.
- Suchen Sie sich einen Baum.
- Nehmen Sie alle Details wahr. Stellen Sie sich dabei folgenden Fragen und schließen Sie die Augen, wenn möglich.
  a) Wie fühlt sich der Baum an?
  b) Ist die Rinde glatt oder rau?
  c) Ist der Stamm warm oder kühl?
  d) Wie fühlt es sich an, den Baum zu umarmen?
  e) Wie fühlt es sich an, sich am Baum anzulehnen?
  f) Gibt es weitere Besonderheiten?
- Wiederholen Sie die Übung mit dem gleichen Baum und entdecken Sie die weiteren Besonderheiten.

## 2. Achtsamkeitsvisualisierung

- Suchen Sie sich einen ruhigen Platz im Wald.
- Setzen oder legen Sie sich hin.
- Stellen Sie sich einen Baum vor, der Sie selbst repräsentiert und schließen Sie die Augen, wenn möglich.
  a) Wie sieht der Baum aus, welche Baumart könnte es sein?
  b) Ist der Baum groß oder klein, dick oder dünn?
  c) Wie sehen die Wurzeln, die Basis und der Stamm aus?
  d) Ist die Rinde glatt oder rau?
  e) Wie sehen die Blätter aus, gibt es Blüten oder Früchte?
  f) Gibt es weitere Besonderheiten?
- Wiederholen Sie die Übung mit dem gleichen visualisierten Baum und entdecken Sie die weiteren Besonderheiten.

## 3. Baummandala

Die Klient:innen werden eingeladen, Materialien aus dem Wald zu suchen und damit ein Bild eines Baums auf dem Waldboden zu legen. Dieser Baum und seine Teile soll sie selbst repräsentieren. Dauer der Übung sind ca. 25 Minuten.

Unterstützende und begleitende Fragen:

- Wurzeln: Denken Sie an Ihre eigenen Wurzeln und was Sie am Boden hält. Welche Dinge, die unter der Oberfläche liegen, geben Ihnen Halt? Wie sind Ihre Wurzeln beschaffen?
- Stamm: Betrachten Sie Ihr Unterstützungssystem. Wer oder was gibt Ihnen Unterstützung und fördert Ihr Wachstum? Wie empfinden Sie ihre Anwesenheit?
- Äste: Was sind Ihre Stärken? Helfen Ihre Wurzeln beim Aufbau Ihrer Stärken? Was wünschen Sie sich in der Zukunft? Welche Hoffnungen, Träume und Wünsche haben Sie?
- Blätter: Denken Sie an Ihre Erfolge. Auf welche Dinge sind Sie stolz?
- Früchte: Was sehen Sie als Früchte und Errungenschaften Ihres Lebens?

**Reflektierende Fragen:**

- Was waren einige Ihrer Stärken, an die Sie denken konnten?
- Wurden einige von ihnen durch Ihr Unterstützungssystem, Ihre Wurzeln beeinflusst?
- Wie war der Prozess, sich selbst in der Metapher eines Baums darzustellen?
- Was empfinden Sie, wenn Sie sich einen »Baum Ihres Lebens« vorstellen, in der ein Baum Ihr Leben und die verschiedenen Elemente darstellt, aus denen es besteht – Vergangenheit, Gegenwart und Zukunft.
- Können Sie sich weitere Hilfsmittel vorstellen, die Ihnen könnten, über Ihre Stärken nachzudenken und sie zu benennen?
- Haben Sie das Bedürfnis, Ihre Idee aufzuschreiben, in einem Tagebuch, Brief oder ähnlichem?

## Körperreise (Body Scan)

Bei der Körperreise, oder Body Scan, handelt es sich um eine gedankliche Reise durch den Körper, also ein schrittweises gedankliches Abtasten (englisch: scannen) des eigenen Körpers. Der Body Scan, eine bekannte Achtsamkeitsübung, wurde von Jon Kabat-Zinn aus einer buddhistischen Meditationspraxis abgeleitet und in sein achtwöchiges MBSR-Programm zur Stressbewältigung (MBSR steht für »Mindfulness-Based Stress Reduction« – Stressbewältigung durch Achtsamkeit; Kabat-Zinn 2003) integriert. Die Körperreise ist eine grundlegende Übung im MBSR und besonders für Anfänger:innen geeignet, da sie die Schulung von Körperempfindungen, Konzentration, Selbstwahrnehmung und Achtsamkeit fördert. Dabei wird die Aufmerksamkeit nach und nach gezielt auf die verschiedenen Bereiche des Körpers gerichtet. Diese an sich einfache Technik kann sehr herausfordernd sein, da oft aufziehende Gedanken die Fokussierung auf den Körper stören können. Durch oftmaliges Üben wird die Lenkung der Aufmerksamkeit deutlich besser.

Der Body Scan kann im Sitzen oder im Liegen durchgeführt werden. Nicht nur der Geist soll mit der Übung zur Ruhe kommen, sondern auch der Körper. Bei der Übung sollen die Klient:innen jedoch wach und aufmerksam bleiben und während der Übung nicht einschlafen. Die Übung dauert in einer Kurzversion meist 10–15 Minuten, wobei aber auch eine wesentlich kürzere Zeit am Anfang angepeilt werden kann. Der ausführliche Body Scan dauert bis zu 45 Minuten, je nachdem, wieviel Zeit zur Verfügung steht.

### Body Scan-Anleitung:

- Suchen Sie sich einen ruhigen Platz im Wald.
- Legen Sie sich auf den Rücken in eine bequeme Position, zum Beispiel auf eine Decke oder Yogamatte, oder setzen Sie sich bequem hin, wenn Sie nicht liegen möchten. Legen Sie die Arme seitlich neben dem Körper ab bzw. lassen Sie sie seitlich hängen.
- Lenken Sie den Fokus auf Ihre innere Haltung, Ihre Gefühle und Ihre Gedanken.
- Versuchen Sie, gegebenenfalls aufkommende unangenehme Gedanken nicht wegzuschieben, sondern geben Sie ihnen Raum, bis sie von alleine weiterziehen.
- Konzentrieren Sie sich nun einige Minuten auf Ihre Atmung. Achten Sie dabei auf eine ruhige und langsame Atmung. Stellen Sie sich vor, dass Ihr Atem wie ein Windhauch im Körper auf und ab strömt.
- Beginnen Sie mit dem gedanklichen Abtasten des Körpers. Lenken Sie Ihre Aufmerksamkeit zuerst auf Ihre Zehen, dann auf Ihre Füße, Ihre Unterschenkel und so weiter. Arbeiten Sie sich stufenweise den Körper hinauf, bis zum Scheitel.
- Achten Sie bei jeder Körperregion genau darauf, wie sie sich anfühlt. Wenn Sie in Gedanken abschweifen, besinnen Sie sich zuerst wieder auf Ihren Atemrhythmus, dann auf Ihren Körper und fahren mit der Körperreise fort.
- Die letzten Minuten des Body Scan sollten Sie möglichst entspannt verbringen. Sie müssen sich nicht mehr aktiv auf etwas konzentrieren, sondern können einfach ruhen.

- Um den Body Scan abzuschließen, richten Sie sich langsam auf. Wenn Sie gelegen sind, bleiben Sie zuerst einmal einen Moment sitzen, damit Ihnen beim Aufstehen nicht schwindlig wird.

Wenn Sie möchten, können Sie Ihre Erfahrungen im Anschluss an die Übung aufschreiben. So können Sie nach mehrmaliger Durchführung der Übung Ihre persönlichen Fortschritte und Ihre Empfindungen besser überprüfen.

## 7.6 Tipps

- Um die Wirksamkeit des Waldaufenthalts voll auszuschöpfen, vermeiden Sie die Verwendung elektronischer Geräte wie Mobiltelefone. Telefone und andere Geräte stumm zu schalten, verhindert Ablenkungen. Unterlassen Sie es, zu telefonieren oder Fotos zu machen, bis das Walderlebnis abgeschlossen ist.
- Konzentrieren Sie sich darauf, im Moment präsent zu sein, und nehmen Sie mit Ihren Sinnen den Geruch, das Gefühl, den Anblick und die Geräusche der Waldumgebung auf. Konzentrieren Sie sich darauf, Ihre Gedanken darauf zu konzentrieren, wie die Gerüche, Anblicke, Geräusche und das, was Sie berühren, Sie in dem Moment empfinden, in dem Sie sie erleben.
- Ein weiterer Vorschlag ist, Gedanken und Gefühle vor und nach dem Aufenthalt im Wald in ein Tagebuch oder auf ein Blatt Papier zu schreiben.
- Beginnen Sie mit einer kurzen Zeit, z. B. maximal 30 Minuten, und verlängern Sie dann gegebenenfalls die Zeit.

## 7.7 Richtlinien für den Waldbesuch

- Bitte nehmen Sie Ihren Müll wieder mit. Verlassen Sie den Wald so, wie Sie in vorgefunden haben.
- Bitte machen Sie kein Feuer im Wald und werfen Sie auch keine Zigaretten weg. Waldbrände können dadurch vor allem bei trockenem Wetter verhindert werden.
- Bitte lassen Sie die Natur im Wald unberührt. Das gilt besonders für geschützte Pflanzenarten.
- Bitte halten Sie sich an markierte Waldwege. So können sich Wildtiere zurückziehen und ihren Nachwuchs ungestört aufziehen.
- Bitte nehmen Sie Ihren Hund an die Leine. Auch der friedlichste Vierbeiner kann bei Kontakt mit anderen Tieren oder Erholungssuchenden gefährliche Begegnungen provozieren.

- Bitte vermeiden Sie Lärm. Dadurch erhöhen Sie die Wahrscheinlichkeit, scheue Waldtiere zu sehen und stören Tiere und anderer Menschen nicht.

# Ausblick und Danksagung

Wir gehen gesünder aus dem Wald heraus, als wir hineingegangen sind, darin ist sich die Wissenschaft mittlerweile einig. Beinahe 40 Jahren nach den ersten Anfängen der Erforschung, wie der Aufenthalt im Wald therapeutisch nützt oder nützen kann, sind therapeutische Konzepte mit Waldtherapie nicht mehr exotisch und Waldtherapeut:innen keine Sonderlinge mehr, die sich ihre eigene Welt schaffen – sie sind gefragte Gesundheitsprofis. Nun ist die Waldtherapie eine anerkannte und bewiesenermaßen erfolgreiche Methode, Gesundheit zu fördern.

Die gesundheitlichen Vorteile der Waldtherapie sind vielfältig. Immer mehr Studien zeigen auf, wie diese gesundheitlichen Vorteile in Einsparungen im Gesundheitssystem umgewandelt werden können, mit oft beeindruckenden Einsparpotenzialen. Wälder sind nicht nur entscheidend für die Eindämmung der globalen Erwärmung und damit langfristig für das menschliche Wohlergehen, sondern auch für unser jetziges Wohlergehen von entscheidender Bedeutung.

Die Forschung und Entwicklung zu neuen innovativen Technologie geht rasant weiter. Das Metaversum ist eine neue umfassende Wirklichkeit, in der die Grenzen zwischen der realen und der virtuellen Welt immer mehr verschwimmen. Virtuelle Treffen sollen sich dank 3D-Kameras, großen Monitoren und VR-Brillen fast wie ein echtes Treffen anfühlen. Virtual Reality wird zunehmend in der Rehabilitation eingesetzt und kann bei der Arbeit an therapeutischen Zielen zusätzlich motivieren. Es ist bereits möglich, die Illusion des Gehens bei sitzenden Versuchspersonen zu erzeugen. Forschende haben ein relativ leicht zu implementierendes und günstiges System entwickelt, das Nutzer:innen in der virtuellen Realität durch vibrierende Aluminiumfedern und Holzplatten ein realistisches Gefühl des Gehens (Croucher, Powell et al. 2021). Versuchspersonen bewegen sich durch virtuelle Korridore, die aus strukturierten Boden- und Seitenflächen bestehen. Es kann sowohl die Ichansicht als auch die Außenperspektive eingenommen werden. Diese für die breite Anwendung derzeit noch utopischen Zukunftsvisionen können auch bald für die virtuelle Waldtherapie richtungsweisend werden und auch eingeschränkt bewegliche Patient:innen so etwas wie heilsamen Naturkontakt ermöglichen.

Schon jetzt (Stand Ende 2023) wird die therapeutische Kraft der Waldumgebung vielerorts genutzt, um die öffentliche Gesundheit zu fördern. Deren messbaren Auswirkungen werden zielgerichtet therapeutisch für die körperliche und psychische Erholung eingesetzt. Die Waldexposition und »Natur auf Rezept« werden ohne Zweifel eine entscheidende Rolle in der Präventivmedizin spielen, insbesondere bei Stress und stressbedingten Erkrankungen. Bis dahin sollte der Wald als idyllische Insel im hektischen Ozean des Alltags gesehen werden, auf die man sich öfter geben sollte, auf Kurzurlaub quasi. Die kostbare Natur zu respektieren und zu wahren, das sollte uns allen wichtig sein.

Ich bedanke mich beim Kohlhammerverlag für die Einladung, dieses Buch zu verwirklichen. Dieses Buch steht auf den Schultern unzähliger Forscher:innengenerationen: Viele Einzelpersonen haben von der Antike bis heute die Grundlagen erarbeitet und erforscht, wie Natur auf die Gesundheit des Menschen wirkt und wie Waldtherapie sinnvoll als wertvolle Ressource in der Gesundheitsvorsorge und Krankheitsbehandlung eingesetzt werden kann.

Wenn es jemals wirklich eine Zeit gegeben hat, in der Einzelpersonen die Wissenschaft unabhängig voneinander vorangetrieben haben, dann ist dies heute nicht mehr der Fall. Die moderne Wissenschaft ist ein Mannschaftssport, in dem wir die einzelnen Teams gar nicht mehr kennen können. Und auch nicht alle ihre Publikationen. Durch Zitierungen versuchen wir dennoch, der immensen Zahl von Menschen Anerkennung zollen, die zu der Entwicklung eines Forschungsgebiets beigetragen haben, wohlwissend, dass oft Einzelpersonen und ihre Netzwerke immer noch den bedeutenden Unterschied machen können. Ganz besonders möchte ich daher meinen engagierten Fachkolleg:innen für die oft jahrelange Inspiration und den intellektuellen Austausch bedanken. Es macht unendlich viel Spaß, Teil dieser wachsenden und interaktiven Scientific Community sein zu dürfen.

Nicht zuletzt bedanke ich mich bei meiner wunderbaren Familie. Eine Motivation für das Schreiben eines Buches über Wald in der Therapie ist mein Wunsch, dass die jüngeren und nachfolgenden Generationen die immense Magie des Waldes spüren und intakte Wälder als heiliges Kulturgut schätzen und bewahren. Nur so kann auch das Potential der Natur für die Steigerung von Gesundheit und Wohlbefinden bewahrt werden. Es wäre doch eine schöne Vorstellung, wenn in Zukunft alles, was nicht unbedingt aus technischen, organisatorischen oder hygienischen Gründen in Innenräumen stattfinden muss, im Freien passiert: Arbeit, Schule, Kindergarten, Freizeit, Sport, Kino, Theater, Therapie. Dazu braucht es den entsprechenden politischen Willen und qualitativ hochwertige Forschung, die mit ihren Erkenntnissen die breite Bevölkerung für ein naturnahes Leben inspiriert. Wenn wir heuten einen Baum pflanzen, können wir morgen seine Früchte pflücken und übermorgen spendet er unseren Nachkommen Schatten.

Es gibt noch viel zu tun, packen wir's an!

# Literaturverzeichnis

Akers, A., J. Barton, R. Cossey, P. Gainsford, M. Griffin and D. Micklewright (2012). »Visual Color Perception in Green Exercise: Positive Effects on Mood and Perceived Exertion.« Environmental Science & Technology 46(16): 8661–8666.

Alvarsson, J. J., S. Wiens and M. E. Nilsson (2010). Stress recovery during exposure to nature sound and environmental noise. International journal of environmental research and public health 7(3): 1036–1046.

Antonelli, M., D. Donelli, G. Barbieri, M. Valussi, V. Maggini and F. Firenzuoli (2020). Forest Volatile Organic Compounds and Their Effects on Human Health: A State-of-the-Art Review. Int J Environ Res Public Health 17(18).

Antonelli, M., D. Donelli, L. Carlone, V. Maggini, F. Firenzuoli and E. Bedeschi (2021). Effects of forest bathing (shinrin-yoku) on individual well-being: An umbrella review. International Journal of Environmental Health Research: 1–26.

Aune, D., T. Norat, M. Leitzmann, S. Tonstad and L. J. Vatten (2015). Physical activity and the risk of type 2 diabetes: a systematic review and dose-response meta-analysis. Eur J Epidemiol 30(7): 529–542.

Barton, J. and J. Pretty (2010). What is the best dose of nature and green exercise for improving mental health? A multi-study analysis. Environ Sci Technol 44(10): 3947–3955.

Beck, K., M. Beedle, A. Van Bennekum, A. Cockburn, W. Cunningham, M. Fowler, J. Grenning, J. Highsmith, A. Hunt and R. Jeffries (2001). Manifesto for agile software development.

Berto, R. (2005). Exposure to restorative environments helps restore attentional capacity. Journal of Environmental Psychology 25(3): 249–259.

Bhattacharya, S., M. A. Bashar, A. Srivastava and A. Singh (2019). NOMOPHOBIA: NO MObile PHone PhoBIA. Journal of family medicine and primary care 8(4): 1297–1300.

Brehm, J. W. (1966). A theory of psychological reactance. Academic Press

Bundschuh, A. (2009). Soziale Funktionen und soziale Nutzung des Waldes.

Burckhardt, L. (1985). Die Kinder fressen ihre Revolution: Wohnen-Planen-Bauen-Grünen, DuMont.

Campbell, C., I. Silver, J. Sherbino, O. T. Cate, E. S. Holmboe and I. C. Collaborators (2010). Competency-based continuing professional development. Medical teacher 32(8): 657–662.

Cervinka, R., J. Höltge, L. Pirgie, M. Schwab, J. Sudkamp, D. Haluza, A. Arnberger, R. Eder and M. Ebenberger (2014). Zur Gesundheitswirkung von Waldlandschaften. BFW-Berichte 147(2014): 85.

Cervinka, R., M. Schwab and D. Haluza (2020). Investigating the qualities of a recreational forest: Findings from the cross-sectional hallerwald case study. Int J Environ Res Public Health 17(5): 1676.

Cervinka, R., M. Schwab and D. Haluza (2020). Investigating the Qualities of a Recreational Forest: Findings from the Cross-Sectional Hallerwald Case Study. International Journal of Environmental Research and Public Health 17.

Chae, Y., S. Lee, Y. Jo, S. Kang, S. Park and H. Kang (2021). The Effects of Forest Therapy on Immune Function. International Journal of Environmental Research and Public Health 18(16): 8440.

Chan, H. K., F. Hersperger, E. Marachlian, B. H. Smith, F. Locatelli, P. Szyszka and T. Nowotny (2018). »Odorant mixtures elicit less variable and faster responses than pure odorants.« PLOS Computational Biology 14(12): e1006536.

# Literaturverzeichnis

Christiana, R. W., G. M. Besenyi, J. Gustat, T. H. Horton, T. L. Penbrooke and C. L. Schultz (2021). »A Scoping Review of the Health Benefits of Nature-Based Physical Activity.« Journal of Healthy Eating and Active Living 1(3): 142–160.

Cooley, S. J., C. R. Jones, A. Kurtz and N. Robertson (2020). »Into the Wild«: A meta-synthesis of talking therapy in natural outdoor spaces.« Clinical Psychology Review 77: 101841.

Croucher, C., W. Powell, M. Dicks, B. Stevens and V. Powell (2021). The use of embedded context-sensitive attractors for clinical walking test guidance in virtual reality. Frontiers in Virtual Reality 2: 621965.

Dolgin, E. (2015). The myopia boom. Nature 519(7543): 276–278.

Eckes, A., A. Moormann and A. G. Büssing (2021). Natur 2.0-Erlebnisse in immersiver virtueller Realität als Möglichkeit für Naturerfahrungen? Naturerfahrung und Bildung, Springer: 361–377.

Eigenschenk, B., A. Thomann, M. McClure, L. Davies, M. Gregory, U. Dettweiler and E. Inglés (2019). Benefits of Outdoor Sports for Society. A Systematic Literature Review and Reflections on Evidence. Int J Environ Res Public Health 16(6): 937.

Engel, G. L. (1977). The need for a new medical model: a challenge for biomedicine. Science 196(4286): 129–136.

Epstein, R. A., E. Z. Patai, J. B. Julian and H. J. Spiers (2017). »The cognitive map in humans: spatial navigation and beyond.« Nature neuroscience 20(11): 1504–1513.

Esch, T., U. Sonntag, S. M. Esch and S. Thees (2013). »Stress management and mind-body medicine: a randomized controlled longitudinal evaluation of students' health and effects of a behavioral group intervention at a middle-size German university (SM-MESH).« Forsch Komplementmed 20(2): 129–137.

Frick, J., N. Bauer, E. von Lindern and M. Hunziker (2018). What forest is in the light of people's perceptions and values: socio-cultural forest monitoring in Switzerland. Geogr. Helv. 73(4): 335–345.

Fromm, E. (1964). Die Seele des Menschen. Ihre Fähigkeit zum Guten und zum Bösen, Stuttgart (Deutsche Verlags-Anstalt) 1979.

Gascon, M., W. Zijlema, C. Vert, M. P. White and M. J. Nieuwenhuijsen (2017). Outdoor blue spaces, human health and well-being: A systematic review of quantitative studies. International Journal of Hygiene and Environmental Health 220(8): 1207–1221.

Gatersleben, B. and M. Andrews (2013). When walking in nature is not restorative – The role of prospect and refuge. Health & place 20: 91–101.

Gilbert, J. A., M. J. Blaser, J. G. Caporaso, J. K. Jansson, S. V. Lynch and R. Knight (2018). »Current understanding of the human microbiome.« Nature medicine 24(4): 392–400.

Haahtela, T. (2019). A biodiversity hypothesis. Allergy 74(8): 1445–1456.

Haluza, D., D. Jungwirth and S. Gahbauer (2021). Evidence-Based Practices and Use among Employees and Students at an Austrian Medical University. Journal of Clinical Medicine 10.

Haluza, D., R. Schönbauer and R. Cervinka (2014). Green perspectives for public health: A narrative review on the physiological effects of experiencing outdoor nature. Int J Environ Res Public Health 11(5): 5445–5461.

Hansen, M. M., R. Jones and K. Tocchini (2017). Shinrin-yoku (forest bathing) and nature therapy: A state-of-the-art review. International journal of environmental research and public health 14(8): 851.

Hanski, I., L. von Hertzen, N. Fyhrquist, K. Koskinen, K. Torppa, T. Laatikainen, P. Karisola, P. Auvinen, L. Paulin, M. J. Mäkelä, E. Vartiainen, T. U. Kosunen, H. Alenius and T. Haahtela (2012). Environmental biodiversity, human microbiota, and allergy are interrelated. Proceedings of the National Academy of Sciences 109(21): 8334–8339.

Harper, N. J., C. R. Fernee and L. E. Gabrielsen (2021). Nature's Role in Outdoor Therapies: An Umbrella Review. International Journal of Environmental Research and Public Health 18(10): 5117.

Hays, K. F. (1999). Working it out: Using exercise in psychotherapy, American Psychological Association.

Hooley, I. (2016). Ethical Considerations for Psychotherapy in Natural Settings. Ecopsychology 8(4): 215–221.

Ikei, H., C. Song and Y. Miyazaki (2017). Physiological effects of wood on humans: a review. Journal of Wood Science 63(1): 1–23.
Kabat-Zinn, J. (2003). Mindfulness-based stress reduction (MBSR). Constructivism in the Human Sciences 8(2): 73.
Kamitsis, I. and J. G. Simmonds (2017). »Using resources of nature in the counselling room: Qualitative research into ecotherapy practice.« International Journal for the Advancement of Counselling 39(3): 229–248.
Kaplan, R. and S. Kaplan (1989). The experience of nature: A psychological perspective, Cambridge university press.
Kelly, J. S. and E. Bird (2022). Improved mood following a single immersion in cold water. Lifestyle Medicine 3(1): e53.
Khoury, B., T. Lecomte, G. Fortin, M. Masse, P. Therien, V. Bouchard, M. A. Chapleau, K. Paquin and S. G. Hofmann (2013). Mindfulness-based therapy: a comprehensive meta-analysis. Clin Psychol Rev 33(6): 763–771.
Kim, H., J. Kim, H. J. Ju, B. J. Jang, T. K. Wang and Y. I. Kim (2020). Effect of Forest Therapy for Menopausal Women with Insomnia. International Journal of Environmental Research and Public Health 17(18): 6548.
Kim, J.-G. and W.-S. Shin (2021). Forest Therapy Alone or with a Guide: Is There a Difference between Self-Guided Forest Therapy and Guided Forest Therapy Programs? International Journal of Environmental Research and Public Health 18(13): 6957.
Klotz, J., M. Hackl, M. Schwab, A. Hanika and D. Haluza (2019). Combining population projections with quasi-likelihood models. A new way to predict cancer incidence and cancer mortality in Austria up to 2030. Demographic Research 40: 503–532.
Kotte, D., Q. Li, W. S. Shin and A. Michalsen (2019). International Handbook of Forest Therapy, Cambridge Scholars Publishing.
Kübel, S. L., H. Fiedler and M. Wittmann (2021). Red visual stimulation in the Ganzfeld leads to a relative overestimation of duration compared to green. PsyCh Journal 10(1): 5–19.
Lansford Jr, N. H. and L. L. Jones (1995). »Recreational and aesthetic value of water using hedonic price analysis.« Journal of Agricultural and Resource Economics: 341–355.
Largo-Wight, E., B. K. O'Hara and W. W. Chen (2016). The Efficacy of a Brief Nature Sound Intervention on Muscle Tension, Pulse Rate, and Self-Reported Stress: Nature Contact Micro-Break in an Office or Waiting Room. HERD: Health Environments Research & Design Journal 10(1): 45–51.
Lebov, J., K. Grieger, D. Womack, D. Zaccaro, N. Whitehead, B. Kowalcyk and P. D. M. MacDonald (2017). A framework for One Health research. One Health 3: 44–50.
Leonardi, F. (2018). The Definition of Health: Towards New Perspectives. International Journal of Health Services 48(4): 735–748.
Leung, Y.-F., A. Spenceley, G. Hvenegaard, R. Buckley and C. Groves (2018). Tourism and visitor management in protected areas: Guidelines for sustainability, IUCN Gland, Switzerland.
Lewis, S. and M. Clarke (2001). Forest plots: trying to see the wood and the trees. BMJ 322(7300): 1479–1480.
Li, Q. (2012). Forest medicine. Forest Medicine 2: 1–316.
Lievens, C. (2019). Blue light: Why it matters. Optometry Times 11(3): 28–29.
Lindemann-Matthies, P. and D. Matthies (2018). The influence of plant species richness on stress recovery of humans. Web Ecol. 18(2): 121–128.
Louv, R. (2008). Last child in the woods: Saving our children from nature-deficit disorder, Algonquin books.
Manferdelli, G., A. La Torre and R. Codella (2019). Outdoor physical activity bears multiple benefits to health and society. The Journal of sports medicine and physical fitness 59(5): 868–879.
Markwell, N. and T. E. Gladwin (2020). Shinrin-yoku (Forest Bathing) Reduces Stress and Increases People's Positive Affect and Well-Being in Comparison with Its Digital Counterpart. Ecopsychology 12(4): 247–256.

Masterson, V. A., R. C. Stedman, J. Enqvist, M. Tengö, M. Giusti, D. Wahl and U. Svedin (2017). The contribution of sense of place to social-ecological systems research: a review and research agenda. Ecology and Society 22(1).

Masterton, W., H. Carver, T. Parkes and K. Park (2020). Greenspace interventions for mental health in clinical and non-clinical populations: What works, for whom, and in what circumstances? Health & Place 64: 102338.

Mathias, S., P. Daigle, K. N. Dancause and T. Gadais (2020). »Forest bathing: a narrative review of the effects on health for outdoor and environmental education use in Canada.« Journal of Outdoor and Environmental Education 23(3): 309–321.

McKinney, B. L. (2011). Therapist's perceptions of walk and talk therapy: A grounded study, University of New Orleans.

Meneguzzo, F., L. Albanese, G. Bartolini and F. Zabini (2019). Temporal and Spatial Variability of Volatile Organic Compounds in the Forest Atmosphere. International Journal of Environmental Research and Public Health 16(24): 4915.

Methorst, J., K. Rehdanz, T. Mueller, B. Hansjürgens, A. Bonn and K. Böhning-Gaese (2021). The importance of species diversity for human well-being in Europe. Ecological Economics 181: 106917.

Moher, D., A. Liberati, J. Tetzlaff, D. G. Altman and P. Group* (2009). Preferred reporting items for systematic reviews and meta-analyses: the PRISMA statement. Annals of internal medicine 151(4): 264–269.

Neupane, S., U. T. I. Ali and A. Mathew (2017). Text Neck Syndrome – Systematic Review. Imperial journal of interdisciplinary research 3.

Ochiai, H., H. Ikei, C. Song, M. Kobayashi, A. Takamatsu, T. Miura, T. Kagawa, Q. Li, S. Kumeda, M. Imai and Y. Miyazaki (2015). »Physiological and Psychological Effects of Forest Therapy on Middle-Aged Males with High-Normal Blood Pressure.« International Journal of Environmental Research and Public Health 12(3): 2532–2542.

Oh, K. H., W. S. Shin, T. G. Khil and D. J. Kim (2020). Six-Step Model of Nature-Based Therapy Process. International Journal of Environmental Research and Public Health 17(3): 685.

Ohtsuka, Y., N. Yabunaka and S. Takayama (1998). Shinrin-yoku (forest-air bathing and walking) effectively decreases blood glucose levels in diabetic patients. International journal of Biometeorology 41(3): 125–127.

Owen, L., B. Pennington, A. Fischer and K. Jeong (2017). The cost-effectiveness of public health interventions examined by NICE from 2011 to 2016. Journal of Public Health 40(3): 557–566.

Pálsdóttir, A. M., S. Spendrup, L. Mårtensson and K. Wendin (2021). »Garden Smellscape-Experiences of Plant Scents in a Nature-Based Intervention.« Frontiers in psychology 12: 667957–667957.

Park, B.-J., K. Furuya, T. Kasetani, N. Takayama, T. Kagawa and Y. Miyazaki (2011). Relationship between psychological responses and physical environments in forest settings. Landscape and Urban Planning 102(1): 24–32.

Pfefferle, P. I., C. U. Keber, R. M. Cohen and H. Garn (2021). The Hygiene Hypothesis – Learning From but Not Living in the Past. Frontiers in Immunology 12.

Prein, G., U. Kelle and S. Kluge (1993). Strategien zur Integration quantitativer und qualitativer Auswertungsverfahren, SFB 186.

Proske, U. and S. C. Gandevia (2009). The kinaesthetic senses. The Journal of Physiology 587(17): 4139–4146.

Reinwald, F., D. Haluza, U. Pitha and R. Stangl (2021). Urban Green Infrastructure and Green Open Spaces: An Issue of Social Fairness in Times of COVID-19 Crisis. Sustainability 13(19): 10606.

Reivich, K. and A. Shatte (2003). The resilience factor: 7 keys to finding your inner strength and overcoming life's hurdles, Harmony.

Relph, E. (2009). »A pragmatic sense of place.« Environmental and architectural Phenomenology 20(3): 24–31.

Revell, S. and J. McLeod (2016). Experiences of therapists who integrate walk and talk into their professional practice. Counselling and Psychotherapy Research 16(1): 35–43.

Sandifer, P. A., A. E. Sutton-Grier and B. P. Ward (2015). Exploring connections among nature, biodiversity, ecosystem services, and human health and well-being: Opportunities to enhance health and biodiversity conservation. Ecosystem Services 12: 1–15.

Simard, S. W., D. A. Perry, M. D. Jones, D. D. Myrold, D. M. Durall and R. Molina (1997). Net transfer of carbon between ectomycorrhizal tree species in the field. Nature 388(6642): 579–582.

Song, C., H. Ikei, B.-J. Park, J. Lee, T. Kagawa and Y. Miyazaki (2018). Psychological benefits of walking through forest areas. International journal of environmental research and public health 15(12): 2804.

Sonntag-Öström, E., T. Stenlund, M. Nordin, Y. Lundell, C. Ahlgren, A. Fjellman-Wiklund, L. S. Järvholm and A. Dolling (2015). »Nature's effect on my mind« – Patients' qualitative experiences of a forest-based rehabilitation programme.« Urban Forestry & Urban Greening 14(3): 607–614.

Steiner, R. (1981). Man's twelve senses in their relation to imagination, inspiration, intuition. Anthroposophical Review 3(2): 12–19.

Steinparzer, M., D. Haluza and D. L. Godbold (2022). Integrating Tree Species Identity and Diversity in Particulate Matter Adsorption. Forests 13(3): 481.

Strachan, D. P. (1989). Hay fever, hygiene, and household size. Bmj 299(6710): 1259–1260.

Suda, R., M. Yamaguchi, E. Hatakeyama, T. Kikuchi, Y. Miyazaki and M. Sato (2001). Effect of visual stimulation (I)-in the case of good correlation between sensory evaluation and physiological response. J Physiol Anthropol Appl Hum Sci 20(5): 303.

Taillard, J., P. Sagaspe, P. Philip and S. Bioulac (2021). Sleep timing, chronotype and social jetlag: Impact on cognitive abilities and psychiatric disorders. Biochemical Pharmacology 191: 114438.

Takayama, N., T. Morikawa and E. Bielinis (2019). Relation between Psychological Restorativeness and Lifestyle, Quality of Life, Resilience, and Stress-Coping in Forest Settings. International Journal of Environmental Research and Public Health 16(8): 1456.

Trinh, P., J. R. Zaneveld, S. Safranek and P. M. Rabinowitz (2018). »One Health Relationships Between Human, Animal, and Environmental Microbiomes: A Mini-Review.« Frontiers in Public Health 6.

Tsunetsugu, Y., B.-J. Park and Y. Miyazaki (2009). Trends in research related to »Shinrin-yoku« (taking in the forest atmosphere or forest bathing) in Japan. Environmental Health and Preventive Medicine 15(1): 27.

Twohig-Bennett, C. and A. Jones (2018). The health benefits of the great outdoors: A systematic review and meta-analysis of greenspace exposure and health outcomes. Environmental Research 166: 628–637.

Ucar, S. (2017). Reluctance and Resistance: Challenges to Change İn Psychotherapy. Journal of Psychology and Clinical Psychiatry 7(6).

Ulrich, R. S. (1984). View Through a Window May Influence Recovery from Surgery. Science 224(4647): 420–421.

Ulrich, R. S., R. F. Simons, B. D. Losito, E. Fiorito, M. A. Miles and M. Zelson (1991). Stress recovery during exposure to natural and urban environments. Journal of environmental psychology 11(3): 201–230.

Warburton, D. E. R. and S. S. D. Bredin (2017). Health benefits of physical activity: a systematic review of current systematic reviews. Curr Opin Cardiol 32(5): 541–556.

Wei, H., B. Ma, R. J. Hauer, C. Liu, X. Chen and X. He (2020). Relationship between environmental factors and facial expressions of visitors during the urban forest experience. Urban Forestry & Urban Greening 53: 126699.

Westgarth, C., R. M. Christley, G. Marvin and E. Perkins (2021). Functional and recreational dog walking practices in the UK. Health Promot Int 36(1): 109–119.

White, M. P., I. Alcock, J. Grellier, B. W. Wheeler, T. Hartig, S. L. Warber, A. Bone, M. H. Depledge and L. E. Fleming (2019). Spending at least 120 minutes a week in nature is associated with good health and wellbeing. Sci Rep 9(1): 7730.

Williams, S. A., T. C. Prang, M. R. Meyer, T. K. Nalley, R. Van Der Merwe, C. Yelverton, D. García-Martínez, G. A. Russo, K. R. Ostrofsky and J. Eyre (2021). New fossils of Australopithecus sediba reveal a nearly complete lower back. bioRxiv.

Wilson, E. O. (1984). Biophilia, Harvard University Press.
Yi, J., S. G. Kim, T. Khil, M. Shin, J.-H. You, S. Jeon, G. H. Park, A. Y. Jeong, Y. Lim, K. Kim, J. Kim, B. Kang, J. Lee, J. H. Park, B. Ku, J. Choi, W. Cha, H.-J. Lee, C. Shin, W. Shin and J. U. Kim (2021). Psycho-Electrophysiological Benefits of Forest Therapies Focused on Qigong and Walking with Elderly Individuals. International Journal of Environmental Research and Public Health 18(6): 3004.

# Stichwortverzeichnis

## A

Achtsamkeit  16, 17, 84, 135, 150
ADHS  24, 121
Adipositas  24
Adrenalin  28, 140
Angststörungen  27, 110, 111, 114
Aufmerksamkeitswiederherstellungstheorie  26, 28, 29, 87, 128, 136, 138

## B

Baumplantagen  44
Biodiversität  35
Biophilie  26, 30, 74
Biophiliehypothese  26, 27, 33
Blumen  46, 78, 128
Blutdruck  11, 28, 41, 65, 67, 84–86, 90, 93, 101, 103, 108, 140
Buddhismus  84

## C

C-Fasern  79
Carl Gustav Jung  106
China  20, 66, 128
Crossover-Studien  42, 90

## D

Depressionen  7, 17, 21, 22, 24, 26, 34, 43, 70, 87, 88, 105, 113, 129
Deutschland  11, 42, 139
Diabetes  11, 24, 39, 101, 140
Digital Detox  8

## E

Eisbaden  8, 34
Erholsamkeit  27, 29, 41
Erste Hilfe  123

## F

Fall-Kontroll-Studien  93
Faszination  29, 106, 136
Fibromyalgie  13
Finnland  33, 88
Fitness  8, 18, 84, 87, 130, 139
Fokusgruppen  94
Forstamt  49

## G

Gartentherapie  80
Gehmeditation  17, 84, 144
Gesundheitsförderung  9, 12, 13, 21, 85, 88, 114
Gesundheitsrisiko  34, 40
Gesundheitsvorsorge  8, 13, 42, 128, 154
Großbritannien  13, 33

## H

Hauttemperatur  34
Herzfrequenz  85, 101, 103, 108, 129, 142
Herzrate  41, 93
Hormone  28, 72
Hyperthermie  33
Hypophyse  28

## I

Immunsystem  14, 16, 28, 34, 37–39, 55, 58, 87, 142
Interventionsstudien  93, 94, 101

## J

Japan  20, 33, 42, 55, 66, 77, 78, 84, 85, 87, 128, 141, 142, 144
Jetlag  71
Jon Kabat-Zinn  150

## K

Kanada 102
Kinder 12, 24, 71, 120
Klimaanlage 34
Klimawandel 35, 40
Kohlenstoffdioxid 48
Korrelationen 94
Kortisol 28, 41, 85
Kosten 20, 22, 24, 51, 105
Krankheitsprävention 8, 42, 88
Kurzsichtigkeit 71

## L

Laborstudien 56, 78, 89
Landschaft 27, 32, 62, 67, 68, 77, 113, 118, 140, 142
Lebensqualität 13, 17, 21, 70, 74, 79, 105, 110, 129
Lichttherapie 72
Lungenfunktion 14, 34, 41

## M

Meditation 8, 17, 72, 81, 84, 135, 136
Mikroabenteuer 8
Mikrobiom 37, 38, 103
Mini-Reviews 103
Mischwald 42

## N

Nadelbäume 47, 55
Narrative Reviews 98, 102
Naturdefizitsyndrom 23, 24, 114
Nekrophilie 26

## O

One Health 36, 37, 121
Österreich 35, 42, 139
Oxytocin 80

## P

Paracelsus 129
Parkinson 78
Phytonzide 53–55, 78
Pilze 37, 46, 54, 58, 60
Primärprävention 13, 15
Priming 92
Public Health 9, 84, 155

## Q

Qigong 20
Quartärprävention 13–15
Querschnittstudie 94

## R

Randomisierung 91
Reaktanz 130
Regeneration 15, 28, 29, 128, 139
Rehabilitation 8, 14, 33, 42, 77, 88, 153
Resilienz 8, 15, 16, 34, 84, 118
Richard Louv 24

## S

Savanne 27, 30
Schulmedizin 9
Schutzgebiete 44, 45
Schweiz 139
Scoping Review 98, 104
Sebastian Kneipp 68
Sehnsuchtsort 8
Sekundärprävention 13–15
Shinrin-yoku 7, 66, 84, 85
Shintoismus 84
Sibirien 7
Sick-Building-Syndrom 70
Sigmund Freud 116
Smartphones 11, 63, 92
Sonnenlicht 47, 53, 60
Spaziergangswissenschaft 18
Stadtplanung 15, 18, 36, 40, 74
Stammhirn 28
Stressabbau 7, 13, 14, 69, 71, 77, 78, 103, 129, 142
Stressreduktionstheorie 26, 128
Südkorea 55, 84
Survival Training 8

## T

Tai Chi 20
Terpene 53, 55
Tertiärprävention 14
Text Neck 11, 12
Therapieraum 46, 87, 112, 115–117
Tiere 27, 35, 40, 45, 48, 57, 76, 121

## U

Umbrella Review 98, 104, 105
Umweltpsychologie 28, 74

Umweltschutz 24
Ungarn 33
USA 13, 23, 25, 42

## W

Waldbaden 128
Weltgesundheitsorganisation 12

Wirbelsäule 12, 18
Wood Wide Web 50

## Z

Zirbe 78